소송, 그것이 알고싶다

# 소송,
# 그것이
# 알고싶다

## 이혼 · 가사소송 편

변호사 이강민 지음

좋은땅

## 제1편
# 이혼소송

## I. 이혼제도 일반

## II. 협의이혼과 재판상 이혼

## III. 재산문제

# IV. 자녀문제

# V. 기타

# Ⅰ. 상속

## II. 유언

## III. 입양

## IV. 후견

## V. 가족관계등록

## 부록

이 책은 앞선『소송, 그것이 알고 싶다 - 민사소송편』에 이은 두 번째 책입니다. 이 책 역시 민사소송편과 마찬가지로 법률을 전공하지 않은 일반인들에게 이혼·가사소송에 대한 지식을 간단하고 쉽게 전달하고자 하는 것입니다. 변호사로서 이혼이나 가사사건 상담을 하다 보면 너무나 안타까운 경우를 자주 보게 됩니다. 그러나 이혼이나 가사소송의 경우 주변에서 조언을 구하기도 그리 쉽지 않습니다. 이 책을 쓰게 된 주된 동기도 바로 이런 이유 때문입니다.

최근 산업화와 도시화의 진행으로 가족의 구조 및 기능, 그리고 가족관계에도 많은 변화가 초래되다 보니, 이혼·가사사건의 발생 역시 급증하고 있습니다.『소송, 그것이 알고 싶다 - 민사소송편』에서도 밝힌 것처럼, 이제는 이혼이나 가사소송에 관한 지식들 역시 인터넷에서 비교적 쉽게 검색해 볼 수 있습니다. 그러나 이러한 인터넷을 통해 얻는 지식들은 단편적인 경우가 많아 이혼이나 가사사건에 대한 잘못된 인식을 심어 줄 위험성 또한 크다고 보여집니다. 특히 이혼이나 가사소송을 두고 '승소율'과 '노하우' 운운하며, 마치 이들 소송을 부추기는 듯 한 일부 법률사무소의 행태는 크게 우려하지 않을 수 없습니다.

이혼이 비록 혼인관계 속에서 불행했던 가족들이 강제적 결합으로부터 해방되는 긍정적인 측면이 있다 할지라도 대부분의 가정에 있어 이혼은 고통스럽고 어려운 과정입니다. 뿐만 아니라 이혼은 이혼당사자나 자녀들은 물론 주변 가족이나 친지들에게도 직·간접적으로 많은 영향을 미치게 되는 만큼, 이혼에 따르는 자녀 양육문제나 재산문제 등에 대해서도 사전에 충분하고 신중한 고려가 반드시 필요합니다. 상속이나 유언, 입양이나 후견문제 등 다른 가사사건 역시 마찬가지입니다.

　이 책을 쓰면서도 많은 분들의 도움을 받았습니다. 자신의 오랜 실무경험으로부터 우러나온 소송경험이나 지식을 설명해 주신 여러 변호사님들의 훌륭한 책과 법제처의 생활법령을 많이 참조하였습니다. 그리고 이번 책 역시 저희 법률사무소의 송경일 사무장님과 이미애 대리님이 가장 큰 수고를 해 주었습니다. 사무장님은 이 책 초고의 많은 부분을 작성하고 교정까지 맡아 주었으며, 대리님은 책의 목차 및 디자인, 그리고 교정에 이르기까지 세세하게 신경을 써 주었습니다. 정종호, 김현지 선생님 부부, 그리고 오주성, 양순자 교수님의 도움 역시 잊지 못할 부분입니다. 아울러 책의 디자인과 관련하여 조언을 아끼지 않은 사랑하는 딸 지은이에게도 감사의 말을 전합니다. 이러한 많은 분들의 노력으로 이루어진 이 책이 이혼 및 가사소송을 앞두고 있거나 소송 중인 부부와 가족들에게 큰 도움이 될 수 있기를 기대해 봅니다.

2022. 4.
변호사 이강민 드림

# 이혼소송

# I.

# 이혼제도
# 일반

# 1. 이혼의 방법에 대하여 알려 주세요

이혼하는 방법에는 협의이혼과 재판상 이혼의 두 종류가 있습니다. 이 외에 이혼방법의 하나로 조정이혼을 드는 경우도 있으나, 조정이혼 역시 넓은 의미에서 재판상 이혼의 하나로 볼 수 있다는 점에서 이혼 방법에는 협의이혼과 재판상 이혼의 두 가지가 있다고 할 수 있습니다.

## 협의이혼과 재판상 이혼

「협의이혼(協議離婚)」은 이혼 당사자 쌍방이 이혼에 합의하여 이루어지는 이혼을 말하며, 「재판상 이혼(裁判上 離婚)」은 합의가 이루어지지 않은 경우 당사자의 청구에 의하여 법원의 재판에 따라 이혼하는 경우를 말합니다.

## 협의이혼(協議離婚)

### ① 협의이혼의 절차

이혼 당사자가 협의이혼의사 확인신청서와 관련서류를 등록기준지 또는 주소지를 관할하는 가정법원에 접수하면, 법원에서는 숙려기간 경과 후 정해진 기일에 법원에 출석하여 판사의 확인을 받게 되며, 이혼의사 확인서등본을 교부받은 날로부터 3개월 이내에 당사자 일방 또는 쌍방이 등록기준(본적)지 또는 주소지 관할 시·구·읍·면사무소에 확인서등본

을 첨부하여 이혼신고를 하면 됩니다.[1]

**협의이혼 절차**

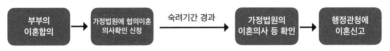

② 협의이혼 시 구비서류

협의이혼을 하기 위해서는 다음과 같은 서류를 구비하여야 합니다.

- 주민등록등본 1통(부부의 주소가 다른 경우 — 각 1통 제출)
- 부부 각자의 가족관계증명서 1통
- 부부 각자의 혼인관계증명서 1통
- 미성년자가 있는 경우 — 양육 및 친권자결정에 관한 협의서 1통과 사본 2통 또는 가정법원의 심판정본 및 확정증명 각 3통
- 진술요지서(재외공관에서 접수하는 경우)
- 협의이혼의사 확인신청서 1통(법원 비치)
- 부부 중 일방이 외국에 있거나 교도소에 수감 중인 경우 — 재외국민 등록부 등본 1통 또는 재감인 증명서 1통

---

1) 판사가 발부한 확인서의 효력은 3개월이므로 3개월 이내에 신고하지 않으면 효력이 없어지고, 다시 확인을 받아야 합니다.

### 재판상 이혼(裁判上 離婚)

#### ① 재판상 이혼의 절차

이혼을 청구하는 소장을 가정법원에 제출하고 나면,[2] 먼저 조정절차를 거치게 되며, 이 조정단계에서 합의를 하면 더 이상 다른 재판절차 없이 이혼이 성립되고, 조정이 성립되지 않으면 재판상 이혼으로 진행하게 됩니다.

**재판상 이혼 절차**

#### ② 재판상 이혼 시 구비서류

- 기본증명서(원고, 피고) 각 1통
- 혼인관계증명서(원고, 피고) 각 1통
- 가족관계증명서(원고, 피고) 각 1통
- 주민등록표등(초)본(원고, 피고) 각 1통
- 미성년자녀가 있는 경우 ― 기본증명서, 가족관계증명서(자녀) 각 1통
- 기타 이혼원인을 증명할 수 있는 서류

---

2) 제출 법원은 협의이혼의 경우와 같이 ① 부부가 같은 가정법원의 관할구역 내에 주소를 둔 경우에는 그 가정법원 ② 부부가 마지막으로 같은 주소지를 가졌던 가정법원의 관할구역 내에 부부 중 어느 한쪽의 주소가 있는 경우에는 그 가정법원 ③ 위 각 경우에 해당하지 않을 때에는 상대방의 주소지를 관할하는 가정법원이 됩니다.

## 2. 이혼을 하려면 어떤 준비를 하여야 하나요?

앞에서 말한 바와 같이 이혼의 방법에는 협의이혼과 재판상 이혼이 있습니다. 협의이혼의 경우에는 재산분할이나 자녀의 양육권 문제에 대하여 부부간 합의로 정하면 되나, 재판상 이혼의 경우에는 법원의 재판에 의해서 결정이 되기 때문에, 나름 철저한 사전준비가 필요합니다.

### 협의이혼의 경우

이혼하려는 경우 한국가정법률상담소(http://lawhome.or.kr), 한국여성의 전화(http://www.hotline.or.kr), 대한가정법률복지상담원(http://lawqa.jinbo.net) 등의 전문기관과 먼저 상담함으로써 부부갈등을 원만히 해결하는 데 도움을 받거나, 법률전문가인 변호사, 법률구조공단 등에 상담을 요청함으로써, 이혼의 방법이나 절차 그리고 이혼 후 문제 등에 대하여 안내를 받을 수 있습니다.

### 재판상 이혼의 경우

#### ① 사실관계의 정리

이혼에 대해서 합의가 이루어지지 않으면, 재판상 이혼으로 갈 수밖에 없습니다. 그런데 재판상 이혼은 상대방의 책임 있는 사유로 인한 혼인파탄을 이유로 하는 것이므로, 소송을 제기하기 전에 미리 혼인생활 동안 있었던 사실들을 시간적 순서에 따라 가급적 상세하게 정리해 두는 것이 필요합니다. 이와 같이 정리해 둔 사실관계는 이후 변호사와의 이혼소송을 위한 상담과정에서나 실제 소송과정에서도 요긴하게 사용됩니다.

### ② 증거의 수집

다른 소송들과 마찬가지로 이혼소송 역시 법원은 당사자의 주장과 증거에 의하여 심리를 진행하고 판결을 선고하게 됩니다. 그러나 일단 이혼소송이 시작되면 상대방은 가능한 증거를 숨기려 할 것이기 때문에 소송 이전에 자신에게 유리한 증거, 병원 진단서, 부정한 행위를 찍은 사진, 녹취록 등 관련증거를 미리 수집해 두는 것이 좋습니다. 그리고 이러한 증거들은 소송 전에 배우자를 상대로 한 보전처분이나 사전처분을 하는 데에도 필요합니다.

### ③ 재산의 보전

혼인 중 공동으로 형성한 재산은 이혼 시 재산분할을 신청할 수 있으나, 상대방은 재산분할을 피하거나 줄일 목적으로, 재산을 임의로 처분해 버릴 수 있습니다. 따라서 상대방이 이를 처분하지 못하도록 재산상황(부동산의 종류와 가액, 보험금, 예금상황 등)을 정확히 파악한 다음, 법원에 상대방 명의의 재산에 대하여 가압류나 가처분 결정을 받아 둘 필요가 있습니다(가사소송법 제63조, 민사집행법 제276조 및 제300조).

### ④ 사전처분의 신청

이혼소송 이전이나 이혼소송 과정 중 상대방으로부터 폭행을 당해서 생명·신체의 안전을 도모할 필요가 있는 경우에는 법원에 미리 접근금지사전처분, 접근금지가처분 신청을 그리고 자녀양육사항을 정할 필요가 있는 경우에는 친권·양육자지정 사전처분, 면접교섭사전처분, 양육비지급사전처분 등 사전처분을 신청해 둘 필요가 있습니다(가사소송법 제62조 제1항 및 제63조 제1항).

# 3. 이혼소장을 받았는데 어떻게 대응해야 하나요?

전혀 예기치 않게 배우자로부터 이혼소송을 당하게 되면, 상대방 배우자의 당혹감이란 이루 말할 수가 없습니다. 대부분의 경우 어찌 할지 모르고 허둥거리게 되는데, 아래와 같이 차근차근 대응책을 강구해 나가는 것이 좋습니다.

### 전문가와의 상담

한국가정법률상담소(http://lawhome.or.kr), 한국여성의 전화(http://www.hotline.or.kr), 대한가정법률복지상담원(http://lawqa.jinbo.net) 등의 전문기관 등과 상담을 하여, 부부갈등을 원만히 해결할 수 있는 방법이 있는지 먼저 알아보는 것이 좋습니다. 이와 함께 법률전문가인 변호사와도 상담을 하여 이혼방법과 절차 그리고 이혼 후 문제 등에 대하여 조언을 받아 둘 필요가 있습니다.

### 상대방의 이혼청구를 인정하는 경우

상대방이 제기한 이혼소송에 대하여 당사자 본인도 이혼을 원하고, 상대방이 요구하는 조건을 모두 받아들이는 경우라면 배우자와 합의해서 이혼소송을 취하하고 협의이혼을 하거나, 상대방의 청구를 모두 인정하는 내용의 답변서를 제출함으로써 이혼소송을 종료시킬 수 있습니다.

## 상대방의 이혼청구를 인정하지 않는 경우

### ① 답변서의 제출

상대방이 제기한 이혼소송에 대하여 당사자 본인이 이를 인정하지 않는다면 소장 부본을 송달받은 날로부터 30일 이내에 상대방의 주장이 사실이 아님을 밝히거나, 재판상 이혼사유에 해당하지 않는다는 취지의 답변서를 제출하여야 합니다(민사소송법 제256조 제1항). 이혼은 원하되, 상대방이 요구하는 이혼조건을 받아들일 수 없는 경우에는 상대방이 원하는 조건과는 다른 조건으로 이혼을 원한다는 취지의 답변서를 제출할 필요가 있습니다.

### ② 반소장의 제출

답변서는 문자 그대로 상대방이 제기한 이혼 소장에 대한 답변에 불과하기 때문에 상대방의 이혼소송에 대하여 자기의 주장을 적극적으로 펼치기 위해서는 답변서와는 별도로 본인이 반소장을 제출하는 것이 좋습니다. 즉, 위에서 오히려 이혼소송을 제기한 상대방에게 혼인파탄사유가 있거나 상대방이 청구하는 이혼조건을 받아들일 수 없는 경우라면, 본인은 1, 2심 변론종결 시까지 상대방의 주장과는 다른 사유와 조건으로 이혼을 원한다는 취지의 반소장을 제출할 필요가 있습니다(민사소송법 제269조 제1항).

# 4. 이혼을 하면 신분관계는 어떻게 변하게 되나요?

이혼의 효과는 크게 재산상 효과와 신분상 효과로 나눠볼 수 있습니다. 재산상 효과는 혼인 중 공동으로 형성한 재산을 나누게 되며, 부부 중 일방은 혼인파탄에 책임이 있는 배우자에 대해 손해배상을 청구할 수 있습니다. 그리고 신분상으로는 배우자관계가 소멸하고, 상대방 배우자의 혈족과의 사이에 발생한 인척관계도 소멸하게 됩니다.

## 배우자관계의 소멸

이혼하면 부부 사이의 배우자관계가 종료되므로 혼인을 전제로 발생한 부부의 동거·부양·협조·정조의무 등 부부공동생활상 의무가 소멸하게 됩니다. 즉, 결혼한 부부는 동거하고 서로 협조하며 정조를 지켜야 하는데, 이혼하면 그 의무가 더 이상 존속하지 않으므로 이를 지키지 않는다고 해서 그 이행을 청구할 수 없습니다.

## 인척관계의 소멸

이혼을 하면 상대방 배우자의 혈족과의 사이에 발생한 인척관계가 소멸합니다(민법 제775조 제1항). 여기서 인척이라 함은 혈족의 배우자(형수, 매부, 숙모, 고모부 등), 배우자의 혈족(장인, 장모, 처남, 처제 등), 배우자의 혈족의 배우자(동서 등)를 말합니다(민법 제769조).

## 자유로운 재혼

이혼을 하면 부부간의 배우자 관계가 종료되므로 자유로운 재혼이 가능하며, 재혼하더라도 중혼이 되지 않습니다. 그러나 인척관계(6촌 이내의 혈족의 배우자, 배우자의 6촌 이내의 혈족, 배우자의 4촌 이내의 혈족의 배우자)에 있거나, 과거에 인척관계에 있었던 사람과는 혼인할 수 없습니다(민법 제809조 제2항).

## 자녀에 대한 지위

### ① 친권행사자와 양육권자

이혼을 하였다 하더라도 부모와 자녀 사이의 혈연관계는 변하지 않으므로 자녀에 대한 지위에는 변화가 없습니다. 그러나 이혼 시 부부간 합의나 법원의 판단에 따라 자녀에 대한 친권행사자와 양육권자를 정하게 되는데(민법 제837조, 제843조 및 제909조 제4항), 친권행사자와 양육권자가 반드시 일치하는 것은 아니며, 제3자가 양육권자가 될 수도 있습니다.

### ② 면접교섭권

양육권이 없는 부모는 자녀를 정기적으로 만나거나 편지교환, 전화 등으로 접촉할 수 있는 권리, 즉 면접교섭권을 가지게 됩니다(민법 제837조의 2 제1항). 그리고 양육권이 없다고 하더라도 부모의 권리와 의무에 변경을 가져오는 것은 아니므로(민법 제837조 제6항), 미성년 자녀의 혼인에 대한 동의(민법 제808조)나 상속관계(민법 제1000조 제1항)등은 그대로 유지되게 됩니다.

# 5. 이혼 시 재산문제와 자녀문제는
   어떻게 되나요?

　거의 대부분의 이혼소송에서 문제가 되는 것은 재산분할, 위자료, 양육권의 세 가지라고 할 수 있습니다. 소송당사자들은 이들 문제를 자신에게 유리하게 이끌기 위하여 짧게는 수개월 길게는 수년간에 걸쳐 치열하게 법정 다툼을 이어가는 것이지요. 이하에서는 이혼소송에서 문제되는 세 가지 주요한 문제, 재산분할과 위자료, 양육권(양육비)에 대하여 살펴보겠습니다.

## 재산문제
### ① 재산분할(財産分割)

　혼인 중 부부가 공동으로 형성한 재산에 대해서는 이혼 시 분할을 청구할 수 있습니다. 즉, 재산분할은 혼인 중 부부가 공동으로 형성한 재산에 대해서 본인의 기여도만큼 돌려받는 것이라 할 수 있습니다. 만일 이혼 당사자 사이에 재산분할에 대한 합의가 이루어지지 않았다면, 당사자는 이혼소송과 함께 재산분할 청구를 할 수 있습니다(가사소송법 제2조 제1항 제2호 나목 4) 및 제14조 제1항). 이러한 재산분할은 위자료와 별개의 것이기 때문에 이혼에 책임 있는 당사자도 청구할 수가 있습니다. 재산분할청구권은 이혼한 날로부터 2년을 경과한 때에는 소멸합니다(민법 제839조의2 제3항).

② 위자료(慰藉料)

만일 당사자 일방의 책임 있는 사유로 이혼을 하는 경우에는 그 상대방 당사자는 그 책임 있는 당사자에게 정신상의 손해에 대한 배상, 즉 위자료를 지급받을 수 있습니다(민법 제806조 및 제843조). 만일 이혼 시 당사자 사이에 위자료에 관한 합의가 이루어지지 않았다면 이혼소송과 함께 또는 별도로 위자료 청구를 할 수 있습니다(가사소송법 제2조 제1항 1호 다목 2) 및 제14조 제1항).

그리고 이러한 위자료 청구는 상대방 당사자뿐만 아니라, 혼인에 부당하게 간섭하여 혼인을 파탄에 이르게 한 제3자(시부모, 배우자의 부정행위자 등)에 대해서도 할 수 있으나, 그 손해 및 가해자를 안 날로부터 3년간 행사하지 않으면 소멸합니다(민법 제766조 제1항).

③ 재산분할과 위자료의 관계

재산분할은 혼인 중 부부가 공동으로 형성한 재산에 대해 본인의 기여도만큼 돌려받는 상환적 성격을 가지는 반면에, 위자료는 혼인파탄에 원인을 제공한 배우자에게 책임을 묻는 손해배상적 성격을 가지므로, 재산분할과 위자료는 별개의 것으로 각각 청구할 수 있습니다.

과거에는 위자료 산정 시 재산분할의 요소를 포함하는 것이 관례였지만, 민법이 개정되어(법률 제4199호, 1990. 1. 13. 공포, 1991. 1. 1. 시행) 재산분할제도가 도입되면서 위자료와 재산분할을 각각 청구할 수 있는 법적 근거가 만들어지게 되었습니다.

## 자녀문제

### ① 친권자

친권이란 자녀의 보호·교양, 거소 지정, 징계, 재산관리 등 미성년인 자녀의 신분과 재산에 관한 사항을 결정할 수 있는 권리로서, 혼인 중에는 부부가 공동으로 행사하지만, 이혼 시에는 친권을 행사할 부모, 즉 친권행사자를 정해야 합니다. 친권행사자 지정에 관해 합의가 이루어지지 않으면, 법원에 친권행사자 지정 청구를 할 수 있는데, 통상은 양육권을 가진 자가 친권행사자로 지정되게 됩니다(민법 제909조 제4항 및 가사소송법 제2조 제1항 제2호 나목 5)).

### ② 양육권(양육비)[3]

양육권은 자녀의 양육에 필요한 사항을 결정할 수 있는 부모의 권리로서, 혼인 중에는 부부가 공동으로 행사하지만, 이혼 시에는 양육권을 행사할 부모, 즉 양육자를 정해야 합니다. 만일 이혼 시 당사자 사이에 양육권에 관한 합의가 이루어지지 않았다면, 당사자는 이혼소송과 함께 법원에 양육자 지정 청구를 할 수 있으며, 이외에 법원에 양육비, 면접교섭권 등 양육사항에 관해서도 결정을 청구할 수 있습니다(민법 제837조 및 가사소송법 제2조 제1항 제2호 나목 3)).

---

3) 양육자가 부모의 일방일 경우 양육비 부담자는 양육자가 아닌 상대방입니다. 양육자가 제3자일 때는 부모 쌍방이 양육비를 부담합니다.

# 6. 이혼도 무효가 될 수 있나요?

　협의이혼은 부부간 이혼의사가 합의되고, 이혼신고 절차를 거쳐야 합니다. 그런데 이혼신고 절차를 거치지 않으면 외관상 이혼이 성립할 수가 없으므로, 협의이혼이 무효가 되는 경우는 부부간 이혼의사가 합치하지 않는 경우라고 할 수 있습니다.

## 이혼무효사유
① 부부 일방 또는 쌍방이 모르는 사이에 누군가에 의해 이혼신고가 된 경우(민법 제834조)
② 부부 일방이 모르는 사이에 외국에서 이혼소송이 진행되어 이혼판결이 난 경우
③ 이혼신고가 수리되기 전에 부부 일방 또는 쌍방이 이혼의사를 철회하였는데 이혼신고가 수리된 경우
④ 심신상실자가 의사능력이 결여된 상태에서 이혼한 경우

## 이혼무효소송
### ① 관할법원
　이혼무효소송은 부부가 같은 가정법원의 관할구역 내에 보통재판적이 있는 경우에는 그 가정법원, 부부가 마지막으로 같은 주소지를 가졌던 가

정법원의 관할구역 내에 부부 중 어느 한쪽의 보통재판적[4]이 있는 경우에는 그 가정법원이 관할법원이 됩니다(가사소송법 제22조).

### ② 제소권자 및 제소기간

이혼무효 사유가 있는 경우에는 당사자, 법정대리인 또는 4촌 이내의 친족이 언제든지 이혼무효소송을 제기할 수 있습니다(가사소송법 제23조).

### ③ 소송의 상대방

이혼무효소송의 상대방은 부부 중 어느 한쪽이 소송을 제기한 경우에는 배우자가, 제3자가 소송을 제기한 경우에는 부부가 되며, 소송의 상대방이 될 사람이 사망한 경우에는 검사가 상대방이 됩니다(가사소송법 제24조).

## 이혼무효판결의 효력

이혼무효판결이 확정되면 이혼은 처음부터 없었던 것과 같아지므로 이전의 혼인이 계속된 것으로 됩니다. 그리고 이혼무효청구를 인용하는 확정판결의 효력은 제3자에게도 적용되며(가사소송법 제21조 제1항), 이혼무효청구를 배척하는 판결이 확정된 경우, 다른 제소권자는 1, 2심의 변론종결 전에 참가하지 못한 것에 대해 정당한 사유가 있지 않으면 다시 소송을 제기할 수 없습니다(가사소송법 제21조 제2항).

---

4) 재판적이란 법원의 토지관할을 인정하는 기준이 되는 장소를 말합니다. 그중에서도 보통재판적이라 함은 당사자나 사건의 종류와 관계없이 일반적으로 인정되는 재판적을 말하는 것으로, 사람의 보통재판적은 그의 주소에 따라 정해지게 됩니다.

**이혼무효판결에 대한 불복**

이혼무효소송에 대한 가정법원의 판결에 불복하는 경우에는 판결정본의 송달 전 또는 판결정본이 송달된 날로부터 14일 이내에 항소법원에 항소할 수 있습니다(가사소송법 제19조 제1항). 그리고 이혼무효소송에 관한 항소법원의 판결에 대해 불복하는 경우에는 판결정본의 송달 전 또는 판결정본이 송달된 날로부터 14일 이내에 대법원에 상고할 수 있습니다(가사소송법 제20조).

# 7. 이혼도 취소할 수 있나요?

이혼합의는 부부 사이의 자유로운 의사의 합치에 의하여 이루어져야 하므로, 만일 일방 당사자의 사기 또는 강박으로 인하여 이혼의 의사표시를 한 경우에는 가정법원에 이혼의 취소를 청구할 수 있습니다(민법 제838조).[5]

## 이혼취소소송

### ① 관할법원

이혼취소소송의 관할법원은 다음에 해당하는 가정법원이 됩니다(가사소송법 제22조).

㉮ 부부가 같은 가정법원의 관할구역 내에 있는 경우에는 그 가정법원, 부부가 마지막으로 같은 주소지를 가졌던 가정법원의 관할구역 내에 부부 중 어느 한쪽의 주소가 있는 경우에는 그 가정법원

㉯ 이에 해당하지 않은 경우로서 부부 중 어느 한쪽이 다른 한쪽을 상

---

5) 이혼의 무효는 당사자 간 이혼의사가 합치하지 않는 경우, 이혼의 취소는 일방 당사자의 사기 또는 강박으로 인하여 이혼의 의사표시를 한 경우에 할 수 있습니다.

대로 하는 경우에는 상대방이 있는 곳의 가정법원, 부부의 모두를 상대로 하는 경우에는 부부 중 어느 한쪽이 있는 곳의 가정법원

㉓ 그리고 부부 중 어느 한쪽이 사망한 경우에는 생존한 다른 한쪽의 보통재판적이 있는 곳의 가정법원, 부부가 모두 사망한 경우에는 부부 중 어느 한쪽의 마지막 주소지의 가정법원

② 제소권자와 제소기간

사기 또는 강박으로 인해 이혼의 의사표시를 한 사람은 가정법원에 이혼취소소송을 제기할 수 있습니다(민법 제838조). 다만, 사기를 안 날 또는 강박을 면한 날부터 3개월이 경과하면 소송을 제기할 수 없습니다(민법 제823조 및 839조).

③ 소송의 상대방

이혼취소소송의 상대방은 부부 중 어느 한쪽이 소송을 제기한 경우에는 배우자(가사소송법 제24조 제1항), 제3자가 소송을 제기한 경우에는 부부가 되며, 부부 중 어느 한쪽이 사망한 경우에는 그 생존자(가사소송법 제24조 제2항), 소송의 상대방이 될 사람이 사망한 경우에는 검사가 됩니다(가사소송법 제24조 제3항).

④ 조정의 신청

이혼취소소송을 제기하려면 우선 가정법원의 조정절차를 거쳐야 합니

다(가사소송법 제2조 제1항 제1호 나목 3) 및 제50조 제1항).[6]

## 이혼취소판결의 효력

이혼취소판결이 확정되면 이혼은 처음부터 없었던 것과 같아지므로 취소판결 전에 다른 일방이 재혼을 했다면 그 재혼은 중혼(重婚)이 됩니다. 이혼취소청구를 인용하는 확정판결의 효력은 제3자에게도 적용되므로(가사소송법 제21조 제1항), 이혼취소사유를 제공한 사람이 제3자인 경우에는 그 사람에게 재산상·정신상 손해배상청구를 할 수 있습니다.

## 이혼취소판결에 대한 불복

이혼취소소송에 관한 가정법원의 판결에 대해 불복하는 경우에는 판결정본의 송달 전 또는 판결정본이 송달된 날로부터 14일 이내에 항소법원에 항소할 수 있습니다(가사소송법 제19조 제1항). 그리고 이혼취소소송에 관한 항소법원의 판결에 대해 불복하는 경우에는 판결정본의 송달 전 또는 판결정본이 송달된 날로부터 14일 이내에 대법원에 상고할 수 있습니다(가사소송법 제20조).

---

6) 이와는 달리 이혼무효소송의 경우에는 가정법원의 조정절차를 거치지 않습니다.

# 8. 사실혼 부부의 권리와 의무에 대해서 알려 주세요

「사실혼(事實婚)」이라 함은 혼인의 실질적 요건을 갖추었지만, 혼인신고라는 형식적 요건을 갖추지 않은 상태의 혼인생활을 의미하는 것으로 법률혼과 달리 부부의 권리와 의무 중 일부만을 법률로 보호받게 됩니다.

### 사실혼 부부의 권리와 의무

사실혼은 결혼의 형식적 요건만 갖추지 않았을 뿐 혼인하겠다는 의사의 합치, 결혼적령, 근친혼금지, 중혼금지 등 결혼의 실질적 요건은 충족한 상태라고 할 수 있습니다. 따라서 혼인신고를 전제로 하는 결혼의 효과는 인정되지 않으나, 부부공동생활을 전제로 하는 일반적인 결혼의 효과가 인정됩니다.

사실혼 상태의 부부는 법률혼 상태의 부부와 마찬가지로 부부간 동거의무, 부양의무, 협조의무 및 정조의무를 부담하며, 일상가사대리권이 인정됩니다. 한편, 부부 일방이 결혼 전부터 가진 고유재산과 결혼 중 자신의 명의로 취득한 재산은 특유재산으로 인정되며, 귀속이 불분명한 재산은 부부의 공유(共有)로 추정됩니다.

## 사실혼 상태에서 제한되는 사항

### ① 친족관계의 미발생 및 상속권의 제한

사실혼 상태에서는 친족관계가 발생하지 않으므로 사실혼 상태의 배우자가 사망하더라도 상속권이 없습니다. 다만, 사망한 사실혼 배우자에게 상속인이 한 명도 없는 경우에는 특별연고자(特別緣故者)로서 상속재산에 대한 분여권(分與權)을 가질 수 있습니다.

### ② 중혼(重婚)금지의 예외

중혼의 판단은 접수된 혼인신고를 기준으로 하는데, 사실혼은 혼인신고가 되지 않은 상태이므로 사실혼 배우자가 다른 사람과 결혼하더라도 중혼에 해당하지 않습니다.

### ③ 성년의제의 예외

미성년자가 결혼하면 성년에 달한 것으로 보지만, 사실혼인 경우에는 성년의제[7]가 인정되지 않습니다.

### ④ 출생자의 법적 지위

사실혼 부부 사이에서 출생한 자녀는 혼인 외의 출생자가 되어 어머니의 성(姓)과 본(本)을 따르게 됩니다. 다만, 아버지가 혼인 외의 출생자를 자신의 자녀로 인지(認知)한 경우에는 아버지의 성과 본을 따를 수도 있고,

---

7) 19세 미만의 미성년자가 혼인을 함으로써 사법상 성년으로 의제하는 제도를 말합니다. 따라서 결혼을 한 미성년자는 성년자와 동일한 능력을 가지게 되며, 부모의 친권은 소멸하고 후견도 종료하며, 또한 자기의 자녀에 대한 독립된 친권을 행사할 수 있습니다.

부모의 협의에 따라 종전대로 어머니의 성과 본을 따를 수도 있습니다.

## 사실혼 배우자를 보호하기 위한 조치

### ① 상대 배우자의 연금 등 수령

사실혼의 상대 배우자가 근로자로 업무상 사망한 경우, 산업재해로 사망한 경우, 국민연금에 가입한 경우, 사립학교교직원 연금에 가입한 경우, 군인연금에 가입한 경우, 국가유공자 인 경우 등에 유족 자격이 인정되어 보상금, 보험금, 연금 등을 받을 수 있습니다.

### ② 상대 배우자의 주택임차권 승계

상대 배우자의 명의로 주택을 임차해서 같이 살던 중 상대 배우자가 상속인 없이 사망한 경우, 그 주택에서 가정공동생활을 하던 사실혼 배우자는 임차인으로서의 권리와 의무를 승계합니다.

### ③ 사실혼 관계 파기에 대한 손해배상 청구

상대 배우자가 정당한 이유 없이 사실혼 관계를 파기한 경우 그로 인해 입은 정신적·물질적 손해에 대해 위자료와 손해배상을 청구할 수 있습니다.

### ④ 사실상혼인관계존재확인의 청구

사실혼 상태인 경우에 상대 배우자가 혼인신고에 협력하지 않으면 가정법원에 사실상혼인관계존재확인청구를 할 수 있으며, 청구를 인용한 확정판결이 있으면 단독으로 혼인신고를 할 수 있습니다.

# 9. 사실혼이 해소되면
## 재산문제와 자녀문제는 어떻게 되나요?

사실혼 부부는 혼인신고라는 법적 절차를 밟지 않았기 때문에 이혼신고 없이도 부부 사이에 헤어지자는 합의가 있거나 부부 중 일방이 상대방에게 헤어질 것을 통보하면 사실혼 관계를 해소시킬 수 있습니다. 그리고 합의나 통보 시 일정한 형식이 요구되는 것은 아니며 구두, 전화, 서신 등 자유로운 방법으로 하면 됩니다. 그러나 사실혼 부부 역시 그 해소와 관련하여 법률혼 부부의 이혼과 마찬가지로 재산문제 및 자녀 문제가 대두됩니다.

### 재산문제

#### ① 재산분할

사실혼 기간 동안 부부가 협력해서 모은 재산은 부부의 공동재산으로 추정되므로 사실혼이 해소되면 부부재산을 청산한다는 의미에서 법률혼 부부가 이혼을 하는 경우와 마찬가지로 재산분할을 청구할 수 있습니다. 재산분할의 청구는 위자료와 달리 사실혼 해소에 책임이 있는 배우자라도 할 수 있습니다.

#### ② 위자료

정당한 사유 없이 일방적으로 사실혼을 파기한 배우자는 상대방에게 사실혼 파기로 인해 입은 정신적 고통을 배상할 책임을 집니다(민법 제750조 및 제751조). 판례는 사실혼 배우자의 일방이나 제3자(예를 들어 시부모 등)의 책임 있는 사유로 사실혼이 파기된 경우에는 그 배우자 또는 제3자에게 그에 따른 정신적 고통에 대한 배상, 즉 위자료를 청구할 수 있다고 판시하고 있습니다.

### ③ 재산분할 및 위자료 청구소송

만일 재산분할 및 위자료에 관해 부부의 합의가 이루어지지 않으면 법원에 배상을 청구할 수 있습니다(가사소송법 제2조 제1항 제1호 다목 1)).

## 자녀문제

### ① 혼인 외 출생자

사실혼 부부 사이에서 출생한 자녀는 '혼인 외의 출생자'가 됩니다. 따라서 인지가 되지 않았다면 혼인 외의 출생자와 아버지는 법적인 부자관계가 아니므로 아버지를 상대로 또는 아버지 본인이 자녀의 친권, 양육자 지정 및 양육사항을 정하는 것에 관한 청구를 할 수 없습니다(민법 제863조 및 가사소송법 제2조 제1항 제1호 나목 9)).

다만, 아버지가 친자임을 인지(認知)한 경우에는 부부가 공동으로 자녀에 대한 친권과 양육권을 행사하게 되며, 사실혼 관계가 해소된 경우에는 부부가 합의해서 자녀의 친권, 양육자 및 양육사항을 정하고, 합의가 이루어지지 않으면 법원에 그 지정을 청구할 수 있습니다(민법 제837조, 제837조의2, 제843조, 제864조의2 및 제909조 제4항).

② 양육비

사실혼 부부 사이에서 태어난 자녀는 '혼인 외의 출생자'로서 어머니의 성(姓)과 본(本)을 따르게 되므로(민법 제781조 제3항), 어머니와는 법률상의 모자관계가 존재하는 반면, 아버지와는 법률상의 부자관계가 존재하지 않기 때문에, 사실혼이 해소되는 경우 자녀의 아버지에게 양육비를 청구할 수 없게 됩니다.

자녀의 아버지에게 양육비를 청구하기 위해서는 자녀와 아버지 사이에 법적인 부자관계가 존재해야 합니다. 이 법적 부자관계는 ㉮ 아버지가 그 자녀를 인지(認知)해서 친생자로 신고하거나(민법 제855조, 제859조제1항 및 가족관계의 등록 등에 관한 법률 제57조), ㉯ 자녀 등이 아버지를 상대로 인지청구소송을 제기하고 인용판결이 확정된 경우(민법 제863조 및 제864조)라야 합니다.

③ 인지청구소송

인지청구소송이란 부모가 혼인 외의 출생자를 자신의 자녀로 인지하지 않는 경우에, 그 혼인 외의 출생자를 친생자로 인지해 줄 것을 법원에 청구하는 소송을 말합니다.

㉮ 제소권자

인지청구소송은 자녀와 그 직계비속 또는 그 법정대리인이 제기할 수 있습니다(민법 제863조).

④ 제소기간

인지청구소송은 언제든 제기할 수 있지만, 부 또는 모가 사망한 경우에는 사망을 안 날로부터 2년이 지나면 소송을 제기할 수 없습니다(민법 제864조).

④ 소송의 상대방

인지청구소송의 상대방은 부 또는 모가 되며, 부 또는 모가 사망한 경우에는 검사가 됩니다(민법 제864조).

④ 관할법원

인지청구소송은 ㉠ 소송 상대방의 주소가 있는 곳의 가정법원의 전속관할로 하고, ㉡ 상대방이 모두 사망한 경우에는 그중 한 명의 마지막 주소지의 가정법원에 제기할 수 있습니다(가사소송법 제26조 제2항).

④ 소송의 효과

인지청구를 인용하는 판결이 확정되면, 자녀가 출생한 때부터 친자관계가 있는 것으로 보아 자녀의 양육책임을 부담하고, 면접교섭권이 인정됩니다. 따라서 아버지를 상대로 양육비를 청구할 수 있게 됩니다(민법 제864조의 2).

# 10. 약혼의 요건과 효과는 어떤가요?

「약혼(約婚)」은 장차 결혼을 성립시키려는 당사자 사이의 약속을 말하는 것으로, 결혼의 의사 없이 공동생활을 하는 동거와 구별되며, 실제로 공동생활을 하고 있으나 혼인신고를 하지 않은 경우인 사실혼(事實婚)과도 구별됩니다. 또한 법률상 배우자가 있는 남자가 다른 여자와 지속적으로 성적 관계를 가지는 부첩관계(夫妾關係)와도 구별됩니다.

## 약혼의 요건

### ① 약혼의사가 합치할 것

약혼이 유효하게 성립하기 위해서는 약혼하려는 당사자 사이에 약혼에 대한 합의가 있어야 합니다. 따라서 양가의 어른들끼리 정혼(定婚)하는 것은 본인의 승낙이 없는 한 무효입니다.

### ② 약혼연령(만 18세)에 이를 것

약혼이 가능한 나이는 만 18세 이상입니다(민법 제801조). 미성년자가 약혼하려면 부모 또는 후견인의 동의를 받아야 하며, 미성년자 외에도 피성년후견인이 약혼하려면 부모 또는 성년후견인의 동의를 받아야 합니다.

### ③ 근친(近親)간의 약혼이 아닐 것

근친 간의 결혼은 결혼 무효 사유에 해당하는데, 약혼이 장차 결혼을 성립시키려는 의사라는 점에서 근친 간의 약혼은 인정되지 않습니다.

### ④ 배우자가 있는 사람과의 약혼이 아닐 것

중혼(重婚)은 결혼 취소 사유에 해당하므로, 배우자가 있는 사람이 다른 사람과 결혼을 성립시킬 목적으로 약혼하는 것은 인정되지 않습니다. 다만, 이미 파탄상태에 빠져 사실상 이혼상태가 지속되고 있는 결혼의 당사자 일방이 이혼절차를 밟아, 그 결혼을 해소한 후 부부가 되기로 하는 등 사회질서에 반하지 않는 경우에는 약혼의 효력이 인정될 수 있습니다.

이외 약혼의 의사를 반드시 서면으로 작성하거나 약혼식을 거행하는 것 등은 약혼의 요건이 아닙니다.

## 약혼의 효과
### ① 결혼의무의 부담

약혼을 한 당사자는 결혼을 성립시킬 의무를 부담합니다. 그러나 이 의무를 이행하지 않더라도 강제이행을 청구할 수는 없으며, 의무위반을 이유로 손해배상을 청구할 수 있을 뿐입니다(민법 제803조).

### ② 신분관계의 변동

약혼만으로는 친족관계가 발생하지 않습니다. 따라서 약혼 중에 출생한 자녀는 '혼인 외의 출생자'가 되지만, 그 후 결혼하면 결혼 중에 태어난 자녀와 같은 법률상의 지위를 얻게 됩니다.

# 11. 약혼을 파기하면 손해배상책임을 져야 하나요?

「약혼(約婚)」이란 당사자 사이에 장래 혼인하기로 하는 합의를 말하므로, 이러한 약혼이 성립하면 해제사유가 없는 한 일방적으로 약혼을 파기할 수 없습니다. 따라서 약혼 당사자 중 일방이 정당한 이유 없이 약혼을 부당파기하거나 혼인을 성립시킬 의무를 이행하지 않는 경우, 당사자는 위자료는 물론 혼인 준비 비용 등의 재산상 손해까지 배상해야 합니다.

## 약혼해제사유

당사자 한쪽이 다음 어느 하나에 해당하는 경우에는 약혼을 해제할 수 있습니다(민법 제804조).

① 약혼 후 자격정지 이상의 형을 선고받은 경우
② 약혼 후 성년후견개시나 한정후견개시의 심판을 받은 경우
③ 성병, 불치의 정신병, 그 밖의 불치의 병질이 있는 경우
④ 약혼 후 다른 사람과 약혼이나 결혼한 경우
⑤ 약혼 후 다른 사람과 간음(姦淫)한 경우
⑥ 약혼 후 1년 이상 생사가 불명한 경우
⑦ 정당한 이유 없이 결혼을 거절하거나 그 시기를 늦추는 경우
⑧ 그 밖에 중대한 사유가 있는 경우

## 약혼해제방법

약혼의 해제는 상대방에 대한 의사표시로 합니다. 그러나 약혼자의 생사불명처럼 상대방에 대해 의사표시를 할 수 없는 경우에는 그 해제의 원인이 있음을 안 때에 약혼이 해제된 것으로 봅니다(민법 제805조).

## 약혼예물 등의 반환

약혼 시 받은 예물 등은 약혼의 성립을 증명하는 증거인 동시에 결혼 불성립 시 반환키로 하는 증여의 성질을 가지므로, 약혼이 해제되면 예물은 부당이득이 되어 반환을 청구할 수 있습니다. 그러나 당사자 일방의 잘못으로 약혼이 해제되었다면 약혼해제에 책임이 있는 당사자는 상대방에게 예물반환을 청구할 수 없으며, 상대방만 예물청구권을 행사할 수 있습니다.

## 손해배상청구

약혼의 해제가 당사자 일방의 과실로 인한 것이라면, 상대방은 그에 대해 재산상·정신상의 손해를 배상할 것을 청구할 수 있습니다(민법 제806조). 약혼해제로 인한 손해배상청구는 가정법원의 조정절차를 거쳐야 합니다.

# II.

# 협의이혼과
# 재판상 이혼

# 1. 협의이혼을 하려면 어떤 요건을 갖추어야 하나요?

「협의이혼(協議離婚)」이라 함은 부부가 서로 합의해서 이혼하는 것을 말하는 것으로, 부부가 이혼과 자녀의 친권·양육 등에 관해 합의해서 법원으로부터 이혼의사확인을 받아 행정관청에 이혼신고를 하는 방식으로 이루어지게 됩니다. 이러한 부부가 협의이혼을 하려면 다음과 같은 실질적 요건과 형식적 요건을 갖춰야 합니다.

## 실질적 요건

① 진정한 이혼의사의 합의가 있어야 합니다.

부부가 협의이혼을 하려면 진정한 의사로 이혼에 합의해야 합니다. 협의이혼은 부부가 자유로운 의사에 따라 합의하는 것으로 충분하며, 이혼 사유는 묻지 않습니다. 그리고 이러한 이혼의사는 가정법원에 이혼의사확인을 신청할 때는 물론, 이혼신고서가 수리될 때에도 존재해야 합니다.

② 의사능력이 있어야 합니다.

이혼의사의 합의에는 의사능력이 있어야 합니다. 따라서 피성년후견인도 의사능력이 있으면 부모나 후견인의 동의를 받아 이혼할 수 있습니다(민법 제808조 제2항 및 제835조).

③ 이혼에 관한 안내를 받아야 합니다.

협의이혼의사확인을 신청한 부부는 가정법원이 제공하는 이혼에 관한 안내를 받아야 하며, 가정법원은 필요한 경우 당사자에게 상담에 관한 전문적인 지식과 경험을 갖춘 전문상담인의 상담을 받을 것을 권고할 수 있습니다(민법 제836조의 2 제1항).

④ 이혼숙려기간이 경과한 후 이혼의사 확인을 받아야 합니다.

법원으로부터 이혼에 관한 안내를 받은 부부는 안내를 받은 날부터 다음의 이혼숙려기간이 지난 후에 이혼의사를 확인받아야 합니다(민법 제836조의 2 제2항).

㉮ 양육해야 할 자녀(임신 중인 자녀를 포함)가 있는 경우 : 3개월

㉯ 양육해야 할 자녀가 없는 경우 : 1개월

그러나 폭력으로 인해 부부 일방에게 참을 수 없는 고통이 예상되는 등 급박한 사정이 있는 경우에는 위의 기간이 단축되거나 면제될 수 있습니다(민법 제836조의 2 제3항).

⑤ 자녀의 친권과 양육에 관한 합의서 등을 제출해야 합니다.

양육해야 할 자녀가 있는 경우, 협의이혼의사확인을 신청할 때 또는 이혼의사확인기일까지 자녀의 친권과 양육에 관한 협의서 또는 가정법원의 심판정본을 제출해야 합니다(민법 제836조의 2 제4항 및 가족관계의 등록 등에 관한 규칙 제73조 제4항). 협의이혼하려는 부부가 양육비용의 부담에 대해 합의한 경우, 가정법원은 그 내용을 확인하는 양육비부담조

서를 작성하게 되는데, 이때의 양육비부담조서는 집행권원으로서의 효력이 있습니다(민법 제836조의 2 제5항, 가사소송법 제41조). 만일 자녀의 친권과 양육권에 관해 부부간 합의가 이루어지지 않는 경우에는 가정법원이 직권으로 이를 결정할 수 있습니다(민법 제837조제4항 및 제909조 제4항).

### 형식적 요건

이혼신고를 하여야 하며, 이혼신고를 하지 않으면 협의이혼은 성립되지 않습니다(민법 제836조 제1항).

이혼신고는 부부 중 어느 한쪽이 3개월 이내에 가정법원으로부터 교부 또는 송달받은 확인서 등본을 첨부해서 등록기준지 또는 주소지 관할 시·구·읍·면사무소에 하여야 하며, 이 기간이 경과하면 가정법원의 확인은 효력을 잃게 됩니다(가족관계의 등록 등에 관한 법률 제75조 및 가족관계의 등록 등에 관한 규칙 제79조).

# 2. 협의이혼 절차는 어떻게 진행되나요?

　이혼은 부부라는 법률관계를 해소시키는 것으로 부부의 합의가 있다는 것만으로는 안 되며, 법원으로부터 부부 사이에 이혼의사가 합치함을 공식적으로 확인받는 절차가 필요합니다. 따라서 협의이혼을 하려는 부부는 먼저 가정법원에 협의이혼의사확인을 신청해서 협의이혼의사를 확인받아야 합니다.

**협의이혼 절차**

## 이혼의사확인신청서 접수

① 신청에 필요한 서류(가족관계의 등록 등에 관한 규칙 제73조 제4항)

㉮ 협의이혼의사확인신청서 1통

㉯ 부부 각자의 가족관계증명서 각 1통

㉰ 부부 각자의 혼인관계증명서 각 1통

㉱ 미성년인 자녀(임신 중인 자녀 포함)가 있는 경우에는 그 자녀의 양육과 친권자결정에 관한 협의서 1통과 그 사본 2통 또는 가정법원의 심판정본 및 확정증명서 각 3통

② 관할법원

협의이혼의사확인의 신청은 부부의 등록기준지 또는 주소지를 관할하는 가정법원에 부부가 함께 출석해서 협의이혼의사확인신청서를 제출하면 됩니다(가족관계의 등록 등에 관한 법률 제75조 제1항 및 가족관계의 등록 등에 관한 규칙 제73조 제1항).

### 이혼에 관한 안내

협의이혼의사의 확인을 신청한 부부는 가정법원이 제공하는 이혼에 관한 안내를 받아야 하며, 가정법원은 필요한 경우 당사자에게 전문적인 지식과 경험을 갖춘 전문상담인의 상담을 받을 것을 권고할 수 있습니다(민법 제836조의 2 제1항).

### 숙려기간의 진행

가정법원의 이혼안내를 받은 날부터

① 양육해야 할 자녀가 있는 경우에는 3개월

② 그렇지 않은 경우에는 1개월의 이혼숙려기간이 지난 후에 이혼의사의 확인을 받을 수 있습니다(민법 제836조의 2 제2항).

③ 그러나 폭력으로 인해 당사자 일방에게 참을 수 없는 고통이 예상되는 등 이혼을 해야 할 급박한 사정이 있는 경우에는 기간이 단축되거나 면제될 수 있습니다(민법 제836조의 2 제3항).

### 이혼의사 등의 확인 및 확인서 등의 작성·교부

① 이혼의사 등의 확인

부부 양쪽은 이혼에 관한 안내를 받은 날부터 이혼숙려기간이 지난 후, 가정법원에 함께 출석해서 진술을 하고 이혼의사의 유무 및 부부 사이에 미성년인 자녀가 있는지 여부와 미성년인 자녀가 있는 경우에는, 자녀에 대한 양육과 친권자 결정에 관한 협의서 또는 가정법원의 심판정본 및 확정증명서를 확인받게 됩니다(가족관계의 등록 등에 관한 규칙 제74조 제1항).

### ② 확인서 작성·교부

가정법원은 부부 양쪽의 이혼의사 등을 확인하면 확인서를 작성하고, 미성년인 자녀의 양육과 친권자결정에 관한 협의를 확인하면 양육비부담조서도 함께 작성합니다(가족관계의 등록 등에 관한 규칙 제78조 제1항 본문). 법원사무관은 이혼의사 등의 확인서가 작성된 경우에는 지체 없이 확인서등본과 미성년인 자녀가 있는 경우에는 협의서 등본 및 양육비부담조서정본 또는 심판정본 및 확정증명서를 부부 양쪽에게 교부하거나 송달합니다(가족관계의 등록 등에 관한 규칙 제78조 제4항 본문).

## 행정관청에 이혼신고

부부 중 어느 한 사람이 가정법원의 이혼의사확인서 등본을 교부 송달받은 경우에는 교부·송달받은 날로부터 3개월 이내에 이혼신고서에 이혼의사확인서 등본을 첨부해서 등록기준지 또는 주소지 관할 시·구·읍·면사무소에 신고를 하면 비로소 이혼의 효력이 발생합니다. 이 3개월의 기간이 경과하면 가정법원의 확인은 효력을 상실합니다(민법 제836조 제1항, 가족관계의 등록 등에 관한 법률 제75조 및 가족관계의 등록 등에 관한 규칙 제79조).

# 협의이혼의사확인신청서

당사자     부 김 ● ●(주민등록번호:          -          )

　　　　　등록기준지:

　　　　　주　　　소:

　　　　　전화번호(핸드폰/집전화):

　　　　처 박 ● ●(주민등록번호:          -          )

　　　　　등록기준지:

　　　　　주　　　소:

　　　　　전화번호(핸드폰/집전화):

### 신청의 취지

위 당사자 사이에는 진의에 따라 서로 이혼하기로 합의하였다.

위와 같이 이혼의사가 확인되었다.

라는 확인을 구함.

### 첨 부 서 류

1. 남편의 혼인관계증명서와 가족관계증명서 각 1통. 처의 혼인관계증명서와 가족관계증명서 각 1통.

2. 미성년자가 있는 경우 양육 및 친권자결정에 관한 협의서 1통과 사본 2통 또는 가정법원의 심판정본 및 확정증명서 각 3통

(제출___, 미제출___)

3. 주민등록표등본(주소지 관할법원에 신청하는 경우) 1통.

4. 진술요지서(재외공관에 접수한 경우) 1통.   끝.

20○○년 ○월 ○일

신청인 부 김●● ㊞

처 박●● ㊞

■ ■ 가정법원 귀중

| 확인기일 | | 담당자 |
|---|---|---|
| 1회 | 년 월 일 시 | 법원주사(보) |
| 2회 | 년 월 일 시 | ○○○ ㊞ |

| 확인서등본 및 양육비부담<br>조서정본 교부 | 교부일 |
|---|---|
| 부 김●● ㊞<br>처 박●● ㊞ | |

해당하는 란에 ○ 표기할 것. 협의하는 부부 양쪽이 이혼에 관한 안내를 받은 후에 협의서는 확인기일 1개월전까지,

심판정본 및 확정증명서는 확인기일까지 제출할 수 있습니다.

※ 이혼에 관한 안내를 받지 아니한 경우에는 접수한 날부터 3개월이 경과하면 취하한 것으로 봅니다.

# 자의 양육과 친권자결정에 관한 협의서

사 건    20○○호협○○○호    협의이혼의사확인신청

당사자    부 성      명 김●●
          주민등록번호 (       -       )
          모 성      명 박●●
          주민등록번호 (       -       )

### 협 의 내 용

1. 친권자 및 양육자의 결정 ( □에 ∨표시를 하거나 해당 사항을 기재하십시오.)

| 자녀 이름 | 성별 | 생년월일(주민등록번호) | 친권자 | 양육자 |
|---|---|---|---|---|
| | □ 남 □ 여 | 년 월 일 ( - ) | □ 부 □ 모 □ 부모공동 | □ 부 □ 모 □ 부모공동 |
| | □ 남 □ 여 | 년 월 일 ( - ) | □ 부 □ 모 □ 부모공동 | □ 부 □ 모 □ 부모공동 |
| | □ 남 □ 여 | 년 월 일 ( - ) | □ 부 □ 모 □ 부모공동 | □ 부 □ 모 □ 부모공동 |
| | □ 남 □ 여 | 년 월 일 ( - ) | □ 부 □ 모 □ 부모공동 | □ 부 □ 모 □ 부모공동 |

2. 양육비용의 부담 ( □에 ∨표시를 하거나 해당 사항을 기재하십시오.)

| 지급인 | □ 부 □ 모 | 지급받는 사람 | □ 부 □ 모 |
|---|---|---|---|
| 지급 방식 | □ 정기금 | | □ 일시금 |

| | | |
|---|---|---|
| 지급액 | 이혼신고 다음날부터 자녀들이 각 성년에 이르기 전날까지 미성년자 1인당 매월 금 ___ 원 (한글병기: ___ 원) | 이혼신고 다음날부터 자녀들이 각 성년에 이르기 전날까지의 양육비에 관하여 금 ___ 원 (한글병기: ___ 원) |
| 지급일 | 매월 일 | 년 월 일 |
| 기타 | | |
| 지급받는 계좌 | ( ) 은행 예금주 : 계좌번호 : | |

3. 면접교섭권의 행사 여부 및 그 방법 ( □에 ∨표시를 하거나 해당 사항을 기재하십시오.)

| 일 자 | 시 간 | 인도 장소 | 면접 장소 | 기타(면접교섭시 주의사항) |
|---|---|---|---|---|
| □ 매월 ___째 주 ___요일 | 시 분부터 시 분까지 | | | |
| □ 매주 ___요일 | 시 분부터 시 분까지 | | | |
| □ 기타 | | | | |

첨 부 서 류

1. 근로소득세 원천징수영수증, 사업자등록증 및 사업자소득금액 증명원 등 소득금액을 증명하기 위한 자료 - 부, 모별로 각 1통
2. 위 1항의 소명자료를 첨부할 수 없는 경우에는 부·모 소유 부동산등기부등본 또는 부·모 명의의 임대차계약서, 재산세 납세영수증(증명)
3. 위자료나 재산분할에 관한 합의서가 있는 경우 그 합의서 사본 1통

4. 자의 양육과 친권자결정에 관한 협의서 사본 2통

협의일자 : 20○○년  ○월  ○일

부 : 김 ● ● (인/서명)     모 : 박 ● ● (인/서명)

| ■ ■ 가정(지방)법원 | | 판사 확인인 |
|---|---|---|
| 사건번호 | | |
| 확인일자 | .    .    . | |

## 자의 양육과 친권자결정에 관한 협의서 작성요령

※ 미성년인 자녀(임신 중인 자를 포함하되, 이혼에 관한 안내를 받은 날부터 3개월 또는 법원이 별도로 정한 기간 내에 성년이 되는 자는 제외)가 있는 부부가 협의이혼을 할 때는 자녀의 **양육과 친권자결정에** 관한 협의서를 확인기일 1개월 전까지 제출하여야 합니다.

※ 미성년자녀가 입양된 경우에는 친생부모의 친권이 소멸되고 양부모가 친권자가 되므로, 친생부모는 입양된 자녀에 대하여는 양육과 친권자결정에 관한 사항을 기재하여서는 안 됩니다.

※ 이혼의사확인신청후 양육과 친권자결정에 관한 협의가 원활하게 이루어지지 않는 경우에는 신속하게 가정법원에 그 심판을 청구하여야 합니다.

※ 확인기일까지 협의서를 제출하지 아니한 경우 이혼의사확인이 지연되거나 불확인 처리될 수 있고, 협의한 내용이 **자녀의 복리**에 반하는 경우 가정법원은 보정을 명할 수 있으며 보정에 응하지 않는 경우 불확인 처리됩니다.

※ 이혼신고일 다음날부터 미성년인 자녀들이 각 성년에 이르기 전날까지의 기간에 해당하는 양육비에 관하여는 **양육비부담조서**가 작성되며, 이혼 후 양육비부담조서에 따른 양육비를 지급하지 않으면 양육비부담조서에 의하여 강제집행할 수 있습니다. 그 외 협의사항은 '**별도의 재판절차**'를 통하여 과태료, 감치 등의 제재를 받을 수 있고, 강제집행을 할 수 있습니다.

※ 협의서 작성 전에 가정법원의 상담위원의 상담을 먼저 받아 보실 것을 권고합니다.

## 1. 친권자 및 양육자의 결정

**친권자**는 자녀의 재산관리권, 법률행위대리권 등이 있고, **양육자**는 자녀와 공동생활을 하며 각종의 위험으로부터 자녀를 보호하는 역할을 합니다. 협의이혼시 친권자 및 양육자는 자의 복리를 우선적으로 고려하여 부 또는 모 일방, 부모 공동으로 지정할 수도 있으며, 친권자와 양육자를 분리하여 지정할 수도 있습니다(**공동친권, 공동양육의 경우는 이혼 후에도 부모 사이에 원만한 협의가 가능한 경우**에만 바람직하며, 각자의 권리·의무, 역할, 동거기간 등을 별도로 명확히 정해 두는 것이 장래의 분쟁을 예방할 수 있습니다).

임신 중인 자의 특정은 자녀이름란에 '모가 임신 중인 자'로 기재하고 생년월일란에 '임신 ○개월'로 기재함으로 하고, 성별란은 기재할 필요가 없습니다.

## 2. 양육비용의 부담

자녀에 대한 양육의무는 친권자나 양육자가 아니어도 부모로서 부담하여야 할 법률상 의무입니다. 양육비는 자녀의 연령, 자녀의 수, 부모의 재산상황 등을 고려하여 적정한 금액을 협의하여야 합니다. 경제적 능력이 전혀 없는 경우에는 협의에 의해 양육비를 부담하지 않을 수 있습니다. 이혼신고 전 양육비 또는 성년이후의 교육비 등은 부모가 협의하여 "기타"란에 기재할 수 있으나, 양육비부담조서에 기재되지 않으므로, 강제집행을 위하여는 별도의 재판절차가 필요합니다.

## 3. 면접교섭권의 행사 여부 및 그 방법

「민법」 제837조의2 규정에 따라 이혼 후 자녀를 직접 양육하지 않는 부모(비양육친)의 일방과 자녀는 서로를 만날 권리가 있고, 면접교섭은 자녀가 양쪽 부모의 사랑을 받고 올바르게 자랄 수 있기 위해 꼭 필요합니다. 면접교섭 일시는 자녀의 일정을 고려하여 **정기적·규칙적**으로 정하는 것이 자녀의 안정적인 생활에 도움이 되고, 자녀의 인도장소 및 시간, 면접 교섭 장소, 면접교섭시 주의사항(기타 란에 기재) 등을 자세하게 정해야 장래의 분쟁을 방지할 수 있습니다.

4. 첨부서류

협의서가 자녀의 복리에 부합하는지 여부를 판단하기 위해 부, 모의 월 소득액과 재산에 관한 자료 등이 필요하므로 증빙서류를 제출합니다.

5. 기타 유의사항

법원은 협의서원본을 2년간 보존한 후 폐기하므로, 법원으로부터 교부받은 협의서등본을 이혼신고 전에 사본하여 보관하시기 바랍니다.

# 3. 숙려기간이라는 것이 무엇인가요?

「숙려기간제도(熟慮期間制度)」는 이혼율의 급증에 따른 가족해체가 심각한 사회문제로 대두됨에 따라 성급한 이혼을 방지하고 이혼 당사자들이 보다 신중한 결정을 내릴 수 있도록 하기 위하여 2005년 3월부터 도입, 시행되고 있습니다. 숙려기간제도가 도입되기 전에는 협의이혼을 신청하면 당일 또는 다음 날 협의이혼 의사가 확인이 되었고, 그 확인서를 첨부해 이혼신고를 하면 바로 이혼이 되어 절차가 매우 간단하고 소요시간이 짧았습니다. 그러나 이러한 짧은 협의이혼절차가 이혼을 부추긴다는 비판이 있게 되자, 이를 보완하기 위해서 마련된 제도가 숙려기간제도입니다.

## 숙려기간의 의의

숙려기간제도는 의미 그대로 이혼을 하기 전에 부부 쌍방이 이혼 여부에 대하여 다시 한 번 깊이 생각할 시간을 갖도록 일정한 기간을 두는 제도입니다. 숙려기간제도 운영에는 각 법원별로 약간씩 차이가 있는데, 상담을 거친 경우와 상담을 거치지 않은 경우를 나누어 기간에 차이를 두고 있으며, 상담을 원하는 사람들을 위하여 법원 내에 전문상담요원의 상담을 받을 수 있는 상담실을 운영하고 있습니다.

## 협의이혼 숙려기간

가정법원에서 안내를 받은 날부터 다음의 기간이 경과한 후에 이혼의 사의 확인을 받을 수 있습니다(민법 제836조의 2 제2항).

① 미성년인 자녀(임신 중인 자를 포함)가 있는 경우에는 3개월

② 성년 도달 전 1개월에서 3개월 이내의 미성년인 자녀가 있는 경우에는 성년이 된 날

③ 성년 도달 전 1개월 이내의 미성년인 자녀가 있는 경우에는 1개월

④ 자녀가 없거나 성년인 자녀만 있는 경우에는 1개월

## 숙려기간의 단축·면제

① 가정폭력 등 급박한 사정이 있어 위 기간의 단축 또는 면제가 필요한 사유가 있는 경우, 이를 소명하여 사유서를 제출할 수 있습니다. 이 경우 특히 상담위원의 상담을 통하여 사유서를 제출할 수 있습니다(민법 제836조의 2 제3항).

② 사유서 제출 후 7일 이내에 확인기일의 재지정 연락이 없으면 최초에 지정한 확인기일이 유지되며, 이에 대하여는 이의를 할 수 없습니다.

## 숙려기간제도에 대한 평가

이혼이라는 것이 오랫동안 생각해서 이루어지는 경우도 있지만, 순간적인 감정에 의하여 이루어지는 경우도 많습니다. 숙려기간제도는 이혼에 대하여 보다 더 신중하게 생각하게 되고, 숙려기간을 통해 시간이 지나면서 대립되었던 감정이 희석됨으로써 부부 당사자에게 이혼을 보다

이성적으로 바라볼 수 있도록 한다는 긍정적 평가를 받고 있습니다. 실제 법원에서는 숙려기간제도 도입 이후 협의이혼 사건이 급격하게 줄어든 것으로 나타나고 있기도 합니다.

# 4. 협의이혼 시 재산분할·위자료 청구와 자녀문제는 어떻게 되나요?

협의이혼은 문자 그대로 부부가 이혼에 합의하여 이루어지는 이혼이기 때문에, 재산분할·위자료·자녀문제 역시 우선적으로 부부의 협의에 의해서 결정하게 됩니다. 그러나 부부가 이들 문제에 대하여 서로 합의에 이르지 못한 경우, 법원에 재산분할청구나 위자료청구, 양육자 결정 청구나 양육비 부담 청구 소송을 하여 법원의 결정에 따르게 됩니다. 이때 재산분할청구와 위자료 청구의 경우 이혼 후 일정한 기간이 지나면 시효로 소멸하게 된다는 점을 유의할 필요가 있습니다.

## 재산분할청구

이혼으로 인해 부부공동생활이 해소되는 경우 혼인 중 부부가 공동으로 형성한 재산에 대해서 분할을 청구할 수 있습니다(민법 제839조의 2). 협의이혼을 할 때 부부간 재산문제 합의 여부는 법원의 확인사항이 아니므로 협의이혼 시 재산분할에 관해 합의되지 않더라도 이혼하는 것이 가능하며, 이혼 후 법원에 재산분할청구심판을 청구해서 재산분할 문제를 다툴 수 있습니다(가사소송법 제2조 제1항 제2호 나목 4)).[8] 재산분할청

---

8) 이혼 시 재산분할, 자녀양육 등에 관해 합의되지 않은 사항이 있다면, 이를 함께 청구(가사소송법 제14조 제1항)하는 것이 소송경제상 유리합니다.

구권은 이혼한 날로부터 2년을 경과하면 소멸합니다(민법 제839조의 2 제3항).

## 위자료의 청구

배우자의 책임 있는 사유로 이혼에 이른 경우에, 그로 인해 입은 정신적 고통에 대한 배상, 즉 위자료를 상대 배우자에게 청구할 수 있습니다(민법 제806조 및 제843조). 협의이혼을 할 때, 재산분할 협의 문제와 마찬가지로 위자료 문제의 합의 여부는 법원의 확인사항이 아니므로 위자료에 관해 합의되지 않더라도 이혼하는 것이 가능하며, 이혼 후 법원에 위자료청구소송을 제기해서 위자료 문제를 다툴 수 있습니다(가사소송법 제2조 제1항 제1호 다목 2)). 위자료청구권은 손해 또는 가해자를 안 날로부터(통상 이혼한 때부터) 3년 이내에 행사하지 않으면 시효로 인해 소멸하게 됩니다(민법 제766조 제1항).

## 자녀문제

협의이혼하려는 부부가 가정법원에 이혼의사확인을 신청할 때에는 양육자의 결정, 양육비용의 부담, 면접교섭권의 행사여부 등이 기재된 양육사항과 친권자 지정에 관한 합의서를 제출해야 하며, 부부가 이러한 사항에 대해 합의하지 못한 경우에는 법원에 그 결정을 청구해서 심판을 받은 다음, 그 심판정본을 제출하여야 합니다(민법 제836조의 2 제4항 및 제837조 제1항·제2항·제3항). 협의이혼하려는 부부가 양육비용의 부담에 대해 합의한 경우, 가정법원은 내용을 확인하는 양육비부담조서를 작성하게 되는데, 이는 이혼 시 양육비를 효율적으로 확보하기 위한 것으로,

이때의 양육비부담조서는 집행권원[9]으로서의 효력을 가집니다(민법 제836조의 2 제5항 및 가사소송법 제41조).

9) 국가의 강제력에 의하여 실현될 청구권의 존재와 범위를 표시하고 또한 집행력이 부여된 공정증서, 즉 집행할 수 있는 권리를 가진 증서를 말합니다.

# 5. 협의이혼을 철회할 수도 있나요?

　협의이혼 신청 후 진행 중에 이혼을 하지 않기로 합의한 경우 또는 가정법원으로부터 협의이혼의사 확인을 받은 후 이혼을 하지 않기로 합의한 경우, 협의이혼 신청을 철회하는 것은 얼마든지 가능합니다. 그러나 가정법원의 협의이혼의사확인을 받기 전인지 아니면 받은 후인지에 따라 구체적인 철회 방법이 달라지게 됩니다.

## 협의이혼의사확인을 받기 전

　가정법원에 협의이혼의사확인 신청을 한 이후에 이혼의사가 없어졌다면, 가정법원으로부터 이혼의사와 친권·양육권에 관한 사항 등을 확인받기 전까지 협의이혼의사확인 신청을 취하하면 됩니다. 부부 일방 또는 쌍방이 출석통지를 받고도 2회에 걸쳐 출석하지 않는 경우에도 협의이혼의사확인 신청을 취하한 것으로 봅니다(가족관계의 등록 등에 관한 규칙 제77조).

## 협의이혼의사확인을 받은 후

### ① 이혼신고서 미제출

　가정법원으로부터 협의이혼의사를 확인받으면, 확인서를 첨부해서 3개월 이내에 행정관청에 이혼신고를 해야 비로소 이혼의 효력이 발생합니다(민법 제836조 제1항 및 가족관계의 등록 등에 관한 법률 제75조 제2항). 따라서 이혼신고를 하기 전에 이혼의사가 없어진 경우에는 이혼신고서를 제출하지 않으면 이혼이 성립되지 않습니다.[10)]

### ② 이혼의사철회서 제출

이혼신고서가 수리되기 전에 이혼의사확인서 등본을 첨부한 이혼의사철회서를 등록기준지 또는 주소지 관할 시·구·읍·면사무소에 제출하면 이혼의사가 철회됩니다(가족관계의 등록 등에 관한 규칙 제80조 제1항 본문).

## 이혼철회의 효력이 발생하지 않은 경우

본인의 이혼의사철회서보다 배우자의 이혼신고서가 먼저 제출되어 버린 경우에는 이혼이 이미 성립되었기 때문에 철회서를 제출하더라도 효력이 발생하지 않습니다(가족관계의 등록 등에 관한 규칙 제80조 제2항).

---

10) 가정법원으로부터 확인서를 교부 또는 송달받은 후 3개월의 기간이 지나면 이혼의사확인의 효력이 상실되므로, 이혼을 하려면 처음부터 다시 법원의 협의이혼의사확인 절차를 거쳐야 합니다.

# 6. 재판상 이혼 사유는 어떤 것들이 있나요?

「재판상 이혼(裁判上 離婚)」이리 함은 민법에서 정하고 있는 이혼사유가 발생해서 부부 일방이 이혼하기를 원하지만, 상대방이 이혼에 불응하는 경우 이혼소송을 제기해서 법원의 판결에 따라 이혼하는 것을 말합니다.

### 재판상 이혼의 유형

재판상 이혼은 절차에 따라 조정이혼과 소송이혼으로 구분할 수 있습니다.

### ① 조정이혼

우리나라는 이혼소송을 제기하기 전에 먼저 조정절차를 거치는 「조정전치주의(調停前置主義)」를 채택하고 있습니다. 따라서 재판상 이혼을 하려면 이혼소송을 제기하기 전에 먼저 조정을 신청해야 하며, 조정신청 없이 바로 이혼소송을 제기하면 가정법원은 그 사건을 조정에 회부하게 됩니다. 이 조정단계에서 부부 사이에 이혼합의가 이루어지면 바로 이혼이 성립되며(가사소송법 제59조), 조정이 성립되지 않으면 소송으로 이행됩니다(가사소송법 제49조 및 민사조정법 제36조).

② 소송이혼

㉮ 공시송달에 의하지 않고는 당사자 일방 또는 쌍방을 소환할 수 없는 경우, ㉯ 조정에 회부되더라도 조정이 성립될 수 없다고 인정되는 경우, ㉰ 조정을 하지 않기로 하는 결정이 있는 경우, ㉱ 조정이 성립되지 않는 것으로 종결된 경우, ㉲ 조정에 갈음하는 결정에 대해 조서등본이 송달된 날로부터 2주 이내에 이의신청이 있는 경우 등에는 이혼소송을 통해 이혼 여부가 정해집니다(가사소송법 제49조, 제50조 제2항 단서 및 민사조정법 제36조).

## 재판상 이혼 사유

민법은 재판상 이혼사유로 다음의 6가지를 규정하고 있습니다(민법 제840조).

### ① 배우자에게 부정한 행위가 있었을 때

배우자의 부정행위란 혼인한 이후에 부부 일방이 자유로운 의사로 부부의 정조의무, 성적 순결의무를 충실히 하지 않은 일체의 행위를 말하는 것으로, 성관계를 전제로 하는 간통보다는 넓은 개념이라고 할 수 있습니다. 부정행위인지 여부는 개개의 구체적인 사안에 따라 그 정도와 상황을 참작해서 판단하게 됩니다.[11]

---

11) 배우자의 부정행위를 이유로 한 이혼청구는 배우자의 부정행위를 안 날로부터 6개월, 그 부정행위가 있은 날로부터 2년이 지나면 할 수 없으며, 또한 사전에 동의했거나 사후에 용서한 경우에도 할 수 없습니다.

② 배우자가 악의로 다른 일방을 유기한 때

배우자가 정당한 이유 없이 부부의 의무인 동거·부양·협조의무를 이행하지 않는 것을 말합니다.

③ 배우자 또는 그 직계존속으로부터 심히 부당한 대우를 받았을 때

혼인관계의 지속을 강요하는 것이 가혹하다고 여겨질 정도로 배우자 또는 직계존속(시부모 등)으로부터 폭행, 학대 또는 모욕을 당하는 것을 의미합니다.

④ 자기의 직계존속이 배우자로부터 심히 부당한 대우를 받았을 때

혼인관계를 지속하는 것이 고통스러울 정도로 자기의 직계존속이 배우자에게 폭행, 학대 또는 모욕을 당하는 것을 말합니다.

⑤ 배우자의 생사가 3년 이상 분명하지 않을 때

이혼 청구 당시까지 배우자가 살아 있는지 여부를 전혀 증명할 수 없는 상태가 3년 이상 계속되는 것을 말합니다. 배우자의 생사불명으로 인한 이혼은 실종선고로 인한 혼인해소와 구별되는데, 실종선고로 인한 혼인해소의 경우 배우자가 살아 돌아와 실종선고 취소가 되면 종전의 혼인이 부활하지만, 배우자의 생사불명으로 인한 이혼은 배우자가 살아 돌아오더라도 종전의 혼인이 당연히 부활하는 것이 아닙니다.

⑥ 그 밖에 혼인을 계속하기 어려운 중대한 사유가 있을 때

혼인의 본질인 원만한 부부공동생활 관계가 회복할 수 없을 정도로 파

탄되어, 혼인생활의 계속을 강제하는 것이 일방 배우자에게 참을 수 없는 고통이 되는 것을 말합니다. 혼인을 계속하기 어려운 중대한 사유가 있는지는 혼인파탄의 정도, 혼인계속의사의 유무, 혼인생활의 기간, 당사자의 책임유무, 당사자의 연령, 이혼 후의 생활보장이나 그 밖에 혼인관계의 여러 가지 사정을 고려해서 판단하게 됩니다.[12)]

---

12) 혼인을 계속하기 어려운 사유로 이혼하는 경우 그 사유를 안 날로부터 6개월, 그 사유가 있은 날로부터 2년이 지나면 이혼을 청구하지 못하게 되나, 그 사유가 이혼청구 당시까지 계속되고 있는 경우에는 이 기간이 적용되지 않으므로 언제든지 이혼을 청구할 수 있습니다.

# 7. 재판상 이혼 절차는 어떻게 진행되나요?

이혼조정절차에서 조정을 하지 않기로 하는 결성이 있거나, 조정이 성립되지 않는 것으로 종결되거나, 조정에 갈음하는 결정 등에 대해 2주 이내에 이의신청이 제기되어, 그 결정이 효력을 상실한 경우에는 조정신청을 한 때에 소송이 제기된 것으로 보아, 조정절차가 종결되고 소송절차로 이행됩니다.

**재판상 이혼 절차**

## 이혼소송의 제기

재판상 이혼 절차는 당사자가 관할 가정법원에 이혼소장을 제출함으로써 개시됩니다.[13] 재판상 이혼을 하기 위해서는 먼저 가정법원의 조정

---

13) 관할법원(가사소송법 제22조 및 제51조)
   ① 부부가 같은 가정법원의 관할구역 내에 보통재판적이 있는 경우에는 그 가정법원
   ② 부부가 마지막으로 같은 주소지를 가졌던 가정법원의 관할구역 내에 부부 중 어느 한쪽의 보통재판적이 있는 경우에는 그 가정법원
   ③ 위 ①, ②에 해당되지 않는 경우로서 부부 중 한쪽이 다른 한쪽을 상대하는 경우에는 상대방의 보통재판적이 있는 가정법원
   ④ 부부가 합의로 정한 가정법원

을 신청하여야 하며, 조정신청 없이 이혼소송을 제기한 경우에는 가정법원이 그 사건을 직권으로 조정에 회부하게 되나, 공시송달에 의하지 않고는 부부 일방 또는 쌍방을 소환할 수 없는 경우, 조정에 회부하더라도 조정이 성립될 수 없다고 인정되는 경우에는 바로 소송절차가 진행되게 됩니다(가사소송법 제2조 제1항 제1호 나목 4) 및 제50조).

### 가사조사관에 의한 가사조사

각 가정마다 생활사정, 혼인생활, 이혼에 이르게 된 경위 등에 차이가 있기 때문에 이러한 개별적 구체적 사정이 고려될 필요가 있습니다. 이를 위해서 가사조사관이 변론진행 전에 사실에 대한 조사를 실시하게 됩니다(가사소송법 제6조 및 제56조). 가사조사관은 사실조사를 위해 필요한 경우에는 경찰 등 행정기관과 그 밖에 상당하다고 인정되는 단체 또는 개인을 대상으로 조정 당사자의 예금, 재산, 수입, 교육관계 및 그 밖의 사항에 관한 사실을 조사할 수 있습니다(가사소송법 제8조 및 가사소송규칙 제3조).

### 변론의 진행

소송절차가 진행되어 변론기일이 정해지면 소송당사자 또는 법정대리인이 출석해서(특별한 사정이 있는 경우에는 허가받은 대리인이 출석하거나 보조인을 동반할 수 있습니다) 원고와 피고 각자의 주장 및 증거관계를 진술하고 법원의 사실조사, 증거조사 및 신문을 하는 절차를 거치게 됩니다(가사소송법 제7조, 제17조 및 민사소송법 제287조 제1항).

## 판결의 선고

이러한 변론절차를 거친 후 법원은 판결을 선고하게 되는데, 이혼소송의 판결은 선고로 효력이 발생합니다(가사소송법 제12조 및 민사소송법 제205조). 원고의 이혼청구를 인용하는 판결이 확정되면 제3자에게도 효력이 있으며(가사소송법 제21조 제1항), 원고의 청구를 기각하는 판결이 확정되면 원고는 동일한 사유로 다시 소를 제기할 수 없습니다(가사소송법 제21조 제2항). 그리고 이러한 판결에 대한 불복이 있으면 판결정본 송달 전 또는 판결정본이 송달된 날로부터 14일 이내에 항소 또는 상고를 할 수 있습니다(가사소송법 제19조 제1항 및 제20조).

## 행정관청에 이혼신고

이혼판결이 확정되면 부부 중 어느 한쪽이 재판의 확정일로부터 1개월 이내에 이혼신고서에 재판서의 정본 또는 등본 및 확정증명서를 첨부해서 등록기준지 또는 주소지 관할 시·구·읍·면사무소에 이혼신고를 해야 합니다(가족관계의 등록 등에 관한 법률 제58조 및 제78조).

# 8. 이혼 소장은 어떻게 작성하나요?

이혼을 하려는 당사자 사이에는 혼인관계를 종료하려는 의사의 합의, 위자료, 재산분할, 미성년 자녀의 양육에 관한 사항에 대하여 합의가 있어야 하는데, 어느 하나라도 합의에 이르지 못한 경우 재판상 이혼을 청구하게 됩니다.[14] 이와 같은 재판상 이혼의 청구는 관할 가정법원에 이혼 소장(訴狀)을 제출하는 것으로 시작이 됩니다.

## 필수적 기재사항

재판상 이혼을 청구하기 위해서는 관할 가정법원에 이혼 소장을 제출하여야 합니다. 이러한 이혼 소장에는 일반 민사소송의 소장과 같이 당사자의 표시·사건의 표시·청구취지·청구원인·첨부서류의 표시·작성일자·법원의 표시와 같은 필수적 기재사항이 있습니다.

## 이혼 소장에 특수한 청구취지 및 청구원인의 기재

### ① 청구취지

청구취지는 재판상 이혼을 통해 원고(재판상 이혼을 청구하는 자)가 피고(배우자)를 상대로 법원에 구하는 내용을 기재하는 것입니다. 이러

---

14) 민법 제840조에서 규정한 재판상 이혼사유가 존재해야 하는 것은 당연합니다.

한 이혼 소장의 청구취지에는 일반적으로 이혼을 허락할 것을 구하면서, 혼인관계파탄의 원인이 상대방에게 있는 경우 그 책임에 대한 손해배상(위자료)·재산분할·(미성년 자녀가 있는 경우)친권자 및 양육자 지정과 양육비에 관한 청구내용을 표시하면 됩니다.

[청구취지 예시 1] - 이혼

1. 원고와 피고는 이혼한다.
2. 소송비용은 피고의 부담으로 한다.
라는 판결을 구합니다.

[청구취지 예시 2] - 이혼, 위자료

1. 원고와 피고는 이혼한다.
2. 피고는 원고에게 위자료로 금30,000,000원 및 이에 대하여 이 사건 소장 부본 송달일 다음날부터 다 갚는 날까지 연 12%의 비율로 계산한 돈을 지급하라.
3. 소송비용은 피고의 부담으로 한다.
4. 제2항은 가집행할 수 있다.
라는 판결을 구합니다.

[청구취지 예시 3] - 이혼, 위자료, 재산분할

1. 원고와 피고는 이혼한다.
2. 피고는 원고에게 위자료로 금30,000,000원 및 이에 대하여 이 사건 소

장 부본 송달일 다음날부터 다 갚는 날까지 연 12%의 비율로 계산한 돈을 지급하라.

3. 피고는 원고에게 재산분할로 금150,000,000원을 지급하라.

4. 소송비용은 피고의 부담으로 한다.

5. 제2항은 가집행할 수 있다.

라는 판결을 구합니다.

**[청구취지 예시 4] - 이혼, 위자료, 재산분할, 양육자지정, 양육비 [15]**

1. 원고와 피고는 이혼한다.

2. 피고는 원고에게 위자료로 금30,000,000원 및 이에 대하여 이 사건 소장부본 송달일 다음날부터 다 갚는 날까지 연 12%의 비율로 계산한 돈을 지급하라.

3. 피고는 원고에게 재산분할로 금150,000,000원을 지급하라.

4. 사건본인[15]의 친권자 및 양육자로 원고를 지정하고, 피고는 원고에게 사건본인의 양육비로 20○○. ○.부터 사건본인이 성년에 이르기까지 매월 말일에 금1,000,000원의 돈을 지급하라.

5. 소송비용은 피고의 부담으로 한다.

6. 제2항은 가집행할 수 있다.

라는 판결을 구합니다.

---

15) 재판 당사자는 아니나, 재판에 의해 신분관계 기타 권리·의무에 직·간접적으로 영향을 받는 자로서, 친권자 및 양육자 지정, 양육비, 면접 교섭사건에는 미성년자녀, 후견인 변경 사건에는 피후견인을 「사건 본인」이라 합니다.

② 청구원인

재판상 이혼 소장에 기재하는 청구원인에는 먼저 상대방이 민법 제840조에서 규정하는 재판상 이혼사유에 해당하는 사유로 혼인관계를 파탄에 이르게 하였다는 내용을 반드시 기재하고, 그로 인하여 정신적 손해를 입었으므로 손해를 배상하라는 위자료의 청구를 하게 됩니다.

다음으로 재산분할의 청구는 혼인관계 중에 이룩한 부부의 재산을 특정하여, 재산의 형성과정과 재산 형성에 관한 기여 여부를 설명하여 기여도에 따라 어떻게 분할할 것인지를 주장하며 청구를 하고, 마지막으로 미성년 자녀가 있는 경우 친권자 및 양육자를 누구로 지정할 것인지에 대한 청구[16]와 그에 따른 양육비에 관한 청구를 하게 됩니다.

---

16) 원고가 자신을 미성년 자녀의 친권자 및 양육자로 지정해 줄 것을 청구하는 경우 ① 자신이 그동안 자녀를 양육하였다는 사실 ② 현재도 자녀를 양육하고 있는 점 ③ 상대방보다 자녀들이 자신과 더 친밀하다는 점 ④ 자녀들도 자신과 살기를 원한다는 점 ⑤ 경제적으로 상대방보다 자신이 안정적이라는 점 ⑥ 양육보조자가 있다는 점 등을 주장하며 양육자 및 친권자로 지정하여 줄 것을 청구하면 됩니다.

# 소 장

원  고    박 ● ●(주민등록번호)

　　　　 (주소)　　　　　　　　　　(연락처)

　　　　 (등록기준지)


피  고    김 ● ●(주민등록번호)

　　　　 (주소)　　　　　　　　　　(연락처)

　　　　 (등록기준지)


사건 본인   김 ⊙ ⊙(주민등록번호)

　　　　 (주소)　　　　　　　　　　(연락처)

　　　　 (등록기준지)


이혼 등 청구의 소

## 청 구 취 지

1. 원고와 피고는 이혼한다.

2. 피고는 원고에게 위자료로 금○○○원 및 이에 대하여 이 사건 소장부본 송달 다음날부터 다 갚는 날까지 연 12%의 비율로 계산한 돈을 지급하라.

3. 피고는 원고에게 재산분할로 금○○○원을 지급하라.

4. 사건본인의 친권자 및 양육자로 원고를 지정하고, 피고는 원고에게 사건본인의 양육비로 20○○. ○.부터 사건본인이 성년에 이르기까지 매월

말일에 금 ○○만원을 지급하라.

5. 소송비용은 피고가 부담한다.

6. 제2항은 가집행할 수 있다.

라는 판결을 구합니다.


청 구 원 인

1. 당사자의 관계를 설명

2. 혼인관계가 파탄에 이르게 된 경위(민법 제840조 위반 사유의 표시)

3. 그로 인해 정신적 손해에 대한 위자료의 청구

4. 재산의 형성과정과 그에 따른 재산분할의 방법

5. 친권자 및 양육자로 원고를 지정해야하는 이유를 설명하고 양육비에
관한 청구를 하게 됩니다.


입 증 방 법

| | |
|---|---|
| 1. 갑 제1호증 | 원고 기본증명서 |
| 1. 갑 제2호증 | 원고 혼인관계증명서 |
| 1. 갑 제3호증 | 원고 가족관계증명서 |
| 1. 갑 제4호증 | 원고 주민등록 등(초)본 |
| 1. 갑 제5호증 | 피고 기본증명서 |
| 1. 갑 제6호증 | 피고 혼인관계증명서 |
| 1. 갑 제7호증 | 피고 가족관계증명서 |
| 1. 갑 제8호증 | 피고 주민등록 등(초)본 |
| 1. 갑 제9호증 | 사건본인 기본증명서 |
| 1. 갑 제10호증 | 사건본인 가족관계증명서 |
| 1. 갑 제11호증 | 그 외 각 종 소명자료 |

첨 부 서 류

1. 위 입증방법          각 1부
2. 소장부본             1부
3. 납부서              1부


20○○. ○. ○.

원고 박 ● ● (서명 또는 날인)


■ ■ 가정법원 귀중

# 9. 조정이혼이라는 것이 무엇인가요?

「조정이혼(調停離婚)」이라 함은 재판상 이혼의 한 종류로 법원에서 비공개조정을 통하여 이혼을 진행하는 절차를 말합니다. 조정이혼이 성립되면 확정판결과 같은 효력을 가지게 되며, 조정이혼에는 숙려기간이라는 제도가 없기 때문에, 원만하게 조정이 성립되면 협의이혼이나 소송을 통한 이혼보다 빨리 종결될 수 있다는 장점이 있습니다.

**조정이혼 절차**

### 이혼조정신청

이혼소송을 제기하기 전에 먼저 가정법원에 조정을 신청해야 하며, 조정 신청 없이 이혼소송을 제기한 경우에는 가정법원이 직권으로 그 사건을 조정에 회부하게 됩니다.

다만, ① 공시송달에 의하지 않고는 부부 일방 또는 쌍방을 소환할 수 없는 경우 ② 이혼사건이 조정에 회부되더라도 조정이 성립될 수 없다고 인정하는 경우에는 조정절차를 거치지 않고 바로 소송절차가 진행됩니다(가사소송법 제2조 제1항 제1호 나목 4) 및 제50조).

## 이혼조정신청에 필요한 서류

이혼조정을 신청할 때에는 다음의 서류를 갖추어서 제출해야 합니다.

① 이혼소장 또는 이혼조정신청서 각 1통

② 부부 각자의 혼인관계증명서 각 1통

③ 부부 각자의 주민등록등본 각 1통

④ 부부 각자의 가족관계증명서 각 1통

⑤ 미성년인 자녀(임신 중인 자녀 포함)가 있는 경우에는 그 자녀 각자의 기본증명서, 가족관계증명서

⑥ 그 외 각종 소명자료

## 법원의 가사조사

각 가정마다 생활사정, 혼인생활, 이혼에 이르게 된 경위 등에 차이가 있어 조정 시에는 이러한 개별적·구체적 사정이 고려될 필요가 있으므로 조정 전에 가사조사관이 사실에 대한 조사를 실시하게 됩니다. 가사조사관은 필요한 경우에는 경찰 등 수사기관이나 그 밖에 상당하다고 인정되는 단체 또는 개인을 대상으로 조정당사자의 예금·재산·수입·교육관계 및 그 밖의 사항에 관한 사실을 조사할 수 있습니다.

## 조정기일의 진행

① 부부쌍방의 출석·진술

법원의 조정기일이 정해지면 조정당사자 또는 법정대리인이 출석해서 (특별한 사정이 있는 경우에는 허가받은 대리인이 출석하거나 보조인을 동반할 수 있습니다) 진술하게 됩니다(가사소송법 제7조).

### ② 법원의 조정

조정절차에서 당사자 사이에 이혼의 합의가 이루어지면, 합의된 사항을 조정조서에 기재함으로써 조정이 성립되며(가사소송법 제59조 제1항), 조정상대방이 조정기일에 출석하지 않거나 당사자 사이에 합의가 이루어지지 않는 경우, 그리고 합의내용이 적절하지 않다고 인정되는 사건에 관해 직권으로 조정에 갈음하는 결정을 하거나 화해권고결정을 할 수 있습니다(가사소송법 제12조, 제49조, 민사조정법 제30조, 제32조 및 민사소송법 제225조 제1항).

## 행정관청에 이혼신고

### ① 조정성립의 경우

조정이 성립되면, 조정신청인은 조정성립일부터 1개월 이내에 이혼신고서에 조정조서의 정본 또는 등본 및 확정증명서를 첨부해서 등록기준지 또는 주소지 관할 시·구·읍·면사무소에 이혼신고를 해야 합니다(가족관계의 등록 등에 관한 법률 제58조 및 제78조).

### ② 조정불성립의 경우

조정이 불성립된다면 따로 제소신청을 하지 않아도 이혼소송으로 전환됩니다.

# 10. 상대방이 재산 처분을 하지 못하게 하려면 어떻게 해야 하나요?

　이혼소송을 제기하기에 앞서, 상대방이 임의로 재산을 처분하지 못하도록 하려면 일반 민사소송상의 보전처분인 가압류와 가처분을 신청하거나, 가사사건의 경우에 특수한 사전처분을 신청할 수 있습니다(『소송, 그것이 알고 싶다 - 민사소송편』V. 보전처분 및 강제집행 참조).

### 가압류(假押留)

#### ① 가압류

　금전채권이나 금전으로 환산할 수 있는 채권에 관해서 장래 그 집행을 보전하려는 목적으로 미리 채무자의 재산을 압류해서 채무자가 처분하지 못하도록 하는 것을 말하는 것으로(민사집행법 제276조), ㉮ 건물, 토지 등 부동산가압류 ㉯ 예금, 급여 등 채권가압류 ㉰ 가전용품, 가구 등 유체동산가압류 등이 있습니다.

#### ② 가압류 신청

　가압류 신청을 하려면 가압류신청서와 소명자료를 가압류할 물건이 있는 곳을 관할하는 법원이나 본안(즉, 이혼소송)이 제기되었을 경우, 이를 관할하는 법원 중 한.곳에 제출해야 합니다(민사집행법 제278조 및 제279조).

### ③ 가압류의 효력

법원의 가압류 결정에 따라 가압류 집행이 완료되면, 매매·증여 등의 처분행위를 제한하는 효력이 생기게 됩니다. 만약 채무자가 가압류 명령을 어기고 처분하면 당사자 사이에는 효력이 있지만, 가압류 채권자에 대해서는 그 효력을 주장할 수 없습니다.

## 가처분(假處分)

### ① 가처분

금전채권 이외의 권리 또는 법률관계에 관한 확정판결의 강제집행을 보전하기 위한 집행보전제도로 다툼의 대상에 대한 가처분과 임시의 지위를 정하기 위한 가처분으로 나눌 수 있습니다(민사집행법 제300조).

### ② 가처분 신청

가처분 신청을 하려면 가처분신청서와 소명자료를 다툼의 대상이 있는 곳을 관할하는 지방법원이나 본안(즉, 이혼소송)이 제기되었을 경우, 이를 관할하는 법원에 제출해야 합니다(민사집행법 제279조, 제301조 및 제303조).

### ③ 가처분의 효력

법원의 가처분 결정에 따라 가처분 집행이 완료되면 채무자는 특정물의 현상 또는 임시의 지위에 대해 일체의 변경을 할 수 없습니다. 즉, 처분금지가처분의 경우 목적이 된 물건을 처분할 수 없으며, 처분을 한 경우에도 제3취득자는 가처분등기가 적법하게 말소되거나 가처분채권자가 본안에서 패소확정된 경우 외에는 채무자와 제3취득자 사이의 거래가 유효함을 권리자에게 주장할 수 없습니다.

### 사전처분(事前處分)

**① 사전처분의 의의**

「사전처분」이라 함은 가사사건의 소 제기, 심판청구 또는 조정의 신청이 있는 경우에 가정법원, 조정위원회 또는 조정담당판사가 사건의 해결을 위해 특히 필요하다고 인정한 경우에 직권 또는 당사자의 신청에 의해 내리는 처분을 말합니다(가사소송법 제62조 제1항).

**② 사전처분 신청**

사전처분은 이혼소송을 제기하거나, 심판청구를 하거나, 조정신청을 한 이후에, 사건을 관할하는 법원에 신청할 수 있습니다(가사소송법 제62조 제1항).

**③ 사전처분의 종류**

㉮ 상대방이나 그 밖의 관계인에 대해 현재 상태를 변경하거나 물건을 처분하는 행위를 금지하는 처분

㉯ 사건에 관련된 재산의 보존을 위한 처분

㉰ 관계인의 감호와 양육을 위한 처분

㉱ 그 밖의 적당하다고 인정되는 처분 등이 있습니다.

④ 위반 시 제재

당사자 또는 관계인이 정당한 이유 없이 사전처분을 위반하면 가정법원, 조정위원회 또는 조정담당판사의 직권 또는 권리자의 신청에 의해, 결정으로 1천만원 이하의 과태료가 부과될 수 있습니다(가사소송법 제67조 제1항).

# 11. 유책배우자도 이혼을 청구할 수 있나요?

혼인파탄에 대해 주된 책임이 있는 배우자를 유책배우자(有責配偶者)라 하는데, 법원은 원칙적으로 이러한 유책배우자의 이혼청구를 받아들이지 않고 있습니다. 혼인파탄을 자초한 사람이 이혼을 청구하는 것은 근본적으로 도덕성에 위배되는 것일 뿐 아니라, 배우자 일방에 의한 이혼 또는 축출이혼[17]이 될 수 있기 때문입니다. 그러나 최근에는 아주 예외적으로 유책배우자의 이혼청구를 인정하는 판결도 나타나고 있습니다.

## 원칙 - 이혼청구 불가

### ① 유책주의

유책배우자는 파탄을 이유로 이혼청구를 할 수 없는 것이 원칙입니다. 이와 같이 책임이 있는 배우자의 이혼 청구를 허용하지 않는 제도를 「유책주의(有責主義)」라 합니다. 왜냐하면, 혼인파탄을 자초한 사람이 이혼을 청구하는 것은 근본적으로 도덕성에 배치되는 것일 뿐 아니라, 배우자 일방에 의한 이혼 또는 축출이혼이 될 수 있기 때문입니다. 우리나라는 1965년 첫 판결 이후 지금까지 여성과 자녀를 보호하고 바람직한 결혼 생활과 가족제도를 수호할 목적으로 유책주의를 고수하고 있습니다.

---

17) 무책배우자를 쫓아내는 이혼을 말합니다.

### ② 대법원 판결

대법원은 '혼인의 파탄에 관하여 유책배우자는 그 파탄을 원인으로 이혼을 청구할 수 없는 바, 이는 혼인의 파탄을 자초한 자에게 재판상 이혼청구권을 인정하는 것은 혼인제도가 요구하고 있는 도덕성에 근본적으로 배치되고, 배우자 일방의 의사에 의한 이혼 내지는 축출이혼을 시인하는 부당한 결과가 되므로, 혼인의 파탄에도 불구하고 이혼을 희망하지 않고 있는 상대배우자의 의사에 반하여 이혼을 할 수 없도록 하려는 것… (대법원 1987. 4. 14., 선고, 86므28, 판결)'이라고 하여 유책배우자의 이혼청구를 부정하고 있습니다.

## 예외 - 이혼청구를 할 수 있는 경우

### ① 파탄주의

혼인을 지속할 수 없을 정도로 관계가 '파탄'에 이르렀다면 원인 제공자도 이혼을 요구할 수 있다는 제도를 「파탄주의(破綻主義)」라 합니다.[18] 우리나라도 특수한 사정이 있는 경우에는 예외적으로 유책배우자의 이혼청구를 인정하고 있습니다.

### ② 대법원 판결

㉮ 상대방도 혼인을 지속할 의사가 없음이 객관적으로 명백함에도 불구하고 오기나 보복적 감정에서 이혼에 불응하는 등의 특별한 사정이 있는 경우(대법원 2004. 9. 24. 선고 2004므1033 판결)

---

18) 우리나라와 달리 외국에서는 파탄주의를 채택한 사례가 많습니다.

④ 유책배우자의 이혼청구에 대해 상대방이 반소(反訴)로 이혼청구를 하는 경우(대법원 1987. 12. 8. 선고 87므44,45 판결)

④ 부부 쌍방의 책임이 동등하거나 경중(輕重)을 가리기 어려운 경우(대법원 1997. 5. 16. 선고 97므155 판결, 대법원 1994. 5. 27. 선고 94므130 판결)

# 12. 상대방이 소장을 받지 않아도 이혼소송이 가능한가요?

소송이 제기되면 소송 상대방에게 소송이 제기된 사실을 알리고, 이에 대한 방어기회를 주기 위해 법원이 직권으로 소송 상대방에게 소송 관련 서류를 보내는데, 이를 송달이라고 합니다(민사소송법 제174조). 그런데 상대방이 소송 관련 서류를 받지 않으면 어떻게 될까요? 이와 같은 경우 법원은 다음과 같은 보충송달의 방법이나 공시송달 방법을 통하여 소송 상대방에게 송달을 하고 이혼소송 절차를 진행시키게 됩니다.

## 보충송달 등

송달은 원칙적으로 송달할 서류의 등본을 송달받을 자에게 교부하는 교부송달의 방법으로 이루어져야 합니다(민사소송법 제178조). 그러나 교부송달이 불가능한 경우에는 다음과 같은 방법으로 송달을 하게 됩니다.

### ① 보충송달

송달장소에서 송달받을 자를 못 만났을 때에 다른 사람에게 대리 송달하는 경우를 보충송달이라고 합니다(민사소송법 제186조 제1항 및 제3항).

### ② 유치송달

송달받을 자 또는 송달받을 자를 만나지 못한 경우에, 그 사무원·고용인 또는 동거자 등이 정당한 사유 없이 송달받기를 거부하는 경우 송달할 장소에 서류를 두는 송달방법을 말합니다(민사소송법 제186조 제3항).

### ③ 우편송달

법원사무관등이 소송 서류를 송달장소에 등기우편으로 발송하면, 발송 시에 송달된 것으로 보는 송달방법입니다(민사소송법 제187조).

### ④ 송달함송달

법원 안에 송달할 서류를 넣을 함을 설치하여 송달하는 방법으로, 송달받을 사람이 송달함에서 서류를 수령하여 가지 아니한 경우에는 송달함에 서류를 넣은 지 3일이 지나면 송달된 것으로 보게 됩니다(민사소송법 제188조).

### ⑤ 전화송달

변호사인 소송대리인에 대한 송달은 법원사무관등이 전화·팩시밀리·전자우편 또는 휴대전화 문자전송을 이용하여 할 수 있는데, 이러한 방법에 의한 송달을 말합니다(민사소송규칙 제46조 제1항).

## 공시송달

공시송달이란 상대방의 주소 또는 근무장소를 알 수 없는 등의 이유로 상대방에게 통상의 방법으로 서류를 송달할 수 없을 경우에, 당사자의 신청 또는 법원이 직권으로 행하는 것으로써 법원사무관 등이 송달할 서류를 보관하고 그 사유를 법원게시판에 게시하거나, 관보·공보 또는 신문에 게재하거나 전자통신매체를 이용해 공시하는 방법으로 상대방이 언제라도 송달받을 수 있게 하는 송달방법입니다(민사소송법 제194조, 제195조 및 민사소송규칙 제54조 제1항).

### ① 신청에 의한 공시송달

이혼소송 상대방의 주소를 몰라 법원에 공시송달을 신청하려면 공시송달신청서, 말소된 주민등록등본, 최후 주소지 통반장의 불거주확인서, 상대방의 친족이 작성한 소재불명확인서 등 상대방의 현주소를 알 수 없음을 밝히는 자료를 갖추어서 이혼소송을 제기한 가정법원에 제출하면 됩니다.

### ② 법원의 직권에 의한 공시송달

법원은 당사자의 공시송달 신청을 기대할 수 없거나 소송지연을 방지할 필요가 있는 경우에 직권으로 공시송달하게 됩니다.

공시송달은 소장부본 전달, 출석통지 등 소송 진행과정에 따라 여러 차례 할 수도 있습니다. 이때 첫 번째 공시송달은 공시송달한 날로부터 2주가 지나면 효력이 발생하고, 같은 당사자에게 하는 그 뒤의 공시송달은 공시송달을 실시한 다음날부터 효력이 발생하여 재판절차가 진행됩니다(민사소송법 제196조).

# 13. 외국에서도 이혼소송을 할 수 있나요?

이혼소송의 당사자가 우리나라 국민인 경우 외국에 거주하고 있더라도 이혼, 양육권 등에 관한 판단에 있어서는 우리나라 법이 적용되게 됩니다(국제사법 제37조 제1호 및 제39조). 우리나라 법원에 소송을 제기하기 위해서는 우리나라 법원이 해당 이혼사건에 대해 국제재판관할권을 가지고 있어야 합니다.[19] 이혼소송을 우리나라 법원에 제기하는 경우와 외국법원에 제기하는 경우로 나누어 살펴보겠습니다.

## 우리나라 법원에 이혼소송을 제기하는 경우
### ① 소송방법
변론기일, 심리기일 또는 조정기일에 소환을 받은 때에는 소송 당사자 또는 법정대리인이 출석하여야 합니다. 그러나 외국에 있는 자가 국내에서 이혼소송을 하는 경우와 같이 특별한 사정이 있는 경우에는 재판장, 조정장, 조정담당판사의 허가를 받아 대리인을 출석하게 할 수 있습니다(가사소송법 제7조).

---

19) 이에 대해 판례는 원칙적으로 피고 주소지주의를 채택하고 있으며(대법원 2006. 5. 26. 선고 2005므884 판결), 「국제사법」 제2조에서는 당사자 또는 분쟁의 원인이 된 사안이 대한민국과 실질적 관련이 있는 경우에 우리나라 법원이 국제재판관할권을 가진다고 규정하고 있습니다.

② 재외공관 또는 우리나라 행정관청에 이혼신고

이혼소송을 통해 이혼판결이 확정되면 부부 중 어느 한쪽이 조정성립 또는 재판 확정일로부터 1개월 이내에 이혼신고서에 판결의 정본 또는 등본 및 확정증명서를 첨부해서 재외공관[20] 또는 국내의 등록기준지 또는 주소지를 관할하는 시·구·읍·면사무소에 이혼신고를 해야 합니다 (가족관계의 등록 등에 관한 법률 제34조, 제58조 및 제78조).

## 외국법원에 이혼소송을 제기하는 경우

① 외국 판결의 승인

외국 법원에 이혼소송을 제기해서 이혼판결을 받은 경우, 이 판결의 효력이 국내에서 바로 유효하게 인정되는 것은 아니며, 다음의 요건을 모두 갖추어야 승인됩니다(민사소송법 제217조 제1항).

㉮ 대한민국의 법령 또는 조약에 따른 국제재판관할의 원칙상, 그 외국 법원의 국제재판관할권이 인정될 것
㉯ 패소한 피고가 소장 또는 이에 준하는 서면 및 기일통지서나 명령을 적법한 방식에 따라 방어에 필요한 시간여유를 두고 송달받았거나, 송달받지 않았더라도 그 소송에 응했을 것
㉰ 그 확정재판 등의 내용 및 소송절차에 비추어 그 확정재판 등의 승인이 대한민국의 선량한 풍속이나 그 밖의 사회질서에 어긋나지 않

---

20) 우리나라 대사관·총영사관·영사관·분관 또는 출장소를 말하며, 그 지역을 관할하는 재외공관이 없는 경우에는 인접지역을 관할하는 재외공관을 말합니다.

을 것

㉣ 상호보증이 있거나 대한민국과 그 외국법원이 속하는 국가에 있어 확정재판 등의 승인요건이 현저히 균형을 상실하지 않고 중요한 점에서 실질적으로 차이가 없을 것

② 재외공관 또는 대한민국 행정관청에 이혼신고

외국법원의 이혼판결에 따라 이혼이 확정되면 부부 중 어느 한쪽이 조정성립 또는 재판 확정일로부터 1개월 이내에 이혼신고서에 다음의 서류를 첨부해서, 재외공관 또는 국내의 등록기준지 또는 주소지를 관할하는 시·구·읍·면사무소 또는 재외국민 가족관계등록사무소 가족관계등록관에 이혼신고를 해야 합니다(가족관계의 등록 등에 관한 법률 제58조, 제78조, 외국에 거주하고 있는 한국인의 가족관계등록신고절차 등에 관한 사무처리지침 제2호 및 외국법원의 이혼판결에 의한 가족관계등록사무처리지침 제2조).

㉮ 판결의 정본 또는 등본 및 확정증명서. 다만, 외국 법원의 정본 또는 등본과 그 확정증명서를 갈음하는 이혼증명서를 발급한 경우에는 그 증명서
㉯ 패소한 피고가 소장 또는 이에 준하는 서면 및 기일통지서나 명령을 적법한 양식에 따라 방어에 필요한 시간 여유를 두고 송달받았거나 송달받지 않았더라도 소송에 응한 서면
㉰ 위 각 서류의 번역문

# 재산문제

# 1. 재산분할은 얼마나 받을 수 있나요?

부부가 이혼하면 혼인 중 부부가 공동으로 모은 재산을 나눌 필요가 생깁니다. 이때 이혼한 부부 일방이 상대 배우자에 대해 재산분할을 청구할 수 있는 권리가 「재산분할청구권(財産分割請求權)」입니다. 재산분할청구권은 협의이혼, 재판상 이혼의 경우에 모두 인정되며, 부부 사이에 재산분할에 관한 합의가 이루어지지 않으면 가정법원에 재산분할심판을 청구할 수 있습니다(민법 제839조의 2, 제843조 및 가사소송법 제2조 제1항 제2호 나목 4), 제36조 제1항).

## 재산분할 대상 재산

원칙적으로 혼인 중 부부가 공동으로 협력해서 모은 부부의 공동재산이 분할의 대상이 되며, 이혼소송 당시 이미 잠재적으로 존재하여 그 경제적 가치의 현실적 평가가 가능한 재산인 퇴직급여채권도 재산분할의 대상에 포함되게 됩니다. 그러나 혼인 전부터 부부 각자가 소유하고 있던 부부 일방의 특유재산은 원칙적으로 재산분할의 대상이 되지 않습니다. 그리고 부부 중 한쪽 배우자가 경제활동을 책임지는 과정에서 채무를 지게 된 경우, 그 채무도 재산분할청구의 대상이 됩니다.

## 재산분할방식과 분할비율

법원은 재산을 분할함에 있어서 당사자 쌍방이 가진 적극재산에서 소극재산을 공제하여 재산가액을 확정하고, 여기에 각 당사자의 재산분할 비율을 정한 다음, 그 비율에 따라 당사자에게 정당하게 배분되어야 할 재산과 보유하고 있는 재산을 비교하여, 모자라는 부분을 금전적으로 지급받는 방식을 취하고 있습니다.

**재산 분할 방식**

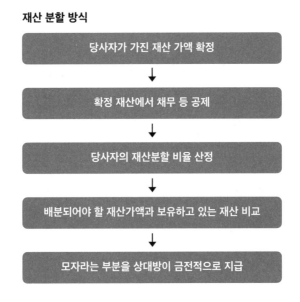

재산을 분할할 때에는 법원은 부부 각 명의 재산 내역, 부부 각자가 재산 형성에 기여한 정도, 혼인을 지속한 기간 등을 감안하여 분할 비율을 결정하게 되는데,[21] 통상적으로 20년 이상 혼인생활을 유지한 전업주부

---

21) 현재 법원의 실무는 혼인 기간에 상당한 비중을 두고 있습니다.

의 경우에는 분할 대상 재산의 50%까지 권리를 인정하고 있습니다. 또한 법원은 맞벌이 부부의 경우, 소득부분이 크게 차이가 나지 않는 경우이거나 일방만이 경제활동을 하고 다른 일방은 가사와 육아를 전담한 경우에도 통상 부부 각자의 기여도를 50:50으로 보고 있습니다.[22]

## 재산분할의 기준시점

재산분할대상의 재산과 가액은 계속하여 변동하므로, 어느 시점의 재산과 가액을 기준으로 재산을 분할할 것이냐가 문제됩니다. 이에 대하여 판례는 분할의 대상이 되는 재산과 액수의 산정 시기는 원칙적으로 이혼소송의 사실심변론종결 시를 기준으로 하되(대법원 1998. 2. 13. 선고 97므1486, 1493판결), 이혼 이전에 부부가 별거하는 경우와 같이 변론종결 이전에 혼인관계가 사실상 파탄 났다면, 그 파탄시점을 기준 시로 보고 있습니다. 이는 부부가 이혼 전 오랫동안 별거하는 등으로 혼인관계가 사실상 파탄에 이른 경우 상대방 배우자가 재산을 빼돌리는 것을 방지하려는 취지라고 볼 수 있습니다.

## 재산분할청구권의 행사기간

부부가 이혼하는 경우 재산분할청구권은 이혼한 날[23]로부터 2년을 경과하면 소멸합니다. 재판상 이혼을 하는 경우에는 재산분할청구를 이혼

---

22) 전업주부의 경우 이전에는 남자의 30~40%수준에서 재산분할을 인정하였으나, 최근에는 그 비율이 점차 높아지고 있는 추세입니다.

23) 이혼한 날이라 함은 협의이혼의 경우에는 이혼신고일, 재판상 이혼·혼인취소의 경우에는 이혼판결 또는 혼인취소판결의 확정일을 말합니다.

청구와 함께 하는 것이 일반적이므로 재산분할청구권의 행사기간이 경과할 우려가 거의 없으나, 협의이혼의 경우에 재산분할에 대한 합의가 되지 않은 경우에는 이혼한 날로부터 2년 이내에 재산분할청구권을 행사해야만 재산을 분할 받을 수 있습니다.

### 재산분할청구권의 양도·상속

재산분할청구권이 양도 또는 상속될 수 있는지에 대해서는 견해가 나누어지나, 판례는 이혼소송과 재산분할청구가 함께 병합된 사건에서 배우자 일방이 사망하면 이혼소송에 따른 재산분할청구 역시 이를 유지할 이익이 상실되므로, 이혼소송의 종료와 동시에 재산분할청구도 종료된다고 보고 있습니다(대법원 1994. 10. 28. 선고 94므246, 253판결).

### 재산분할청구권과 위자료청구권의 관계

재산분할은 혼인 중 부부가 공동으로 모은 재산에 대해 본인의 기여도에 따른 상환을 청구하는 것을 목적으로 하는 데 반하여, 위자료는 부부 일방의 잘못으로 이혼하게 된 사람의 정신적 고통을 위로하는 것을 목적으로 하는 등, 권리의 발생근거, 제도의 입법취지, 재판절차 진행 등 여러 가지 관점에서 차이가 있어 판례는 이를 별개의 제도로 보고 있습니다(대법원 2001. 5. 8. 선고 2000다58804판결). 따라서 재산분할청구와 위자료청구는 각각 개별적으로 청구하는 것이 가능합니다.

# 2. 분할의 대상이 되는 재산은 어떤 것이 있나요?

재산분할의 대상이 되는 재산은 원칙적으로 부부가 혼인 중 공동으로 협력해서 모은 재산으로서 부부 중 누구의 소유인지가 불분명한 공동재산, 즉 부동산, 예금, 주식, 대여금 등의 적극재산은 물론 갚아야 할 채무 등 소극재산까지도 모두 포함하게 됩니다.

## 적극재산

적극재산이라 함은 부동산, 예금, 건물과 같은 금전적인 가치가 있는 재산, 즉 자기가 실제 가지고 있는 재산을 말합니다.

### ① 부부의 공동재산

재산분할의 대상이 되는 재산은 원칙적으로 혼인 중 부부가 공동으로 협력[24]해서 모은 재산으로서 부부 중 누구의 소유인지가 불분명한 재산이나, 부부 일방의 명의로 되어 있거나 제3자 명의로 되어 명의신탁 되어 있더라도 실제로 부부의 협력으로 모은 재산이라면 재산분할의 대상이 됩니다(대법원 1998. 4. 10. 선고 96므1434 판결).

---

24) 부부의 협력이란 맞벌이는 물론이고, 육아 및 가사노동도 포함합니다(대법원 1993. 5. 11. 자 93스6 결정).

② 부부 일방의 특유재산

혼인 전부터 부부가 각자 소유하고 있던 재산이나 혼인 중에 부부 일방이 상속·증여·유증으로 취득한 재산 등은 부부 일방의 특유재산으로서 원칙적으로 재산분할의 대상이 될 수 없으나, 다른 일방이 그 특유재산의 유지·증가를 위해 기여했다면, 그 증가분에 대해 재산분할에 포함시킬 수 있습니다(대법원 1994. 5. 13. 선고 93므1020 판결, 대법원 1998. 2. 13. 선고 97므1486, 1493 판결, 대법원 2002. 8. 28. 자 2002스36 결정 등).

③ 퇴직금·연금 등 장래의 수입

이혼 당시에 이미 수령한 퇴직금 등은 재산분할의 대상이 될 수 있으며(대법원 1995. 5. 23. 선고94므1713, 1720판결, 대법원 1995. 3. 28. 선고 94므1584판결), 이혼 당시 부부 일방이 아직 재직 중이어서 실제 퇴직급여를 수령하지 않았더라도 이혼소송의 사실심(1, 2심)변론종결 시에 이미 잠재적으로 존재하여, 그 경제적가치의 현실적 평가가 가능한 재산인 퇴직급여채권도 재산분할의 대상에 포함시킬 수 있습니다(대법원 2014. 7. 16. 선고 2013므2250 판결).

④ 명의신탁재산

판례는 제3자 명의의 재산이더라도 그것이 부부 중 일방에 의하여 명의신탁 된 재산 또는 부부의 일방이 실질적으로 지배하고 있는 재산으로서 부부 쌍방의 협력에 의하여 형성된 것이거나 부부 쌍방의 협력에 의하여 형성된 유형·무형의 자원에 기한 것이라면, 그와 같은 사정도 참작하여야 한다는 의미에서 재산분할의 대상이 된다고 보고 있습니다.


⑤ 영업권

독자적 재산가치가 있는 영업권[25]도 재산분할의 대상이 되나, 독자적인 재산 가치를 갖지 않는 영업상의 이익은 재산분할의 대상이 되지 않습니다.


⑥ 장래의 수입, 자격증

판례는 혼인 중 부부 일방이 다른 일방의 도움으로 변호사, 의사, 회계사, 교수 등 장래 고액의 수입을 얻을 수 있는 능력이나 자격을 취득한 경우에는, 능력이나 자격으로 인한 장래 예상 수입 등도 재산분할의 액수와 방법을 정하는데 참작될 수 있는 것으로 보고 있습니다(대법원 1998. 6. 12. 선고 98므213 판결).


⑦ 혼인파탄 후 취득한 재산

혼인이 파탄되어 별거하는 중에 부부 일방이 재산을 취득하는 경우, 이는 부부 공동의 노력으로 형성한 재산이라고 볼 수 없기 때문에 원칙적으로 그 재산은 분할의 대상이 되지 않으나, 다만 부부의 일방이 별거 후에 취득한 재산이라도 그것이 별거 전에 쌍방의 협력에 의하여 형성된 유

---

25) 대법원은 재산분할의 대상이 되는 재산으로 일방 배우자가 소유하고 있는 건물의 시가와 점포 자체의 영업권(권리금) 이외에 ① 일방배우자가 소유하고 있는 건물의 임대업에 따른 영업권 ② 일방배우자가 운영하는 점포의 소매업에 따른 영업권 ③ 유명백화점에 우산, 장갑 등을 납품하는 사업에 따른 영업권을 재산분할의 대상이 되는 재산으로 인정하고 있습니다.

형·무형의 자원에 기초한 것이라면 재산분할의 대상이 됩니다.

### ⑧ 재산분할 재판 확정 후 추가로 발견된 재산

재판에서 재산분할의 대상인지 여부가 전혀 심리된 바 없는 재산이 재판확정 후 추가로 발견된 경우, 이에 대하여 추가로 재산분할청구를 할 수 있으나, 다만 이혼 후 2년의 제척기간[26]을 넘겨서는 안 될 것입니다.

## 소극재산

소극재산이라 함은 재산의 구성 부분의 하나로서의 채무, 즉 갚아야 할 돈을 의미합니다.

### ① 일반채무

혼인 중 부부 일방이 제3자에게 채무가 있는 경우 그것이 부부공동재산형성에 따른 채무이거나 일상가사에 관한 채무라면 재산분할의 대상이 될 수 있습니다(대법원 2002. 8. 28. 자 2002스36 결정, 대법원1999. 6. 11. 선고 96므1397 판결, 대법원 1998. 2. 13. 선고 97므1486, 1493 판결 등). 그리고 부부 중 한쪽 배우자가 경제활동을 책임지는 과정에서 채무를 지게 된 경우, 그 채무도 재산분할청구의 대상이 됩니다(대법원 2013. 6. 20. 선고 2010므4071 전원합의체 판결).

---

26) 어떤 종류의 권리에 대해 법률상으로 정하여진 존속기간을 말하며, 일정한 기간 안에 행사하지 않으면 해당 권리가 소멸하게 됩니다.

## ② 임차보증금반환채무

부동산을 구입하면서 이를 타인에게 임차하여 임차보증금으로 구입자금의 일부를 충당한 경우에는 임차보증금은 분할의 대상이 되는 채무이지만, 타인에게 임차한 주택을 재산분할로 받은 경우 분할 받은 배우자가 임차인에 대한 보증금반환채무를 승계하느냐는 별개의 문제입니다.

# 3. 배우자의 재산에 대하여 전혀 알지 못하는데 어떻게 알아낼 수 있나요?

일단 이혼을 결심했다면 배우자 명의의 재산을 파악해 두는 것이 좋습니다. 부동산은 물론이고, 거래하는 은행, 주식을 투자하는 경우에는 증권사, 그리고 보험에 가입한 경우에는 보험사 등을 미리 파악해 둘 필요가 있습니다. 어떤 분들은 변호사 사무실에 소송을 의뢰하면 변호사 사무실에서 배우자의 모든 재산을 파악해 주는 것으로 알고 있으나, 실제 변호사 사무실에서 배우자의 재산을 파악하는 데에는 어느 정도 한계가 있습니다.

## 재산명시제도

가정법원은 재산분할청구사건을 위해 특히 필요하다고 인정하는 때에는 당사자의 신청 또는 직권에 의하여 상당한 기간을 정하여 상대방에게 재산상태를 명시한 재산목록을 제출하도록 명할 수 있습니다(가사소송법 제48조의 2 및 가사소송규칙 제95조의3제1항).[27]

재산명시 대상자는 가정법원이 정한 상당한 제출기간 이내에 자신이

---

[27] 당사자의 재산명시를 요구하는 신청은 신청취지와 신청사유를 적은 서면으로 해야 하며, 가정법원은 위 신청서를 상대방에게 송달하여 의견을 표명할 기회를 주어야 합니다.

보유하고 있는 재산과 ① 재산명시명령이 송달되기 전 2년 이내에 한 부동산의 양도 ② 재산명시명령이 송달되기 전 2년 이내에 배우자, 직계혈족 및 4촌 이내의 방계혈족과 그 배우자, 배우자의 직계혈족과 형제자매에게 한 부동산 외의 재산의 양도[28] ③ 그 밖에 가정법원이 정하는 재산의 처분행위를 명시한 재산목록을 제출해야 합니다(가사소송규칙 제95조의 3 제1항 및 제95조의 4 제1항).[29]

### 재산조회제도

재산명시명령을 받고도 재산목록의 제출을 거부하거나 거짓 재산목록을 제출한 경우 또는 기타 재산명시절차에 따라 제출된 재산목록만으로는 재산분할 해결이 곤란한 경우, 가정법원은 당사자의 신청 또는 직권에 의하여 상대방 명의의 재산에 관하여 조회할 수 있습니다(가사소송법 제48조의 3 제1항).

상대방 명의의 재산에 관한 조회를 요구하는 신청은 다음의 사항을 기재한 서면으로 해야 하고 신청의 사유를 소명해야 합니다(가사소송규칙 제95조의 6).

① 조회의 대상이 되는 상대방
② 조회할 공공기관, 금융기관 또는 단체

---

28) 권리의 이전이나 행사에 등기·등록 또는 명의개서가 필요한 재산의 양도에 한합니다.

29) 이들 사항을 명시할 때에는 양도나 처분을 받은 사람의 이름·주소·주민등록번호 등과 거래내역을 함께 적어야 합니다.

③ 조회할 재산의 종류
④ 과거의 재산보유내역에 대한 조회를 요구하는 때에는 그 취지와 조회기간
⑤ 신청취지와 신청사유

## 사실조회신청

재산조회신청은 한 번의 신청으로서 여러 기관에 한꺼번에 조회할 수 있을 뿐 아니라, 자료제출 거부 시 과태료를 부과함으로써 강제할 수 있다는 장점이 있는 반면, 시간과 금전적인 비용이 많이 들어간다는 단점이 있습니다. 따라서 실제 재판실무에서는 개별적인 사실조회신청을 통해서 재산을 파악하는 것이 오히려 더 일반적이라고 할 수 있습니다. 예를 들면, 부동산의 경우는 국토교통부와 법원행정처에 대한 사실조회를 통하여 배우자 명의의 부동산을 찾아낼 수 있습니다.

## 금융거래정보제출명령신청

은행 예금이나 주식 같은 금융재산의 경우, 거래의 개연성이 있는 주요 은행이나 증권사들에 대하여 금융거래정보제출명령신청을 하면, 배우자의 과거 수년 동안의 금융거래내역이나 증권거래내역을 받아볼 수 있습니다. 그리고 위 금융거래내역이나 증권거래내역을 분석해 보면, 예금이나 주식의 잔액은 물론 배우자의 또 다른 계좌나 보험, 적금 내역 등에 대해서도 파악할 수 있게 됩니다.

# 4. 유책배우자도 재산분할을 청구할 수 있나요?

혼인파탄에 대해 주된 책임이 있는 배우자를 유책배우자라고 합니다. 흔히 유책배우자는 혼인파탄에 대한 책임이 있기 때문에 재산분할청구 권이 없는 것으로 알고 있는 경우가 많습니다. 그러나 재산분할청구권은 이혼의 책임이 누구에게 있는지에 관계없이 부부 일방이 상대방에게 청구할 수 있는 권리로서 혼인관계의 파탄에 대해 책임이 있는 배우자도 재산분할을 청구할 수 있습니다.

### 유책배우자의 재산분할청구

판례는 이혼 사유를 제공한 유책배우자의 경우에도 혼인기간 중 형성 또는 유지한 재산에 대한 재산분할청구를 인정하고 있습니다.

① 대법원 1993. 5. 11. 자 93스6 결정

혼인 중에 부부가 협력하여 이룩한 재산이 있는 경우에는 혼인관계의 파탄에 대하여 책임이 있는 배우자라도 재산의 분할을 청구할 수 있다.

② 서울가정법원 1993. 12. 10. 선고 93느909 판결

간통한 유책배우자의 이혼확정 후 재산분할청구를 받아들이는 한편, 상대방의 유책배우자에 대한 이혼 위자료청구권도 인정하면서 양 채권

이 상계적상에 있다고 보아, 그 차액을 재산분할금으로 지급할 것을 명하였다.

## 재산분할 포기각서의 효력

보통 유책배우자는 본인에게 책임이 있기 때문에 자신의 재산을 모두 포기하고 재산분할청구권을 행사하지 않겠다는 재산분할 포기각서를 작성하는 경우가 많습니다. 그러나 이혼으로 인한 재산분할청구권은 이혼이 성립한 때에 발생하는 권리이고, 협의 또는 심판에 따라 구체적 내용이 형성되기 전까지는 구체적으로 권리가 발생하였다고 할 수 없어서 이혼하기 전에 재산분할 청구권을 포기하는 것은 허용되지 않습니다.[30]

또한 협의 이혼을 진행하면서 작성한 재산분할 포기 각서 역시 부부의 재산 형성 기여도나 재산 분할 방법에 대해 세세하게 상의한 뒤 작성된 게 아닌 단순히 모든 재산을 포기하겠다는 내용의 각서라면 재산 분할을 진정으로 포기했다고 보지 않는 것이 대법원의 입장입니다(대법원 2016. 1. 25.자 2015스451 결정).

## 재산분할청구권과 위자료청구권과의 관계

재산분할청구권은 혼인 중 부부가 공동으로 모은 재산에 대해 본인의 기여도에 따른 상환을 청구하는 것을 목적으로 하는 데 대하여, 위자료청구권은 부부 일방의 잘못으로 이혼하게 된 사람의 정신적 고통을 위로

---

30) 이혼 전에 한 재산분할 포기 각서는 설사 공증을 받았다고 하더라도 법적 효력이 없는 것입니다.

하는 것을 목적으로 하는 것으로, 위 양 청구권은 그 권리의 발생근거, 제도의 입법취지, 재판절차 진행 등 여러 가지 관점에서 차이가 있는 별개의 제도라고 할 수 있습니다. 따라서 혼인관계의 파탄에 있어 책임이 있는 배우자라 하더라도 재산분할은 청구할 수 있지만, 위자료는 청구할 수 없습니다.

# 5. 위자료는 얼마나 받을 수 있나요?

이혼하는 경우에는 이혼을 하게 된 것에 책임이 있는 배우자에게 이혼으로 인한 정신적 고통에 대한 배상을 청구할 수 있는데, 이를 「위자료(慰藉料)」라 합니다. 이혼으로 인한 위자료 청구는 재판상 이혼뿐만 아니라, 협의이혼, 혼인의 무효·취소의 경우에도 할 수 있습니다.

## 위자료의 산정기준

위자료의 액수는 법원이 ① 이혼에 이르게 된 경위와 정도 ② 혼인관계 파탄의 원인과 책임 ③ 당사자의 재산상태 및 생활정도 ④ 당사자의 연령, 직업 등 변론에 나타나는 모든 사정을 고려해서 정하게 되므로 위자료의 액수가 얼마라고 일률적으로 단정할 수가 없고, 개인에 따라서 액수가 다르게 됩니다.

실무상 보통 3,000만원에서 5,000만원 정도를 위자료로 청구하게 되나, 실제 법원에서 인정하는 위자료는 이보다 낮은 경우가 많으며, 혼인 기간이 5년 이내의 단기인 경우 1,000만원에서 2,000만원 이내, 배우자의 외도로 인해 이혼에 이르게 된 경우 3,000만원 내외로 특별한 경우가 아

니면 위자료의 액수가 5,000만원을 넘어가는 경우는 드문 실정입니다. [31]

## 위자료청구권의 행사기간

부부가 이혼하는 경우 위자료청구권은 이혼한 날[32]로부터 3년이 지나면 시효로 소멸하게 됩니다. 재판상 이혼의 경우 이혼청구와 함께 위자료청구를 하는 것이 일반적이므로, 행사기간이 경과할 우려는 거의 없으나 협의이혼의 경우 위자료에 대한 합의가 되지 않은 채 이혼한다면, 이혼한 날로부터 3년 이내에 위자료청구권을 행사해야만 위자료를 받을 수 있습니다.

## 위자료 지급 불이행 시 조치

상대방이 위자료를 지급하지 않는 경우에는 위자료 지급을 명한 판결·심판 또는 조정을 한 가정법원에 이행명령을 신청할 수 있고,[33] 또 위 집행권원을 근거로 집행문을 부여받아 상대방 재산에 강제집행을 신청해서 경매처분을 통해 위자료를 받을 수 있습니다.

## 위자료청구권의 양도 및 승계

위자료청구권은 양도 또는 승계하지 못하는 것이 원칙이지만, 당사자

---

31) 이는 법원 실무상 통상적으로 인정하는 위자료 액수의 예시일 뿐, 구체적인 위자료액은 사안이나 심리하는 법원, 개인의 사정에 따라 각각 달라질 수 있습니다.

32) 이혼한 날이라 함은 협의이혼의 경우에는 이혼신고일, 재판상 이혼·혼인취소의 경우에는 이혼판결 또는 혼인취소판결의 확정일을 말합니다.

33) 위 이행명령의 내용이 '금전의 정기적 지급을 명하는 것'이었다면, 불이행시 감치명령신청을 할 수도 있습니다.

사이에 이미 배상에 관한 계약이 성립되거나 소송을 제기한 이후에는 양
도 또는 승계할 수 있습니다.

# 6. 혼인파탄의 책임 있는 사람에게 위자료를 청구할 수 있나요?

위자료는 이혼의 원인을 제공한 사람에게 청구할 수 있습니다. 따라서 만일 배우자가 바람을 피워 이혼을 하게 된 경우 배우자와 간통한 사람에게, 부부 중 일방이 아닌 시부모 등 제3자의 가해행위로 인하여 이혼에 이르게 된 경우 그 제3자에 대하여 위자료를 청구할 수 있습니다. 그리고 이러한 위자료청구는 반드시 이혼소송과 동시에 하여야 하는 것이 아니며, 혼인 중 그리고 이혼 후에도 청구를 할 수 있습니다.

## 혼인 중 위자료청구

위자료청구는 꼭 이혼소송과 동시에 진행하여야 하는 것은 아니며, 혼인생활을 유지하면서도 얼마든지 위자료청구를 할 수 있습니다. 위자료청구를 함에 있어 배우자와 제3자(상간한 사람 또는 시부모 등)를 동시에 피고로 삼아 청구를 하거나, 아니면 제3자만을 상대로 하여 민사소송의 방법으로 위자료청구를 할 수도 있습니다.

## 이혼 시 위자료청구

배우자에 대한 이혼소송을 제기할 때에는 가정법원에 배우자와 상간한 사람, 시부모 등 제3자를 공동피고로 삼아 위자료 청구를 할 수 있으며, 이러한 경우 이들에 대한 위자료청구소송은 이혼소송과 동시에 진행되게 됩니다.

## 이혼 후 위자료청구

이혼 후에도 배우자에 대한 위자료청구권과는 별개로 상간한 사람만을 상대로 위자료청구를 할 수 있습니다. 그러나 위자료청구권은 불법행위로 인한 정신적 손해배상청구권이므로, 배우자의 외도사실 및 상간한 사람의 존재를 알게 된 날로부터 3년 내(이혼신고일이나 이혼판결의 확정일이 아닙니다)에 행사하지 않으면 시효로 소멸하게 됩니다.

## 위자료청구를 할 수 없는 경우

부부가 아직 이혼하지 않았지만 실질적으로 부부공동생활이 파탄되어 회복할 수 없을 정도에 이르렀다면, 제3자가 부부의 일방과 외도를 하더라도 부부공동생활을 침해하는 행위라고 할 수 없습니다. 따라서 상대방은 그 제3자에게 위자료청구를 할 수 없습니다.

# 7. 상대방이 위자료를 지급하지 않으면 어떻게 하나요?

법원으로부터 위자료를 지급하라는 판결 또는 조정에 길음하는 결정을 받은 상대방이 정당한 사유 없이 위자료를 지급하지 않는 경우, 위자료를 받을 권리가 있는 배우자는 상대방 배우자에 대하여 이행명령과 간접강제, 강제집행 등을 통하여 위자료를 받아 낼 수 있습니다.

## 이행명령 신청

이행명령이란 가정법원의 판결·심판·조정조서·조정에 갈음[34]하는 결정 또는 양육비부담조서에 따라 금전의 지급 등 재산상의 의무, 유아의 인도의무 또는 자녀와의 면접교섭의무를 이행해야 할 의무자가 정당한 이유 없이 그 의무를 이행하지 않을 경우, 당사자의 신청에 의해 가정법원이 일정한 기간 내에 그 의무를 이행할 것을 명하는 것을 말합니다.

상대방이 위자료를 지급하지 않는 경우에는 위자료 지급을 명한 판결 심판 또는 조정을 한 가정법원에 이행명령을 신청해서 상대방이 위자료 지급의무를 이행할 것을 법원이 명하도록 할 수 있습니다.

---

34) '다른 것으로 바꾸어 대신하다'는 의미입니다.

## 간접강제 신청

위자료를 지급해야 할 의무자가 이행명령을 받고도 위자료를 지급하지 않는 경우 가정법원은 다음의 방법으로 그 이행을 강제할 수 있습니다.

### ① 과태료 부과

의무자가 위자료 지급 이행명령을 받고도 정당한 이유 없이 위자료를 지급하지 않으면 가정법원조정위원회 또는 조정담당판사는 직권 또는 권리자의 신청에 의해 결정으로 1천만원 이내의 과태료를 부과할 수 있습니다(가사소송법 제67조 제1항).

### ② 감치명령 신청

의무자가 위자료 지급 이행명령을 받고도 정당한 이유 없이 위자료를 3회 이상 지급하지 않으면, 가정법원은 권리자의 신청에 의해 결정으로 30일 이내의 범위에서 위자료를 지급할 때까지 의무자를 감치에 처할 수 있습니다(가사소송법 제68조 제1항 제1호).

## 강제집행 신청

강제집행이란 상대방이 채무를 이행하지 않는 경우에 국가권력에 의해 그 의무의 이행을 강제적으로 실현하는 것을 말하는 것으로, 예컨대 위자료지급의무를 이행해야 할 의무자가 위자료를 지급하지 않는 경우에 권리자가 의무자의 재산을 경매하는 등의 방법으로 위자료를 충당하는 방법입니다.

상대방이 위자료를 지급하지 않는 경우에는 집행권원(판결, 조정조서, 화해조서 등)을 근거로 강제집행을 할 수 있다는 집행문을 부여받아 상대방 재산에 강제집행을 신청해서 경매 등을 통해 위자료를 받을 수 있습니다(민사집행법 제28조, 제39조, 제56조, 제90조 및 가사소송법 제41조).

# 8. 이혼 시 재산분할금과 위자료에 대해서도 세금을 내야 하나요?

이혼 시의 재산분할금과 위자료에 대하여는 세금을 내지 않아도 되는 것으로 알고 있는 사람들이 많습니다. 그러나 이는 잘못된 것으로 이혼 시 부동산을 재산분할금으로 지급하는 경우 양도소득세가 면제되나, 위자료로 지급하는 경우에는 양도소득세를 납부하여야 합니다. 그리고 재산분할금이나 위자료를 부동산으로 받는 경우 취득세나 이에 따르는 지방교육세, 농어촌특별세 등을 부담하여야 합니다.

## 재산분할금

① 받는 사람의 경우

㉮ 증여세

재산분할은 본질적으로 혼인 중 부부 쌍방의 협력으로 형성된 공동재산을 나누는 것이라는 점에서 상속세 및 증여세법 제2조 제6호에 따른 증여에 해당하지 않으므로, 증여받은 재산에 부과되는 세금인 증여세는 문제되지 않습니다. 단, 재산분할금이 과도하거나 이혼을 조세회피 수단으로 활용하고 사실상 증여라고 판단될 경우 과세할 수 있습니다.

㉯ 소득세

분할 받은 재산은 소득세법 제4조에 따른 소득에 해당하지 않으므로 소득에 대해 부과되는 세금인 소득세는 문제되지 않습니다.

### ㉰ 취득세 등

재산분할로 부동산의 소유권을 이전받은 경우에는 지방세법상 취득세 및 이에 따르는 지방교육세, 농어촌특별세는 납부해야 합니다(지방세법 제7조, 제150조 및 농어촌특별세법 제3조).[35]

### ② 지급하는 사람의 경우

이혼할 때 재산분할은 혼인 중 형성한 부부공동재산을 나누어 갖는 것으로서, 판례는 부부 각자의 소유명의로 되어 있던 각 부동산을 상대방에게 서로 이전했다고 해도 유상양도에 해당한다고 볼 수 없고, 또한 재산분할이 이루어짐으로써 분여자(分與者)의 재산분할의무가 소멸하는 경제적 이익이 발생한다고 해도 이런 경제적 이익은 분할재산의 양도와 대가적 관계에 있는 자산이라 할 수 없으므로 유상양도에 포함되지 않아 양도소득세 과세대상이 되지 않는 것으로 보고 있습니다(대법원 1998. 2. 13. 선고 96누14401판결).

## 위자료

### ① 받는 사람의 경우

### ㉮ 증여세

위자료는 이혼에 따른 정신적 고통을 배상받는 일종의 손해배상금으

---

35) 현금을 지급하는 경우 별도의 세금은 부과되지 않습니다.

로서, 위자료 지급은 「상속세 및 증여세법」 제2조 제6호에 따른 증여에 해당하지 않으므로, 증여받은 재산에 부과되는 세금인 증여세는 문제되지 않습니다.

㉯ 소득세

위자료는 「소득세법」 제4조에 따른 소득에 해당하지 않으므로, 소득에 대해 부과되는 세금인 소득세는 문제되지 않습니다.

㉰ 취득세 등

위자료로 부동산의 소유권을 이전받은 경우에는 「지방세법」상 취득세 및 이에 따르는 지방교육세, 농어촌특별세를 납부해야 합니다.

② 지급하는 사람의 경우

현금과 달리 위자료 지급을 위하여 부동산의 소유권을 이전하는 경우에는 그 부동산을 양도한 대가로 위자료와 양육비지급소멸이라는 경제적 이익을 얻은 것으로서, 「소득세법」상 유상으로 양도하는 경우에 해당하므로, 양도소득세를 납부해야 합니다.

# IV.

# 자녀문제

# 1. 이혼 시 친권행사자는 어떻게 정하게 되나요?

「친권(親權)」이란 부모가 미성년인 자녀에 대하여 가지는 신분·재산상의 권리와 의무를 말하는 것으로, 부모는 미성년자인 자녀의 친권자가 되고, 양자(養子)의 경우에는 양부모가 친권자가 됩니다. 친권은 부모가 혼인 중에는 부모가 공동으로 행사하나, 이혼하는 경우에는 친권자를 지정해야 합니다(민법 제909조 제2항에서 제5항).

### 친권자의 권리·의무[36)]

친권을 행사하는 부 또는 모는 미성년자인 자녀의 법정대리인이 되고, 친권을 행사하는데 주요 내용은 다음과 같습니다.

① 자녀를 보호·교양할 권리의무(민법 제913조)
② 자녀가 거주하는 장소를 지정할 수 있는 거소지정권(민법 제914조)
③ 자녀의 보호·교양을 위해 필요한 징계를 하고, 법원의 허가를 받아 감화 또는 교정기관에 위탁할 수 있는 징계권(민법 제915조)
④ 자녀가 자기 명의로 취득한 특유재산에 관한 관리권(민법 제916조)

---

36) 친권이라는 부 또는 모가 미성년자인 자녀를 보호·교양하고 법률행위를 대리하고 재산을 관리하는 권리와 의무를 말하며, 법률상 친자(부모-자녀)관계가 있으면 그 효과로서 당연히 발생되게 됩니다.

⑤ 자녀의 재산에 관한 법률행위의 대리권(민법 제920조)

## 친권과 양육권과의 관계

친권은 자녀의 신분과 재산에 관한 사항을 결정할 수 있는 권리이지만, 양육권은 미성년인 자녀를 부모의 보호 하에서 양육하고 교양할 권리를 의미하므로, 친권이 양육권보다는 좀 더 포괄적인 개념이라고 할 수 있습니다. 이혼하는 경우에는 친권자와 양육자를 부모 중 일방 또는 쌍방으로 지정할 수 있고, 친권자와 양육자를 각각 달리 지정할 수도 있습니다. 만약 친권자와 양육자를 달리 지정한 경우에는 친권의 효력은 양육권을 제외한 부분에만 미치게 됩니다.

## 친권행사자의 지정[37]

### ① 협의이혼의 경우

협의이혼하는 경우 부부가 합의해서 친권행사자를 정해야 하며, 만일 친권행사자에 대하여 합의할 수 없거나 합의가 이루어지지 않은 경우에는 가정법원이 직권으로 또는 당사자의 청구에 따라 친권자를 지정해야 합니다(민법 제909조 제4항 및 가사소송법 제2조 제1항 제2호 나목 5)).

### ② 재판상 이혼의 경우

재판상 이혼을 하는 경우 가정법원은 직권으로 친권자를 지정하게 되는데(민법 제909조 제5항), 친권자와 양육자가 분리될 경우 양육자에게

---

37) 혼인외의 자가 인지된 경우와 부모가 이혼한 경우 부모의 협의 또는 당사자의 청구에 의하여 가정법원이 친권을 행사할 자로 정한 자를 친권행사자라 합니다.

많은 불편이 초래되기 때문에, 특별한 경우가 아니면 법원은 친권행사자와 양육자를 일치시키고 있습니다.

### 친권행사자 지정의 기준

법원은 미성년인 자녀의 친권행사자를 정함에 있어서 미성년인 자녀의 성장과 복지에 가장 도움이 되고 적합할지의 여부, 즉, 부·모 중 어느 쪽의 양육환경이 더 좋은지를 서로 비교하여 정하게 됩니다.

구체적으로는 ① 현재 누가 자녀를 양육하고 있는지 ② 자녀와의 친밀도 ③ 경제적 능력 ④ 자녀의 나이 ⑤ 부모의 도덕적, 인격적 결격 사유 등을 종합적으로 고려하게 되는데, 실제 자녀의 나이가 어린 경우에는 모(母)가, 그리고 자녀의 나이가 13세 이상인 경우에는 자녀의 의사에 따라 친권행사자가 지정되는 경우가 많습니다.

### 친권자의 변경

협의이혼이나 재판상 이혼에 의해 친권자가 지정된 이후에도 자녀의 복리를 위해 필요한 경우에는 자녀의 4촌 이내의 친족의 청구에 따라 가정법원이 친권자를 변경할 수 있습니다(민법 제909조 제6항 및 가사소송법 제2조 제1항 제2호 나목 5)).

또한 이 경우 심판확정시까지는 오랜 시간이 소요되므로, 자녀의 보호와 양육을 위하여 시급한 조치가 필요할 때에는 양육권자 임시지정 사전처분과 함께 유아 인도 사전처분을 신청하여 심판 또는 판결확정 시까지 자녀를 인도받아 양육할 수 있습니다.

# 2. 이혼 시 양육자는 어떻게 정하게 되나요?

「양육(養育)」이란 미성년인 자녀를 자신의 보호 하에 두고 키우면서 가르치는 것이고, 「양육권(養育權)」이라 함은 이러한 자녀의 양육에 필요한 사항을 결정할 수 있는 부모의 권리를 말합니다. 부부가 혼인 중일 때에는 양육권을 공동으로 행사할 수 있지만, 이혼하는 경우에는 양육자지정이 필요하게 됩니다.

## 양육자의 지정

이혼을 하는 경우 부부가 합의해서 자녀의 양육에 관한 사항을 결정해야 하고, 합의할 수 없거나 합의가 이루어지지 않는 경우에는 가정법원이 직권으로 또는 당사자의 청구에 따라 다음과 같은 양육에 관한 사항을 결정하게 됩니다(민법 제837조 제1항, 제2항 및 제4항).

① 양육자의 결정
② 양육비용의 부담
③ 면접교섭권의 행사 여부 및 그 방법

## 양육자 지정의 기준

양육자를 지정함에 있어 제일 우선적으로 고려되어야 할 사항은 부모의 권리가 아닌 자녀의 복리이므로, 양육자를 지정함에 있어서는 자녀의 복리를 최우선적으로 고려하게 됩니다. 자녀가 13세 이상인 경우에는 자녀의 의견을 들을 수 없거나, 자녀의 의견을 듣는 것이 오히려 자녀의 복지를 해할 만한 특별한 사정이 있다고 인정되는 때를 제외하고는, 심리에 앞서 자녀의 의견을 들어야 합니다(가사소송규칙 제100조).

## 양육자지정 사전처분신청

이혼소송 중 누가 자녀를 양육할 것인지에 대하여 다툼이 있거나, 양육자로 지정되는 데 유리한 지위를 차지하기 위하여 소장 제출 후 재판부가 정해지면, 해당 재판부에 임시적으로 양육자를 우리측으로 지정해 달라는 내용의 신청을 할 수 있는데, 이를 양육자임시지정 사전처분신청이라 합니다.

## 양육권과 친권과의 관계

이혼하는 경우 양육자와 친권행사자를 부모 중 일방 또는 쌍방으로 지정할 수 있고, 양육자와 친권행사자를 각각 달리 지정할 수도 있습니다. 양육자와 친권행사자가 달리 지정된 경우에는, 친권의 효력은 양육권을 제외한 부분에만 미치게 됩니다.

## 양육권자 및 양육에 관한 사항의 변경

### ① 양육권자의 변경

이혼 당시 자녀의 양육자를 정했더라도 자녀의 복리를 위해 필요한 경우에는 양육자를 변경할 수 있습니다. 양육자 변경은 이혼 후 당사자 간의 합의로 할 수 있고, 합의가 이루어지지 않는 경우에는 가정법원에 지정변경을 청구해서 변경할 수 있습니다.

### ② 양육에 관한 사항의 변경

양육에 관한 사항이 결정된 후에도 자녀의 복리를 위해 필요한 경우에는 직권 또는 부, 모, 자녀 및 검사의 청구에 따라 가정법원이 양육에 관한 사항을 변경할 수 있습니다(민법 제837조 제5항, 대법원 1992. 12. 30. 자 92스17, 18결정).

## 양육권 없는 부모의 지위

이혼으로 양육에 관한 사항이 정해진다고 해서, 부모와 자녀 사이의 권리의무에 변화가 생기는 것은 아니며(민법 제837조 제6항), 부모와 자녀 사이의 혈족관계(민법 제768조), 미성년자인 자녀의 혼인에 대한 동의권(민법 제808조 제1항), 부양의무(민법 제974조 제1호), 상속권(민법 제1000조 제1항) 등도 그대로 유지됩니다.

# 3. 친권자 및 양육자가 지정된 이후에도 변경이 가능한가요?

이혼 당시 자녀의 친권자 및 양육자를 정했더라도 자녀의 복리를 위해 필요한 경우에는 친권자 및 양육자를 변경할 수 있습니다(민법 제837조 제5항, 제843조 및 제909조 제6항). 친권자는 가정법원에 지정변경을 청구해서 변경할 수 있으며, 양육자 변경은 이혼 후 당사자 간 합의로 할 수 있고, 합의가 이루어지지 않는 경우에는 가정법원에 지정변경을 청구할 수 있습니다(가사소송법 제2조 제1항 제2호 나목 3) 및 5)).

## 변경 청구권자

양육자 변경은 부, 모, 자녀 및 검사가 가정법원에 청구할 수 있으며, 가정법원이 직권으로 변경할 수도 있습니다(민법 제837조 제5항 및 제843조). 다만 친권자 변경은 자녀의 4촌 이내의 친족이 청구할 수 있습니다(민법 제909조 제6항).

## 친권자 및 양육자 변경

### ① 상대방이 있는 경우

가정법원은 자녀의 연령, 부모의 재산상황과 그 밖의 사정을 고려해서 친권자 및 양육자 변경 여부를 결정하게 됩니다(대법원 1998. 7. 10. 자 98스17, 18 결정). 특히 자녀가 13세 이상인 경우에는 가정법원은 그 자녀의 의견을 들어야 하나, 자녀의 의견을 들을 수 없거나 자녀의 의견을 듣는 것이 오히려 자녀의 복지를 해칠 만한 특별한 사정이 있다고 인정되는 경우에는 자녀의 의견을 듣지 않을 수 있습니다(가사소송규칙 제100조).

### ② 상대방이 없는 경우

자녀에 대한 친권행사자와 양육권을 가진 사람이 사망해 버리고 없는 경우 가정법원은 기존에 양육하던 사람의 부모 등 최근친(最近親) 직계존속의 의견을 청취하여, 신청인의 친권 및 양육권 변경에 이의가 없으면 신청인을 친권행사자 및 양육자로 지정하고, 만일 이의를 하면 위 최근친 직계존속으로 하여금 별도로 친권행사자 및 양육자 변경신청을 하도록 합니다.

## 친권자 변경신고[38]

친권자를 변경하는 재판이 확정된 경우에는 재판을 청구한 사람이나 재판으로 친권자 또는 임무를 대행할 사람으로 정하여진 사람이 재판의 확정일로부터 1개월 이내에 재판서의 등본 및 확정증명서를 첨부하여 등록기준지 또는 주소지 관할 시·구·읍·면사무소에 친권자 변경신고를 하여야 합니다(가족관계의 등록 등에 관한 법률 제58조 및 제79조 제2항 제1호).

---

38) 제2편 가사소송 V-3 친권자 지정(변경) 신고는 어떻게 하나요? (344p 참조)

# 4. 상대방이 양육자에게 자녀를 보내 주지 않으면 어떻게 하면 되나요?

양육자는 자녀의 양육을 위해 자녀를 자기의 보호하에 둘 필요가 있습니다. 그러나 양육자가 아닌 상대방이 미성년자인 자녀를 데려가서 보내 주지 않는다면 어떻게 하여야 할까요? 그렇다고 해서 자녀를 임의로 데려오는 것은 허용되지 않습니다. 왜냐하면 개인의 실력행사에 의한 자력구제[39]는 원칙적으로 금지되어 있기 때문입니다.

### 유아인도 심판청구

양육자가 자녀를 되찾아 오기 위해서는 가정법원에 유아인도 심판청구를 하면 됩니다(가사소송법 제2조 제1항 제2호 나목 3)). 양육자의 유아인도 청구가 있으면 법원은 특별한 사정이 없으면 미리 당사자를 심문하여, 그 의무를 이행하도록 권고한 후 일정한 기간 내에 그 의무를 이행할 것을 명하게 됩니다.

### 유아인도 사전처분

유아인도 심판이 확정될 때까지는 다소 시간이 걸릴 수 있습니다. 만

---

39) 청구권을 지키기 위하여 권리자가 스스로 사력(私力)으로써 구제하는 행위를 가리키는 것으로, 예컨대 대여금채권에 대해서 의무를 이행하지 않는 채무자의 집에 가서 강제로 금전이나 물건을 가져오는 것이 이에 해당합니다.

약, 자녀를 신속히 인도받아야 할 이유가 있는 경우라면 심판이 확정되기 전에 자녀를 데려올 수 있도록 해당 사건을 담당하고 있는 재판부에 유아인도 사전처분을 신청할 수 있습니다(가사소송법 제62조).

### 이행명령 신청

상대방이 법원의 유아인도 명령을 받고도 자녀를 보내 주지 않으면 가정법원에 유아인도 의무의 이행을 촉구하는 명령을 하여 줄 것을 신청할 수 있습니다(가사소송법 제64조). 상대방이 이행명령을 받고도 불응하면 다시 가정법원에 신청해서 상대방에게 1천만원 이하의 과태료를 부과시킬 수 있습니다(가사소송법 제67조제1항).

### 감치명령 신청

과태료가 부과되었음에도 상대방이 30일 이내에 자녀를 보내 주지 않으면, 양육자는 해당 법원에 감치명령 신청을 할 수 있습니다. 양육자의 신청이 있으면 법원은 30일의 범위 내에서 그 의무가 이행되기까지 의무자에 대한 감치를 명하게 됩니다(가사소송법 제68조 제1항 제2호).

### 강제집행

이행명령에 의한 방법 이외에도 집행관에게 강제집행을 위임해서 자녀를 강제로 데려올 수도 있지만(가사소송법 제41조), 그 집행과정에서 자녀가 정신적 충격을 받을 수도 있으므로 이 점은 유의할 필요가 있습니다.

# 유아인도 심판청구서

청 구 인  김 ● ●(주민등록번호)

　　　전 화 번 호 :

　　　주　　　소 :

　　　등록기준지 :


상 대 방  박 ● ●(주민등록번호)

　　　전 화 번 호 :

　　　주　　　소 :

　　　등록기준지 :


사건본인  박 ⊙ ⊙(주민등록번호)

　　　주　　　소 :

　　　등록기준지 :


　　　　　　　　청 구 취 지

1. 상대방 박●●은(는) 청구인 김●●에게 사건본인 박⊙⊙을(를) 인도
한다.

2. 심판비용은 상대방의 부담으로 한다.

3. 위 제1항은 가집행할 수 있다.

라는 심판을 구합니다.

청 구 원 인

※ 유아인도심판이 허가되어야 하는 사유를 자세히 기재하십시오.

첨 부 서 류

1. 청구인의 가족관계증명서(상세), 혼인관계증명서, 주민등록등본
   각 1통

1. 상대방의 가족관계증명서(상세), 혼인관계증명서, 주민등록등본
   각 1통

1. 사건본인의 기본증명서(상세), 가족관계증명서(상세), 주민등록등본
   각 1통

20○○. ○. ○.

청구인 김 ● ● (인)

■ ■ 가정법원 귀중

---

유의사항

1. **관할법원은** 상대방의 보통재판적소재지(주소지) 가정(지방, 지원)법원입니다.

2. **전화번호**란에는 언제든지 연락 가능한 **전화번호**나 **휴대전화번호**를 기재하시면 재판 진행이 원활하오니 꼭 기재하시기 바랍니다.

# 5. 양육비는 얼마나 받을 수 있나요?

자녀의 양육에 소요되는 비용은 부부가 공동으로 부담하는 것이 원칙이므로, 이혼한 경우 양육자가 부모의 일방일 때에는 양육자가 아닌 다른 일방에게 상대방의 부담 몫만큼의 양육비를 청구할 수 있고(대법원 1992. 1. 21. 선고91므689 판결), 양육자가 제3자일 때에는 부모 쌍방에 대해 양육비를 청구할 수 있습니다. 일반적으로 양육비를 부담하여야 하는 기간은 자녀가 성년(만 19세)이 되기 전까지이며, 구체적인 양육비는 부모의 재산상황이나 그 밖의 사정을 고려해서 정하게 됩니다.

## 양육비의 청구

양육비는 이혼할 때 부부가 합의해서 정할 수 있으며, 합의가 이루어지지 않으면 법원에 청구해서 정할 수 있습니다(민법 제837조 제2항 제2호, 제843조 및 가사소송법 제2조 제1항 제2호 나목 3)). 양육비 지급청구는 부, 모 또는 제3자가 양육자로 지정된 경우, 그 양육자가 부모의 일방 또는 쌍방에 대해 할 수 있으며, 가정법원이 직권으로 양육비 지급에 관해 정할 수도 있습니다(민법 제837조 제4항).

## 양육비지급 사전처분 신청

양육자임시지정 사전처분을 신청할 때에는 판결이 선고될 때까지 상

대방 배우자로 하여금 임시로 지정된 양육자에게 양육비를 지급하도록
해 달라는 내용의 양육비지급 사전처분 신청을 동시에 하게 됩니다.

## 법원의 재산조회

가정법원은 양육비청구사건을 위해 특히 필요하다고 인정하는 때에는
직권 또는 당사자의 신청에 의해 당사자에게 재산 상태를 명시한 재산목
록을 제출하도록 명할 수 있으며(가사소송법 제48조의 2), 이러한 재산목
록만으로는 양육비청구사건의 해결이 곤란하다고 인정할 경우에, 직권
또는 당사자의 신청에 의해 개인의 재산 및 신용에 관한 전산망을 관리하
는 공공기관·금융기관·단체 등에 당사자 명의의 재산에 관해 조회할 수
있습니다(가사소송법 제48조의 3 및 민사집행법 제74조).

# 양육비의 산정기준(2021 서울가정법원 양육비산정기준표)

## 2021년 양육비 산정기준표

| 부모합산소득<br>자녀 만 나이 | 0~<br>199만 원<br>평균양육비(원)<br>양육비 구간 | 200~<br>299만 원<br>평균양육비(원)<br>양육비 구간 | 300~<br>399만 원<br>평균양육비(원)<br>양육비 구간 | 400~<br>499만 원<br>평균양육비(원)<br>양육비 구간 | 500~<br>599만 원<br>평균양육비(원)<br>양육비 구간 | 600~<br>699만 원<br>평균양육비(원)<br>양육비 구간 | 700~<br>799만 원<br>평균양육비(원)<br>양육비 구간 | 800~<br>899만 원<br>평균양육비(원)<br>양육비 구간 | 900~<br>999만 원<br>평균양육비(원)<br>양육비 구간 | 1,000~<br>1,199만 원<br>평균양육비(원)<br>양육비 구간 | 1,200만 원<br>이상<br>평균양육비(원)<br>양육비 구간 |
|---|---|---|---|---|---|---|---|---|---|---|---|
| 0~2세 | 621,000<br>264,000~<br>686,000 | 752,000<br>687,000~<br>848,000 | 945,000<br>849,000~<br>1,021,000 | 1,098,000<br>1,022,000~<br>1,171,000 | 1,245,000<br>1,172,000~<br>1,323,000 | 1,401,000<br>1,324,000~<br>1,491,000 | 1,582,000<br>1,492,000~<br>1,685,000 | 1,789,000<br>1,686,000~<br>1,893,000 | 1,997,000<br>1,894,000~<br>2,046,000 | 2,095,000<br>2,047,000~<br>2,151,000 | 2,207,000<br>2,152,000<br>이상 |
| 3~5세 | 631,000<br>268,000~<br>695,000 | 759,000<br>696,000~<br>854,000 | 949,000<br>855,000~<br>1,031,000 | 1,113,000<br>1,032,000~<br>1,189,000 | 1,266,000<br>1,190,000~<br>1,344,000 | 1,422,000<br>1,345,000~<br>1,510,000 | 1,598,000<br>1,511,000~<br>1,702,000 | 1,807,000<br>1,703,000~<br>1,912,000 | 2,017,000<br>1,913,000~<br>2,066,000 | 2,116,000<br>2,067,000~<br>2,180,000 | 2,245,000<br>2,181,000<br>이상 |
| 6~8세 | 648,000<br>272,000~<br>707,000 | 767,000<br>708,000~<br>863,000 | 959,000<br>864,000~<br>1,049,000 | 1,140,000<br>1,050,000~<br>1,216,000 | 1,292,000<br>1,217,000~<br>1,385,000 | 1,479,000<br>1,386,000~<br>1,546,000 | 1,614,000<br>1,547,000~<br>1,732,000 | 1,850,000<br>1,733,000~<br>1,957,000 | 2,065,000<br>1,958,000~<br>2,101,000 | 2,137,000<br>2,102,000~<br>2,224,000 | 2,312,000<br>2,225,000<br>이상 |
| 9~11세 | 667,000<br>281,000~<br>724,000 | 782,000<br>725,000~<br>885,000 | 988,000<br>886,000~<br>1,075,000 | 1,163,000<br>1,076,000~<br>1,240,000 | 1,318,000<br>1,241,000~<br>1,406,000 | 1,494,000<br>1,407,000~<br>1,562,000 | 1,630,000<br>1,563,000~<br>1,758,000 | 1,887,000<br>1,759,000~<br>2,012,000 | 2,137,000<br>2,013,000~<br>2,158,000 | 2,180,000<br>2,159,000~<br>2,292,000 | 2,405,000<br>2,293,000<br>이상 |
| 12~14세 | 679,000<br>295,000~<br>734,000 | 790,000<br>735,000~<br>894,000 | 998,000<br>895,000~<br>1,139,000 | 1,280,000<br>1,140,000~<br>1,351,000 | 1,423,000<br>1,352,000~<br>1,510,000 | 1,598,000<br>1,511,000~<br>1,654,000 | 1,711,000<br>1,655,000~<br>1,847,000 | 1,984,000<br>1,848,000~<br>2,071,000 | 2,159,000<br>2,072,000~<br>2,191,000 | 2,223,000<br>2,192,000~<br>2,349,000 | 2,476,000<br>2,350,000<br>이상 |
| 15~18세 | 703,000<br>319,000~<br>830,000 | 957,000<br>831,000~<br>1,092,000 | 1,227,000<br>1,093,000~<br>1,314,000 | 1,402,000<br>1,315,000~<br>1,503,000 | 1,604,000<br>1,504,000~<br>1,699,000 | 1,794,000<br>1,700,000~<br>1,879,000 | 1,964,000<br>1,880,000~<br>2,063,000 | 2,163,000<br>2,064,000~<br>2,204,000 | 2,246,000<br>2,205,000~<br>2,393,000 | 2,540,000<br>2,394,000~<br>2,711,000 | 2,883,000<br>2,712,000<br>이상 |

🍼 전국의 양육자녀 2인 가구 기준

**기본원칙**

❶ 자녀에게 이혼 전과 동일한 수준의 양육환경을 유지하여 주는 것이 바람직함
❷ 부모는 현재 소득이 없더라도 최소한의 자녀 양육비에 대하여 책임을 분담함

**산정기준표 설명**

❶ 산정기준표의 표준양육비는 양육자녀가 2인인 4인 가구 기준 자녀 1인당 평균양육비임
❷ 부모합산소득은 세전소득으로 근로소득, 사업소득, 부동산 임대소득, 이자수입, 정부보조금, 연금 등을 모두 합한 순수입의 총액임
❸ 표준양육비에 아래 가산, 감산 요소 등을 고려하여 양육비 총액을 확정할 수 있음
　1) 부모의 재산상황(가산 또는 감산)
　2) 자녀의 거주지역(도시 지역은 가산, 농어촌 지역 등은 감산)
　3) 자녀 수(자녀가 1인인 경우 가산, 3인 이상인 경우 감산)
　4) 고액의 치료비
　5) 고액의 교육비(부모가 합의하였거나 사건본인의 복리를 위하여 합리적으로 필요한 범위)
　6) 비양육자의 개인회생(회생절차 진행 중 감산, 종료 후 가산 고려)

## 양육비의 지급방법

양육비를 지급받는 방법과 형식에는 아무런 제한이 없습니다. 따라서 일시에 정액으로 지급받을 수도 있고, 분할해서 받을 수도 있으며, 또한 금전으로 받을 수도 있고 부동산 등 실물로 받을 수도 있습니다.

## 양육비의 변경

양육비에 관한 사항을 정한 후 사정이 변경된 경우에는 당사자가 합의 해서 양육비를 변경할 수 있고, 합의가 이루어지지 않으면 법원에 심판을 청구해서 양육비를 변경할 수 있습니다(민법 제837조 제5항 및 가사소송 법 제2조 제1항 제2호 나목 3)).

### ① 양육비 증액청구를 할 수 있는 경우

양육비 협의 또는 지정 당시보다 물가가 오른 경우, 자녀가 상급학교에 진학함에 따라 학비가 증가한 경우 등에는 양육자는 양육비 부담자에 대해 양육비 증액을 청구할 수 있습니다.

### ② 양육비 감액청구를 할 수 있는 경우

양육비 부담자가 실직, 파산, 부도나 그 밖의 사정 등으로 경제사정이 악화된 경우에는 양육비 감액을 청구할 수 있으며, 또한 양육자가 취직을 하거나 그 밖의 사정 등으로 경제사정이 호전된 경우 역시 양육비 부담자 는 양육자에 대해 양육비 감액을 청구할 수 있습니다.

# 6. 상대방이 양육비를 지급하지 않으면 어떻게 해야 하나요?

양육자가 양육비를 지급받지 못한 경우에는 양육비직접지급명령제도와 담보제공 및 일시금 지급명령제도, 이행명령 및 강제집행 등의 방법으로 양육비 지급을 강제할 수 있으며, 양육비이행관리원(www.childsupport. or.kr)에 다음과 같은 양육비 이행확보에 필요한 법률지원을 신청할 수 있습니다.[40]

## 양육비직접지급명령 신청

가정법원은 양육비를 정기적으로 지급할 의무가 있는 사람이 정당한 사유 없이 2회 이상 양육비를 지급하지 않는 경우에, 정기금 양육비 채권에 관한 집행권원을 가진 채권자의 신청에 따라, 양육비 채무자에 대하여 정기적 급여채무를 부담하는 소득세원천징수의무자(사업주)에게 양육비 채무자의 급여에서 정기적으로 양육비를 공제하여, 양육비 채권자에게 직접 지급하도록 명할 수 있습니다(가사소송법 제63조의 2 제1항).[41]

---

40) 재산명시 또는 재산조회 신청, 양육비 직접지급명령 신청, 양육비 담보제공명령 신청, 양육비 이행명령 신청, 압류명령 신청, 추심 또는 전부명령 신청, 감치명령 신청 등을 할 수 있으며, 지급받을 금전, 그 밖에 채무자의 재산에 대한 추심지원을 신청할 수 있습니다.

41) 만일 양육비채무자가 정당한 이유 없이 양육비직접지급명령에 위반한 경우에는 가정법원·조정위원회 또는 조정담당판사는 직권 또는 권리자의 신청에 의하여 결정으로 1천만원 이하의 과태료에 처할 수 있습니다.

## 담보제공 및 일시금지급명령

가정법원은 양육비를 정기금으로 지급하게 하는 경우, 그 이행을 확보하기 위하여 또는 양육비 채무자가 정당한 사유 없이 그 이행을 하지 않는 경우에 법원은 양육비 채무자에게 상당한 담보의 제공을 명할 수 있습니다(가사소송법 제63조의 3 제1항 및 제2항).[42]

## 이행명령 및 간접강제

상대방이 양육비를 지급하지 않는 경우에는 권리자는 양육비 지급을 명한 판결심판 또는 조정을 한 가정법원에 이행명령을 신청해서 상대방이 양육비 지급의무를 이행할 것을 법원이 명하도록 할 수 있습니다(가사소송법 제64조 제1항). 양육비를 지급해야 할 의무자가 이행명령을 받고도 양육비를 지급하지 않는 경우, 가정법원은 다음의 방법으로 그 이행을 강제할 수 있습니다.

### ① 과태료 부과

의무자가 양육비 지급 이행명령을 받고도 정당한 이유 없이 양육비를 지급하지 않으면, 가정법원조정위원회 또는 조정담당판사는 직권 또는 권리자의 신청에 의해 결정으로 1천만원 이하의 과태료를 부과할 수 있습니다(가사소송법 제67조 제1항).

---

[42] 담보제공명령에 위반한 경우에도 가정법원·조정위원회 또는 조정담당판사는 직권 또는 권리자의 신청에 의하여 결정으로 1천만원 이하의 과태료에 처할 수 있습니다.

## ② 감치

의무자가 양육비 지급 이행명령을 받고도 정당한 이유 없이 양육비를 3회 이상 지급하지 않으면, 가정법원은 권리자의 신청에 의해 결정으로 30일 이내의 범위에서 양육비를 지급할 때까지 의무자를 감치에 처할 수 있습니다(가사소송법 제68조 제1항 제1호).

## 강제집행

상대방이 양육비를 지급하지 않는 경우에는 집행권원(판결, 조정조서, 화해조서 등)을 근거로 강제집행을 할 수 있다는 집행문을 부여받아 상대방 재산에 경매 등 강제집행을 신청해서 양육비를 받을 수 있습니다(민사집행법 제28조, 제39조, 제56조, 제90조 및 가사소송법 제41조).

## 한시적 양육비 긴급지원

양육비청구 및 이행확보를 위한 법률지원 등을 신청한 양육비 채권자는 양육비채무자가 양육비 채무를 이행하지 않아서 자녀의 복리가 위태롭게 되었거나 위태롭게 될 우려가 있는 경우에는 양육비이행관리원에 한시적 양육비 긴급지원을 신청할 수 있습니다(양육비 이행확보 및 지원에 관한 법률 제14조 제1항).

# 양육비직접지급명령 신청서

신 청 인(채권자) 김 ● ●(주민등록번호)
    (주소)     (연락처)

피신청인(채무자) 박 ● ●(주민등록번호)
    (주소)     (연락처)

소득세원천징수의무자 ◎ ◎ 주식회사
    (주소)
    대표자 최 ● ●

### 신 청 취 지

채무자의 소득세원천징수의무자에 대한 별지 압류채권목록 기재의 채권을 압류한다.

소득세원천징수의무자는 채무자에게 위 채권에 관한 지급을 하여서는 아니 된다.

채무자는 위 채권의 처분과 영수를 하여서는 아니 된다.

소득세원천징수의무자는 매월 ○ ○ 일에 위 채권에서 별지 청구채권목록 기재의 양육비 상당액을 채권자에게 지급하라.

라는 결정을 구함

청구채권 및 그 금액 : 별지 청구채권목록 기재와 같음

신 청 이 유

(신청사유를 구체적으로 기재)


첨 부 서 류

1. 집행력 있는 정본                                                    1통
2. 송달/확정증명서                                                  각 1통
3. 피신청인의 주민등록표등(초)본                                        1통
4. 소득세원천징수의무자의 자격증명서류
   (법인인 경우 법인등기사항전부증명서 등)                               1통


20○ ○. ○. ○.

신청인 김 ● ● (서명 또는 날인)

■ ■ 가정법원 귀중


**[담보제공명령 신청서 예시]**

## 담보제공명령 신청서

신 청 인  김 ● ●(주민등록번호)

    (주소)                        (연락처)


피신청인 박 ● ●(주민등록번호)

    (주소)                        (연락처)

### 신 청 취 지

피신청인에 대하여 서울가정법원 20○○. ○. ○. 선고 ◆◆사건의 확정
판결(심판, 조정조서)에 기한 정기금 양육비채무를 담보하기 위하여 상
당한 담보를 제공할 것을 명한다.
라는 결정을 구함

### 신 청 이 유

(신청사유를 구체적으로 기재)

### 첨 부 서 류

1. 집행력 있는 정본 또는 사본                          1통
2. 혼인관계증명서(집행권원이 양육비부담조서인 경우)        1통
3. 확정증명서(집행권원이 판결 또는 심판인 경우)            1통
4. 피신청인의 주민등록표등(초)본                       1통

20○○. ○. ○.
신청인 김 ●● (서명 또는 날인)

■ ■ 가정법원 귀중

# 일시금지급명령 신청서


신 청 인   김 ● ●(주민등록번호)

　　　　　(주소)　　　　　　　　(연락처)


피신청인 박 ● ●(주민등록번호)

　　　　　(주소)　　　　　　　　(연락처)


## 신 청 취 지

피신청인은 신청인에게 ■ ■가정법원 20○○. ○. ○. 선고 ◆◆사건의 확정판결(심판, 조정조서)에 기한 정기금 양육비채무 중 이 사건 결정일 다음날 이후부터 20○○. ○. ○.까지 사이에 지급기가 도래하는 정기금 양육비채무의 지급을 위하여 일시금으로 금○○○원을 지급하라.

라는 결정을 구함


## 신 청 이 유

(신청사유를 구체적으로 기재)


## 첨 부 서 류

1. 집행력 있는 정본(사본)　　　　　　　　　　　　　　　1통
2. 혼인관계증명서(집행권원이 양육비부담조서인 경우)　　1통
3. 확정증명서(집행권원이 판결 또는 심판인 경우)　　　　1통
4. 담보제공명령등본(사본)　　　　　　　　　　　　　　　1통

5. 피신청인의 주민등록표등(초)본                                                      1통

200○. ○. ○.

신청인 김 ● ● (서명 또는 날인)

■ ■ 가정법원 귀중

# 7. 과거의 양육비도 청구할 수 있나요?

　부모는 자녀를 공동으로 양육할 책임이 있고, 양육에 소요되는 비용도 원칙적으로 부모가 공동으로 부담해야 합니다. 따라서 부모 중 어느 한쪽만이 자녀를 양육하게 된 경우에는 양육하는 일방(양육자)은 상대방(비양육자)에게 양육비 분담을 청구할 수 있으며, 과거에 지출한 양육비에 대해서도 청구를 할 수 있습니다.

## 과거 양육비 청구를 인정할 수 있는 경우

　과거 양육비를 청구할 수 있는 사람은 부모 중 실제 자녀를 양육한 사람입니다. 누가 자녀를 양육할 것인지 정해지지 않은 상태에서 일방적으로 자녀를 양육하고 있는 경우에도 과거 양육비 청구는 인정되는 것이 일반적입니다. 그러나 법원의 자녀 인도명령에 반하여 자녀를 양육하는 경우라면, 실제 자녀를 양육했다 하더라도 과거 양육비 청구는 인정되지 않습니다. 왜냐하면 이러한 경우의 양육은 위법한 양육에 해당한다고 보기 때문입니다.

## 과거 양육비의 분담 범위

　과거의 양육비 모두를 상대방에게 부담시키게 되면 상대방은 예상하지 못하였던 양육비를 일시에 부담하게 되어 지나치게 가혹하며 신의성실의 원칙이나 형평의 원칙에 어긋나는 결과가 될 수도 있습니다. 따라서 법원은 부모 중 한쪽이 자녀를 양육하게 된 경위와 그에 소요된 비용의 액수, 그 상대방이 부양의무를 인식한 것인지 여부와 그 시기, 그것이 양육에 소요된 통상의 생활비인지 아니면 이례적이고 불가피하게 소요된 다액의 특별한 비용(치료비 등)인지 여부와 당사자들의 재산 상황이나 경제적 능력과 부담의 형평성 등 여러 사정을 고려하여 적절하다고 인정되는 분담의 범위를 정하게 됩니다(대법원 1994. 5. 13. 자 92스21 결정).[43]

## 소멸시효의 해당 여부

과거 양육비 청구권은 기본적으로 친족관계를 바탕으로 하여 인정되는 하나의 추상적인 법적 지위이었던 것이 당사자의 협의 또는 가정법원의 심판에 의하여 구체적인 청구권으로 전환됨으로써 비로소 독립한 재산적 권리로서의 성질을 가지게 되는 것입니다. 따라서 법원은 '당사자의 협의 또는 가정법원의 심판에 의하여 구체적인 지급청구권이 되기 전에는 과거 양육비에 관한 권리는 양육자가 그 권리를 행사할 수 있는 재산권에 해당한다고 할 수 없으므로, 그 상태에서는 소멸시효가 진행할 여지가 없다고 보아야 한다'고 판시하고 있습니다(대법원 2011.07. 29. 자 2008스67 결정).[44]

---

43) 법원의 실무를 보면, 과거 양육비는 장래 양육비의 30~50% 수준에서 결정되는 것이 통상적이라고 할 수 있습니다.

44) 과거 양육비에 대한 당사자의 협의나 가정법원의 심판이 있었다면, 그 때로부터 10년이 지나기 전에 과거 양육비를 청구해야 합니다.

## 과거 양육비 청구권의 상속 여부

과거 양육비 청구권은 당사자의 협의 또는 가정법원의 심판에 의하여 비로소 구체적으로 독립된 재산적 권리로서의 성질을 가지게 됩니다. 따라서 구체적인 지급청구권이 되기 전에는, 과거 양육비 청구권은 재산상의 채권이 아니고 상속도 되지 않습니다. 과거 양육비 지급채무 역시 마찬가지입니다. 따라서 만일 과거 양육비 청구에 대한 가정법원의 심판이 진행되던 중 비양육자가 사망하여 버렸다면, 이는 심판이 있기 전이므로 아직 구체적인 지급청구권이 성립된 것이 아니어서, 상속인들에게 과거 양육비 지급채무가 상속되지 않습니다.

# 8. 면접교섭권은 어떻게 인정받을 수 있나요?

「면접교섭권(面接交涉權)」이라 함은 현실적으로 자녀를 양육하고 있지 않은 비양육자가 자녀와 직접 만나거나, 서신교환, 전화통화, 선물교환을 하거나 휴가 중 일정기간 또는 주말 및 방학 때 함께 보내거나 하는 등으로 자녀와 접촉할 수 있는 권리를 말하며, 이혼 후 자녀를 직접 양육하지 않는 부모 일방은 자녀를 면접교섭 할 수 있는 권리를 가지게 됩니다(민법 제837조의 2 제1항).

## 면접교섭 심판 청구

면접교섭의 행사방법과 범위에 대해서는 부부가 합의해서 정하고, 합의가 이루어지지 않으면 가정법원에 심판을 청구해서 정할 수 있습니다(민법 제837조 제2항 제3호, 제843조 및 가사소송법 제2조 제1항 제2호 나목 3)).

## 면접교섭권의 인정

친권, 양육권과는 달리 법원은 면접교섭권을 강제하지는 않으며, 비양육자의 청구가 있는 경우에만 인정여부를 판단하게 됩니다. 비양육자가 면접교섭을 주장하는 경우 법원에서는 보통 아래와 같은 형식으로 면접교섭권을 인정하게 됩니다.

가. 일시

① 매월 첫째, 셋째 토요일 09:00부터 다음날 17:00까지

② 여름방학과 겨울방학 기간 중 각 1주일

③ 설 연휴기간과 추석 연휴기간 중 각 2박 3일

나. 장소

신청인의 거주지

다. 인도방법

면접교섭의 개시시각에 사건 본인의 주거지로 사건본인을 데리러 갔다가 종료시각에 다시 같은 장소로 데려다 준다.

## 면접교섭의 제한·배제

면접교섭권의 행사는 자녀의 복리를 우선적으로 고려해서 이루어지게 됩니다(민법 제912조). 따라서 자녀가 부모를 만나기 싫어하거나 부모가 친권상실 사유에 해당하는 등 자녀의 복리를 위해 필요한 경우에는 당사자의 청구 또는 가정법원의 직권에 의해 면접교섭이 제한되거나 배제, 변경될 수 있습니다(민법 제837조의 2 제3항).

## 재혼 후 친양자(親養子) 입양과 면접교섭권

이혼한 부모가 재혼해서 자녀를 친양자[45]로 입양한 경우에는 친생부모의 면접교섭권이 더 이상 인정되지 않습니다. 친양자는 재혼한 부부의

---

45) 제2편 가사소송 III-3 입양하면 어떤 효과가 생기게 되나요? (293p 참조)

혼인 중의 출생자로 보아(민법 제908조의 3 제1항), 입양 전의 친족관계가 종료되기 때문입니다(민법 제908조의 3 제2항).

# 9. 상대방이 자녀를 보여 주지 않으면 어떻게 해야 하나요?

면접교섭권은 고유권·절대권·일신전속적(一身專屬的) 권리로서 양도할 수 없고, 영속적 권리로 소멸하거나 포기할 수 없으나, 가정법원이 자녀의 복리를 위해 당사자의 청구 또는 직권으로 제한 또는 배제하는 것은 가능합니다. 이러한 면접교섭권의 침해가 있을 경우 당사자는 상대방에게 이행명령 및 과태료 처분 신청을 할 수 있을 뿐 아니라, 면접교섭권 침해를 이유로 친권상실 또는 양육권의 변경 신청을 할 수 있습니다.

## 이행명령신청

상대방이 정당한 이유 없이 면접교섭허용의무를 이행하지 않으면, 그 의무를 이행할 것을 가정법원에 신청할 수 있습니다(가사소송법 제64조). 이러한 이행명령은 가정법원의 판결·심판·조정조서·조정에 갈음하는 결정 또는 양육비부담조서에 따라 금전의 지급 등 재산상의 의무, 유아의 인도의무 또는 자녀와의 면접교섭허용의무를 이행해야 할 의무자가 정당한 이유 없이 의무를 이행하지 않는 경우, 당사자의 신청에 의해 가정법원이 일정기간 내에 그 의무를 이행할 것을 명하는 것을 말합니다.

## 과태료 부과신청

상대방이 가정법원의 이행명령을 받고도 면접교섭을 허용하지 않으면 가정법원 등은 직권 또는 권리자의 신청에 의한 결정으로 1천만원 이하의 과태료를 상대방에게 부과시킬 수 있습니다(가사소송법 제67조 제1항).

### 감치명령 신청 불인정

위자료·유아인도청구 등의 사건과 달리 가정법원의 이행명령 위반에 대해 상대방을 감치하는 방법으로 이행을 강제하도록 법원에 신청할 수는 없습니다(가사소송법 제68조 제1항). 양육자를 감치에 처하면 양육의 공백이 발생하여 자녀의 복리를 해칠 우려가 있기 때문입니다.

### 친권 상실·양육자 변경신청

부 또는 모가 친권을 남용하거나 현저한 비행 기타 친권을 행사시킬 수 없는 중대한 사유가 있는 경우 또는 자녀의 복리를 위하여 필요하다고 인정하는 경우 부, 모, 자녀 및 검사의 청구 또는 직권으로 친권상실 선고를 하거나(민법 제924조), 자녀의 양육에 관한 사항을 변경하는 처분을 할 수 있으므로(민법 제837조 제5항), 비양육자는 양육자의 면접교섭권 침해를 이유로 친권상실 신청, 양육자 변경신청을 할 수 있습니다.

# 10. 이혼 후 자녀의 성과 본을 변경할 수 있나요?

부모의 혼인 중의 출생자는 원칙적으로 아버지의 성과 본을 따릅니다 (민법 제781조 제1항 본문). 그러나 자녀의 복리를 위해 필요한 경우에는 가정법원에 변경심판을 청구할 수 있습니다(가사소송법 제2조 제1항 제2호 가목 6)).

### 변경 청구권자

자녀의 성과 본의 변경심판은 부, 모 또는 자녀가 청구할 수 있습니다. 그러나 자녀가 미성년자이고 법정대리인이 청구할 수 없는 경우에는 친족(8촌 이내의 혈족, 4촌 이내의 인척 및 배우자) 또는 검사가 청구할 수 있습니다(민법 제777조 및 제781조제6항).

### 관할법원

자녀의 본과 성의 변경심판은 사건본인의 주소지의 가정법원에 신청하면 됩니다(가사소송법 제44조 제1항 제1호 마목).

### 변경허가의 기준

가정법원은 자녀의 성과 본의 변경청구가 있는 경우에 부, 모, 자녀(13세 이상인 경우만 해당)의 의견을 들어서 변경허가 여부를 결정하는 데

반영하게 됩니다. 그러나 자녀의 부모 중 자녀와 성과 본이 동일한 사람이 사망하거나 그 밖의 사유로 의견을 들을 수 없는 경우에는 자녀의 성과 본이 동일한 최근친 직계존속의 의견을 들을 수 있습니다(가사소송규칙 제59조의 2 제2항). 이외에도 가정법원은 자녀의 복리를 위해 필요한 사항을 고려해서 성과 본의 변경허가 여부를 결정하게 됩니다.

### 변경신고

가정법원으로부터 성과 본의 변경허가판결을 받은 경우에는 재판의 확정일로부터 1개월 이내에 재판서의 등본 및 확정증명서를 첨부해서 등록기준지 또는 주소지 관할 시·구·읍·면사무소에 성과 본의 변경신고를 해야 합니다(가족관계의 등록 등에 관한 법률 제100조).

# 11. 자녀의 성과 본을 재혼한 배우자의 성과 본으로 변경할 수 있나요?

부모의 혼인 중의 출생자는 원칙적으로 친생부의 성과 본을 따르지만, 자녀의 복리를 위해 필요한 경우에는 부, 모 또는 자녀가 가정법원에 성과 본의 변경심판을 청구해서 법원의 허가를 받아 이를 변경할 수 있습니다(민법 제781조 제1항, 제6항 및 가사소송법 제2조 제1항 제2호 가목 6)).

## 자녀의 성과 본의 변경심판 청구

자녀의 성과 본을 변경하는 것만으로는 친부모와의 친자관계가 소멸하지 않으며, 자녀의 가족관계증명서에는 여전히 친아빠가 아버지로 표시되게 됩니다. 그러므로 재혼 시 친아빠와의 친자관계를 종료시키고 자녀의 가족관계증명서에 재혼할 남편을 아버지로 표시하려면, 자녀의 성을 새아빠의 성으로 변경하는 것만으로는 부족하고, 자녀를 재혼할 남편의 친양자로 입양하여 새로운 친자관계를 발생시켜야 합니다(민법 제908조의 3).

## 친양자 입양

「친양자제도(親養子制度)」라 함은 자녀의 복리를 위해 양자를 부부의 혼인 중의 출생자로 보아 법률상 완전한 친생자로 인정하는 제도를 말합

니다(민법 제908조의 3 제1항). 친양자로 입양되면 입양 전의 친족관계
는 친양자 입양이 확정될 때 종료되고, 새롭게 양부모와 법률상 친생자관
계를 형성하게 됩니다(민법 제908조의 3 제2항). 따라서 양부모와 친생
자 사이에 친족관계, 상속관계가 발생하며, 성과 본 역시 양부의 성과 본
으로 변경할 수 있습니다.

① 친양자 입양요건

친양자로 입양하려면 다음의 요건을 갖추어 가정법원에 친양자 입양
청구를 해야 합니다(민법 제908조의 2 제1항 및 가사소송법 제2조 제1항
제2호 가목 12)).

㉮ 3년 이상 혼인 중인 부부로서 공동으로 입양할 것. 다만, 1년 이상
   혼인 중인 부부의 한쪽이 그 배우자의 친생자를 친양자로 하는 경우
   에는 그러하지 않습니다.
㉯ 친양자가 될 자녀가 미성년자일 것
㉰ 친양자로 될 자녀의 친생부모가 친양자 입양에 동의할 것(다만, 부
   모가 친권상실의 선고를 받거나 소재를 알 수 없거나 그 밖의 사유
   로 동의할 수 없는 경우는 제외)
㉱ 친양자가 될 자녀가 13세 이상인 경우에는 법정대리인의 동의를 받
   아 입양을 승낙할 것
㉲ 친양자가 될 자녀가 13세 미만인 경우에는 법정대리인이 그를 갈음
   하여 입양을 승낙할 것

② 관할법원

친양자 입양허가는 친양자가 될 자녀 주소지의 가정법원에 청구하면
됩니다(가사소송법 제44조 제4호).

③ 친양자 입양허가 기준

가정법원은 친양자 입양에 관한 심판을 하기 전에

㉮ 친양자가 될 사람이 13세 이상인 경우에는 친양자가 될 사람
㉯ 양부모가 될 사람
㉰ 친양자가 될 사람의 친생부모
㉱ 친양자가 될 사람의 후견인
㉲ 친양자로 될 사람에 대하여 친권을 행사하는 사람으로서 부모 이외
   의 사람
㉳ 친양자로 될 사람의 부모의 후견인의 의견을 들어야 하며(가사소송
   규칙 제62조의 3 제1항), 친양자로 될 사람의 친생부모의 사망 또는
   그 밖의 사유로 의견을 들을 수 없는 경우에는 최근친 직계존속의
   의견을 들어야 합니다(가사소송규칙 제62조의 3 제2항).

이외에도 가정법원은 친양자로 될 자녀의 복리를 위해 양육 상황, 친양
자 입양 동기, 양친의 양육능력 및 그 밖의 사정을 고려해서 친양자 입양
허가 여부를 결정하게 됩니다(민법 제908조의 2 제3항).

④ 친양자 입양신고

가정법원의 친양자 입양허가판결을 받은 경우에는 재판의 확정일부터 1개월 이내에 재판서의 등본 및 확정증명서를 첨부해서 등록기준지 또는 주소지 관할 시·구·읍·면사무소에 입양신고를 해야 합니다(가족관계의 등록 등에 관한 법률 제58조, 제67조 및 제68조).

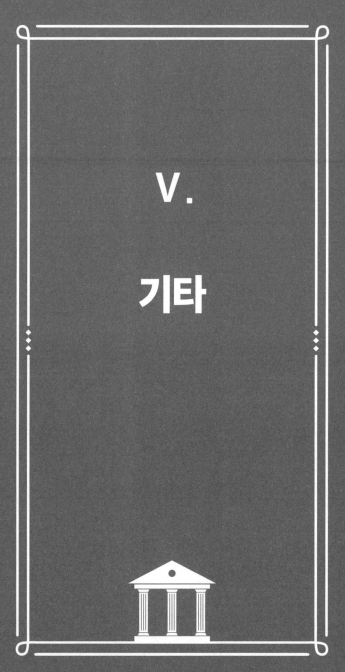

V.

기타

# 1. 가사조사절차라는 것이 무엇인가요?

「가사조사절차(家事調査節次)」라 함은 가사사건에 있어 과거로부터 현재에 이르기까지 사안의 진상을 파악하고, 배후에 있는 분쟁의 원인을 제거하기 위하여, 법관의 명령을 받은 가사조사관으로 하여금 사건관계인의 학력, 경력, 생활상태, 재산상태와 성격, 건강, 가정환경 등 사건의 심판에 필요한 자료를 수집, 조사하게 하는 절차를 말합니다.

## 가사조사관의 지정

가사조사관은 법관의 명으로 원칙적으로 조사사무직렬의 조사서기관, 조사사무관, 조사주사, 조사주사보 또는 이에 상당하는 계약직공무원 중에서 지정하게 되며, 다만 특별한 사정이 있는 경우에는 법원사무직렬의 법원서기관, 법원사무관, 법원주사, 법원주사보 중에서 지정하게 됩니다.

## 가사조사관의 임무

가사조사관은 심판에 필요한 자료의 수집, 기타 사건의 처리에 필요한 조사업무 등, 가사소송법에 따른 조사업무를 행합니다. 그리고 이 조사업무에는 사실의 조사, 의무이행상태의 점검과 권고, 당사자 또는 사건관계인의 가정 기타 주위환경의 조정을 위한 조치, 가사사건의 기일에의 출석과 의견진술 등이 포함됩니다.

### 사실의 조사

가사조사관은 재판장, 조정장 또는 조정담당판사의 명에 따라, 그 명령 받은 사항에 관해 조사를 하게 됩니다(가사소송법 제6조, 가사소송규칙 제8조, 제9조). 필요에 따라 사건관계인의 학력, 경력, 생활상태, 재산상태와 성격, 건강 및 가정환경 등에 대하여 조사하여야 합니다(가사소송규칙 제9조 제2항). 그리고 여기서 사건관계인이라 함은 실질적 의미의 당사자로서의 절차에 관여하는 사람뿐만 아니라 사안의 실정 조사에 필요하다고 인정되는 모든 사람을 가리킵니다.

### 조사의 방법

#### ① 면접조사

가사조사관이 당사자 그 밖의 관계인을 직접 대면하여 문답을 통하여 사실을 조사하는 것을 면접조사라 합니다. 가사조사관의 조사방법 중 가장 기본적인 것으로 대부분의 사건에서 반드시 행하여지는 조사방법이라고 할 수 있습니다.

#### ② 출장조사

가사조사관이 분쟁의 배경인 현장에 직접 방문하여 조사하거나 당사자의 와병, 수감, 불응 등으로 인해 법원 이외의 장소에 출장하여 조사하는 방식입니다. 보통의 조사명령 이외에 별도로 재판장 등의 출장조사명령을 받게 되는데, 재판장 등은 출장조사를 명함과 동시에 당사자에게 출장비용의 예납을 명하게 됩니다.

### ③ 심리검사

가사조사관이 면접조사만으로는 당사자의 인격이나 사안을 이해하기 어려운 경우에 당사자의 심리를 조사하여 성격상의 이상을 조사하는 것으로, 검사의 대상에는 성격, 적성, 지능, 흥미, 지식, 태도 등이 포함됩니다.

### ④ 사실조사의 촉탁과 문서의 송부촉탁

가사조사관은 필요한 때에는 경찰 등 행정기관, 은행, 회사, 학교, 관계인의 고용주 기타 상당하다고 인정되는 단체 또는 개인에게 관계인의 예금, 재산, 수입 기타 사항에 관한 사실조사를 촉탁하고 보고를 요구할 수 있으며(가사소송법 제8조), 공무소, 학교, 병원, 기타 단체 또는 개인에게 그의 관리, 보관하에 있는 문서의 등·초본을 보내줄 것을 촉탁할 수 있습니다(가사소송규칙 제10조).

## 조사보고서의 작성

가사조사관이 사실조사를 마친 때에는 조사보고서를 작성하여 재판장에게 보고하여야 하며, 위 조사보고서에는 조사방법과 결과 및 조사관의 의견이 기재되게 됩니다. 조사보고서는 공무원이 작성한 공문서이므로 판결, 심판, 조정의 기초자료가 되고 사실인정을 위한 증거자료가 되므로 굳이 증거목록에 기재하거나 변론에 나타나지 않더라도 증거자료로 쓸 수 있고 판결이나 심판에서 가사조사관의 조사보고서로 인용하게 됩니다.

# 2. 사전처분이라는 것이 무엇인가요?

가사사건의 소 제기, 심판청구, 조정의 신청 등이 있는 경우에 법원이 사건의 해결을 위하여 특히 필요하다고 인정한 때 직권 또는 당사자의 신청에 의하여 상대방 기타 관계인에 대하여 현상을 변경하거나 물건을 처분하는 행위의 금지를 명할 수 있고, 사건에 관련된 재산의 보존을 위한 처분, 관계인의 감호와 양육을 위한 처분 등 적당하다고 인정되는 처분을 할 수 있는데(가사소송법 제62조 제1항), 이를 「사전처분(事前處分)」이라고 합니다.

### 사전처분의 요건

사전처분은 모든 가사사건에 대하여 인정되며, 대상자 또한 사건의 상대방에 한하지 않고, 모든 관계인을 포함합니다. 그러나 가사사건의 소의 제기, 심판의 청구, 조정의 신청이 접수된 경우에 한하여 인정되며, 또한 그러한 청구 등이 어느 정도 인용될 가능성이 있어야 합니다.

### 사전처분의 절차

직권 또는 당사자의 신청에 의하여 개시되고, 심리는 임의적 변론에 의하며, 변론하지 아니하는 경우에도 당사자, 이해관계인 기타 참고인을 심문할 수 있으며, 그 심문에는 직권주의가 적용됩니다. 재판은 결정의 형식으로 하고, 그 결정에 대해서는 즉시 항고를 할 수 있으나, 기각되거나 각하된 경우에는 불복할 수 없습니다.

## 사전처분의 유형

### ① 감호와 양육을 위한 처분

친권행사 정시 및 친권내행자 선임, 내행자로 하여금 자녀를 양육하게 하는 것, 심신상실자등을 정신병원에 감금, 요양하도록 명하는 것, 면접교섭을 허용, 제한 혹은 배제하거나 자녀양육비를 지급하도록 하는 것 등이 이에 해당합니다.

### ② 재산보존을 위한 처분

이혼 등에 따르는 재산분할, 상속재산분할 등의 사건에서 분할대상 재산의 보전을 위하여 재산관리인을 선임하거나 관계인에게 재산의 처분을 금지하는 것이 있고, 기여분결정사건에서 공동상속인에게 각자의 재산처분을 금지하는 것이 있습니다.

### ③ 현상변경 또는 물건처분행위의 금지

현상변경을 금지하는 처분에는 부부의 부양, 협조, 생활비용의 부담에 관한 처분 등이 있고, 물건처분행위를 금지하는 처분에는 처분금지, 점유이전금지 또는 임시의 지위를 정하는 것이 있습니다.

### ④ 기타 적당한 처분

원고에 대한 접근금지(퇴거, 출입금지 포함) 등을 명하는 것이 있습니다.

**사전처분의 효과**

① 형성력

사전처분에는 형성력이 있기 때문에, 만일 후견인의 직무집행을 정지하는 사전처분이 있으면 후견인의 권한행사가 정지되고, 그 처분에 반하여 후견인이 한 법률행위는 무권대리(無權代理)[46]가 되게 됩니다.

② 집행력

당사자 또는 관계인이 정당한 이유 없이 위 사전처분을 위반한 때에는 가정법원은 직권 또는 권리자의 신청에 의한 결정으로 1,000만원 이하의 과태료에 처할 수 있으나(가사소송법 제67조 제1항), 사전처분에는 집행력은 없습니다(가사소송법 제62조 제5항).

---

46) 대리권이 없는 자가 임의로 대리를 하는 것으로, 전혀 대리권이 없는 경우와 대리권의 범위를 넘은 경우를 포함합니다.

# 3. 접근금지가처분은 어떻게 신청하는 것인가요?

접근금지가처분신청은 피해자에게 위해 또는 위협을 가했거나 그럴 우려가 많은 가해자에 대하여 상대방에 대한 접근을 차단함으로써 피해자에 대한 접근이나 연락을 할 수 없도록 하는 가처분으로서, 크게 민사상 접근금지가처분,[47] 형사상 접근금지가처분, 가사상 접근금지가처분[48]의 세 가지 유형으로 나눌 수 있습니다. 여기서 민사상과 가사상의 접근금지가처분은 피해 당사자인 개인이 신청할 수 있으나, 형사상의 접근금지가처분은 검사가 신청할 수 있다는 점에 차이가 있습니다. 여기서는 민사상과 가사상의 접근금지가처분에 대하여 설명합니다.

### 가처분 신청서의 작성

신청서에는 신청인(피해자)의 인적사항·피신청인(가해자)의 인적사항·피보전권리·신청취지·신청이유를 잘 기재하고, 소명자료를 충실히

---

[47] 민사채권자 또는 민사상 계약관계에 있는 상대방으로부터 신변의 위협을 느낀다거나, 헤어진 연인으로부터 지속적인 연락이나 스토킹을 당해 일상생활이 불가능할 정도의 정신적 고통을 느끼는 경우에 민사집행법 제300조에 의하여 신청하는 가처분입니다.

[48] 예컨대, 가정폭력에 시달리다 이혼 소송을 제기한 경우 가사소송법 제62조에 의하여 사전처분으로서 신청하는 가처분으로, 이 경우 가정법원, 조정위원회, 조정담당판사는 특별히 필요하다고 판단되면 직권 또는 당사자의 신청으로 관계인의 감호나 양육을 위한 처분을 내릴 수 있습니다.

첨부해야 합니다. 피보전권리는 '인격권에 기하여 평온한 사생활을 추구할 권리'로 쓰면 됩니다.

① 신청취지의 기재

신청취지는 구체적인 피해행위의 내용에 따라 방해 금지의 행위를 특정하여, '피신청인은 신청인으로부터 ○○미터 이내의 접근을 하여서는 아니된다'라는 식으로 작성하면 됩니다.

② 신청이유의 기재

신청이유에는 ㉮ 신청인과 피신청인의 인적 관계 ㉯ 피신청인의 방해행위(집착적 연락 등 접근 행위)의 구체적인 내용과 경위 ㉰ 피신청인의 접근행위로 인해 신청인의 인격권, 사생활이 침해된 정도 및 정신적 고통 ㉱ 피신청인의 접근행위로 인하여 급박한 위험에 처해 있기 때문에 당장 그 접근행위를 제거해야 할 필요성이 있다는 점 등을 구체적으로 기재하여야 합니다.

③ 관련 소명자료의 첨부

구체적으로 피신청인이 보내 온 문자메시지, 카카오톡 메시지, 전화 통화 녹취록, 이메일 내용, 경찰에 신고한 사실이 있다면 112사건접수현황 등 경찰신고접수확인원, 폭행 등을 당해 병원 방문한 사실이 있다면 병원 진단서 및 병원 치료비, 약제비 지출 영수증, 피해사실을 증언해 줄 제3자가 있다면 그 사람의 진술서 등 관련 소명자료를 첨부하여야 합니다.

## 가처분의 심리

신청서의 제출은 보통 피신청인의 주소지 관할법원에 제출하면 되며, 신청서 제출일로부터 보통 2주 정도는 지나야 심리기일(재판일)이 지정되게 됩니다. 접근금지가처분신청을 하게 되면 일반적으로 한 번 정도 심리기일(재판일)이 잡히게 되고,[49] 담당판사는 신청인과 피신청인 양측의 진술을 청취한 후 심리일 이후 수 일 뒤에서야 가처분신청에 대한 인용 또는 기각 여부를 결정짓게 됩니다.

접근금지가처분신청을 한다고 해서 무조건 인용결정을 받을 수 있는 것이 아니기 때문에 신청인으로서는 상대방의 행위로 인해 어떻게 피해를 입어 가처분신청이 인용되어야 하는 필요성이 있는지를 법원에 충분히 소명할 필요가 있습니다.

## 접근금지가처분의 효과

접근금지가처분신청이 인용되었는데도 계속하여 접근행위 등 지속적 연락이나 방문을 한다면, 해당 위반일수 1일당 일정 금액을 금전으로 지급하는 방법으로 집행력을 확보하게 됩니다. 형사상 접근금지가처분 내용에 불응하면 벌금, 구속 등 형사처벌이 가해질 수 있습니다. 실제로 이혼소송이나 일반 민사소송으로 진행되는 접근금지가처분신청사례가 매우 많습니다. 원치 않는 연락이나 만남은 범죄가 될 수 있기 때문에 사안

---

49) 민사상 접근금지가처분과는 달리 가사상 접근금지가처분의 경우 심리기일의 지정 없이 결정되는 경우가 많습니다.

에 따라서는 접근금지 가처분 신청과 병행하여 협박죄, 폭행죄, 강요죄, 명예훼손죄, 모욕죄 등 다양한 죄명으로 형사고소절차가 병행되기도 합니다.[50]

[접근금지가처분신청서 예시]

# 접근금지가처분신청서

신 청 인   김 ● ●(주민등록번호)
　　　　　(주소)　　　　　　　　　(연락처)

피신청인  박 ● ●(주민등록번호)
　　　　　(주소)　　　　　　　　　(연락처)

피보전권리의 요지 : 인격권에 기한 평온한 사생활을 추구할 권리

## 신 청 취 지

(예시)

> 1. 피신청인은 신청인으로부터 50미터 이내의 접근을 하여서는 아니된다.
> 2. 신청비용은 피신청인의 부담으로 한다.
> 라는 결정을 구합니다.

---

50) 2021. 4. 20. 제정되어 2021. 10. 21.부터 시행된 스토킹범죄의 처벌 등에 관한 법률에 의해 처벌될 수도 있습니다.

1. 피신청인은 신청인의 의사에 반하여 신청인에게 접근하여서는 아니된다.
2. 피신청인은 신청인 및 그 자녀(미성년)에 대하여 면담을 강요하거나 폭력을 행사하는 등의 방법으로 그 평온한 생활 및 업무를 방해하여서는 아니된다.
3. 신청비용은 피신청인의 부담으로 한다.
라는 결정을 구합니다.

1. 피신청인은 신청인의 의사에 반하여 신청인에게 접근하여서는 아니된다.
2. 피신청인은 신청인 및 그 자녀(미성년)에 대하여 면담을 강요하거나 폭력을 행사하는 등의 방법으로 그 평온한 생활 및 업무를 방해하여서는 아니된다.
3. 위 명령을 위반한 피신청인은 위반행위 1회당 금○○○원씩을 신청인에게 지급한다.
4. 신청비용은 피신청인의 부담으로 한다.
5. 제3항은 가집행 할 수 있다.
라는 결정을 구합니다.

신 청 이 유

1. 당사자의 관계
2. 피신청인의 방해행위
3. 신청인에게 발생한 피해
4. 피신청인의 접근을 금지할 급박한 필요성


소 명 방 법

1. 소갑 제1호증          문자메시지(또는 카카오톡 메시지)
1. 소갑 제2호증          전화통화 녹취록
1. 소갑 제3호증          경찰신고 접수증
1. 소갑 제4호증          진단서


첨 부 서 류

1. 위 소명방법          각 1통

2. 납부서                        1통

                              20○○. ○. ○.
                    신청인 김 ● ● (서명 또는 날인)


■ ■ 지방법원 귀중

# 4. 남편이 상습적으로 폭행을 하는데, 어떻게 해야 하나요?

「가정폭력」이란 가정구성원 사이의 신체적, 정신적 또는 재산상 피해를 수반하는 행위를 말합니다(가정폭력범죄의 처벌 등에 관한 특례법 제2조 제1호). 가정폭력은 다른 형사법규 위반보다 폭력에 대한 법적 죄의식이 낮으나 가정폭력은 가출, 가정파탄 및 폭력성의 세습 등을 가져오는 등 반드시 근절되어야 할 범죄행위라 할 수 있습니다.

## 가정폭력의 종류

① 때리는 행위, 흉기를 휘두르는 행위, 머리채를 잡아당기거나 조르는 행위, 발로 차는 행위 등 신체적인 폭력 ② 폭언·무시·모욕과 같은 언어폭력으로 기분을 상하게 하는 정서적인 학대 ③ 생활비를 주지 않거나 동의 없이 임의로 재산을 처분하거나 생활비 지출을 일일이 보고하게 하는 경제적인 위협 ④ 성적 수치심을 유발하거나 원치 않는 성관계를 요구하는 성적인 폭력 ⑤ 무관심과 냉담으로 대한다거나 위험상황에 방치하는 방임 등이 모두 가정폭력에 해당합니다.

## 가정폭력의 상담

가정폭력 피해자와 그 가족은 가정폭력방지 및 피해자보호 등에 관한 법률에 따라 설치된 가정폭력 관련 상담소를 통해 가정폭력과 관련된 다

음의 사항들에 대해 상담 받을 수 있습니다(가정폭력방지 및 피해자보호
등에 관한 법률 제6조 참조).

① 가정폭력 피해 관련 사항

② 피해자 긴급보호 및 피난처 관련 사항

③ 이혼을 비롯한 가정폭력 관련 법률문제 사항

④ 가정폭력 예방을 위한 각종 교육 및 치료 관련 사항

⑤ 그 밖에 가정폭력 관련 사항

| 기 관 | 전 화 | 홈페이지 |
|---|---|---|
| 여성긴급전화 | 국번없이 1366 | https://moget.go.kr |
| 안전Dream 아동·여성 장애인 경찰지원센터 | 국번없이 117 | https://www.safe182.go.kr |
| 한국남성의 전화 | 02-2653-1366 | http://www.manhotline.or.kr |
| 한국건강가정진흥원 | 1577-9337 | http://www.familynet.or.kr |
| 한국가정법률상담소 | 1644-7077 | http://www.lawhome.or.kr |

## 가정폭력의 신고

가정폭력범죄를 알게 된 경우에는 누구든지 수사기관에 신고할 수 있
으며, 이외에도 다음 어느 하나에 해당하는 사람이 직무를 수행하면서 가
정폭력범죄를 알게 된 경우에는 정당한 사유가 없으면 즉시 수사기관에
신고해야 합니다.

① 아동의 교육과 보호를 담당하는 기관의 종사자와 그 기관장

② 아동, 60세 이상의 노인, 그 밖에 정상적인 판단능력이 결여된 사람
의 치료 등을 담당하는 의료인 및 의료기관의 기관장

③ 노인복지법에 따른 노인복지시설, 아동복지법에 따른 아동복지시설, 장애인복지법에 따른 장애인복지시설의 종사자와 그 기관장

④ 다문화가족지원법에 따른 다문화가족지원센터의 전문인력과 그 장

⑤ 결혼중개업의 관리에 관한 법률에 따른 국제결혼중개업자와 그 종사자

⑥ 소방기본법에 따른 구조대구급대의 대원

⑦ 사회복지사업법에 따른 사회복지 전담공무원

⑧ 건강가정기본법에 따른 건강가정지원센터의 종사자와 그 센터의 장

## 가정폭력범죄의 고소

피해자 또는 그 법정대리인은 가정폭력범죄를 범한 사람 및 가정구성원인 공범을 고소할 수 있습니다. 이때 피해자의 법정대리인이 가정폭력행위자인 경우 또는 가정폭력행위자와 공동으로 가정폭력범죄를 범한 경우에는 피해자의 친족이 고소할 수 있습니다.

피해자는 가정폭력행위자가 자기의 직계존속 또는 배우자의 직계존속인 경우에도 고소할 수 있으며, 피해자에게 고소할 법정대리인이나 친족이 없는 경우에 이해관계인이 신청하면 검사는 10일 이내에 고소권자를 지정해야 합니다.

## 가정폭력 피해자 지원 및 보호

### ① 생계지원

가정폭력 피해자 또는 피해자와 생계 및 주거를 같이 하는 가구구성원

이 가정폭력으로 생계유지 등이 어렵게 된 경우에는 긴급지원대상자로서 긴급지원을 받을 수 있습니다(긴급복지지원법 제2조 제4호).

### ② 교육지원

가정폭력 피해자나 피해자가 동반한 가정구성원(피해자의 보호나 양육을 받고 있는 사람을 말함)이 만 18세 미만의 아동인 경우에는 주소지 외의 지역에서 학교를 다닐 수 있습니다(가정폭력방지 및 피해자보호 등에 관한 법률 제4조의 4 제1항).

### ③ 의료지원

가정폭력 피해자 본인·가족·친지나 긴급전화센터, 상담소 또는 보호시설의 장 등의 요청에 의해 피해자는 의료보호기관으로부터 보건에 관한 상담 및 지도, 신체적·정신적 피해에 대한 치료 등을 받을 수 있습니다(가정폭력방지 및 피해자보호 등에 관한 법률 제18조 제1항 및 시행령 제6조).

### ④ 주거지원

가정폭력 피해자는 가정폭력을 피해 피해자 보호시설에서 임시로 머무를 수 있습니다(가정폭력방지 및 피해자보호 등에 관한 법률 제8조 참조). 이외에 정부는 가정폭력·성폭력 등 폭력피해여성의 자립을 지원하고 사회 적응 여건을 조성하기 위해 피해여성과 그 가족들이 공동으로 생활할 수 있는 주거공간을 제공하고 있습니다.

### ⑤ 법률지원

가정폭력 피해자는 가정폭력과 관련된 민사·가사사건 외에도 형사사건에 대해 무료법률구조를 신청할 수 있습니다(법률구조법 제7조 제2항 제11호 및 시행령 제4조 제3항 제6호).

## 제2편

# 가사소송

I.

상속

# 1. 상속인이 될 수 있는 사람은 누구인가요?

「상속인(相續人)」이란 상속이 개시되면 피상속인의 상속재산을 법률에 따라 승계하는 자를 말합니다. 상속인은 자연인만 해당하고 법인은 제외되며, 상속이 개시될 당시 살아 있어야 합니다. 민법 제1000조와 1003조에 의해 피상속인의 직계비속, 직계존속, 형제자매, 4촌 이내의 방계혈족 및 피상속인의 배우자는 상속인의 자격이 있습니다. 그리고 상속의 경우 태아는 이미 출생한 것으로 보아 상속인에 포함됩니다.[51]

## 상속인 자격이 있는 경우

### ① 태아

태아는 상속의 경우 이미 출생한 것으로 보아(민법 제1003조 제3항), 상속인의 자격이 있습니다.[52]

### ② 이혼 소송 중인 배우자

이혼 소송이 진행 중인 경우라도 아직은 법률상 배우자에 해당하기에

---

51) '상속인'이란 상속재산을 물려받는 사람, '피상속인'이란 사망 또는 실종선고로 인하여 상속재산을 물려주는 사람을 말하며, 피상속인의 일신에 전속한 권리는 상속에서 제외됩니다.

52) 태아는 상속개시 시점에는 출생하지 않았지만 상속 후 출생하게 되면 상속개시 당시에 상속인인 것으로 됩니다(대법원 1976. 9. 14. 선고 76다1365 판결).

상속인의 자격을 가집니다.


### ③ 양자(養子)·친양자(親養子), 양부모(養父母)·친양부모(親養父母)

유효한 입양에 의한 양자·친양자와 양부모·친양부모와의 관계에서 서로 상속인의 자격을 갖게 됩니다.[53]


### ④ 양자를 보낸 친생부모(親生父母)

친양자입양이 아닌 경우에 양자를 보낸 친생부모는 보낸 양자와의 사이에서 서로 상속인 자격이 있습니다.


### ⑤ 인지(認知)된 혼외자(婚外子)

법률상의 혼인 관계가 없는 남녀 사이에서 태어난 자녀, 무효혼 관계에서 태어난 자녀를 혼외자라 하는데, 이러한 혼외자는 생부와의 친자관계가 당연히 성립하지는 않습니다. 따라서 부(父)의 상속인이 되지 못하지만, 부(父)에 의해 인지(認知)가 된 경우에는 상속인 자격을 가지게 됩니다.


### ⑥ 이성동복(異姓同複)의 형제

성은 다르지만 모(母)가 같은 경우를 이성동복이라고 합니다. 부모님

---

53) '양자(養子)'란 입양에 의하여 성립한 법률상 자녀를 말합니다. 양자의 경우 기존 친부모와의 관계는 계속 유지하기 때문에 양부모, 친생부모로부터 모두 상속이 가능합니다.
'친양자(親養子)'란 입양전의 친부모와의 관계를 소멸시키고 양부모의 혼인 중의 자녀로 간주됩니다. 따라서 양부모의 성과 본을 따르게 되며, 친생부모와의 관계에서 상속은 일어나지 않습니다.

이 모두 사망한 A가 결혼하지 않은 상태에서 재산을 남기고 사망한 경우 A의 이성동복의 형제자매가 상속인이 될 수 있는지의 문제인데, 대법원 판례는 '민법 개정 시 친족의 범위에서 부계와 모계의 차별을 없애고, 상속의 순위나 상속분에 관하여도 남녀 간 또는 부계와 모계 간의 차별을 없앤 점 등에 비추어 볼 때, 부계 및 모계의 형제자매를 모두 포함하는 것으로 해석하는 것이 상당하다(대법원 1997. 11. 28. 선고 96다5421 판결).'라고 하여 상속인 자격이 있다고 판시하였습니다.

⑦ 외국국적을 가진 자

피상속인이 대한민국 국적을 가진 자라면, 상속인이 외국국적인 경우라도 상속인의 자격이 있습니다. [54]

## 상속인 자격이 없는 경우

사실혼 관계의 배우자, 상속결격 사유가 있는 사람, 유효하지 않은 양자, 친양자를 보낸 친생부모, 이혼한 배우자는 상속인 자격이 없습니다.

---

54) 상속은 사망 당시 본국법에 의한다(국제사법 제49조).

# 2. 상속인의 상속순위와 상속분에 대하여 알려 주세요

우리 민법 제1000조 및 제1003조에서는 「상속순위(相續順位)」를 규정하여 선순위 상속인이 상속을 받는 것으로 하고 있습니다. 민법 제1009조에서는 순위가 같은 상속인이 2명 이상인 경우 공동상속인이 되며, 각 상속인이 상속재산을 승계하는 몫인 「상속분(相續分)」에 대해 규정하고 있습니다.

## 상속순위

### 민법 제1000조(상속의 순위)

① 상속에 있어서는 다음 순위로 상속인이 된다.
　1. 피상속인의 직계비속
　2. 피상속인의 직계존속
　3. 피상속인의 형제자매
　4. 피상속인의 4촌 이내의 방계혈족
② 전항의 경우에 동순위의 상속인이 수인인 때에는 최근친을 선순위로 하고 동친 등의 상속인이 수인인 때에는 공동상속인이 된다.
③ 태아는 상속순위에 관하여는 이미 출생한 것으로 본다.

## 제1003조(배우자의 상속순위)

① 피상속인의 배우자는 제1000조제1항 제1호와 제2호의 규정에 의한 상속인이 있는 경우에는 그 상속인과 동순위로 공동상속인이 되고 그 상속인이 없는 때에는 단독상속인이 된다.

1순위 상속인인 직계비속이 없는 경우 2순위인 직계존속이 상속인이 되고, 2순위 상속인조차 없는 경우 3순위, 3순위가 없는 경우 4순위에 해당하는 자가 상속인이 됩니다. 다만, 1순위 또는 2순위가 상속인이 되는 경우 피상속인의 배우자는 공동상속인이 되며, 1순위 및 2순위 상속인이 없고 피상속인의 배우자만 있는 경우 배우자가 단독으로 상속인이 됩니다.[55]

### 공동상속인의 상속분

같은 순위의 상속인이 여러 명인 때에는 그 상속분은 동일합니다(민법 제1009조 제1항).

---

55) ① '직계비속(直系卑屬)'이란 자녀, 손자녀와 같은 관계의 혈족으로 부(父)계·모(母)계를 구별하지 않으며, 법률상 혈족인 양자, 친양자와 그의 직계비속도 포함됩니다.
② '직계존속(直系尊屬)'이란 부모, 조부모, 증조부모와 같은 관계의 혈족으로 역시 법률상 혈족인 양부모, 친양부모와 그 직계존속도 포함됩니다.
③ '배우자(配偶者)'란 법률상 혼인관계를 맺은 사람을 말합니다.

## 피상속인의 배우자 상속분

피상속인의 배우자는 1순위 상속인인 직계비속과 같은 순위로 상속인이 되고, 직계비속이 없는 경우 2순위 상속인인 직계존속과 같은 순위로 상속인이 됩니다. 그리고 피상속인의 배우자는 직계비속 또는 직계존속과 공동으로 상속하는 때에 직계비속 또는 직계존속의 상속분에 1/2(50%)을 가산합니다(민법 제1009조 제2항).

## 상속분의 변천

피상속인의 사망과 동시에 상속이 발생하게 되므로, 피상속인의 사망 당시 적용되던 민법의 규정에 의해 상속분을 계산하게 됩니다. 민법의 상속분에 관한 규정은 아래의 표와 같이 변천되었습니다.

| | 처 또는 배우자 | 장남 (호주상속자) | 차남 | 기혼 (여) | 미혼 (여) |
|---|---|---|---|---|---|
| 1. 구(舊) 민법 (~1959.12.31.) | | 전부 | | | |
| 2. 신(新) 민법 (1960.1.1.~1978.12.31) | 처 0.5 | 1.5 | 1 | 0.25 | 0.5 |
| 3. 개정 민법 (1977.12.31.개정) (1979.1.1.~1990.12.31.) | 처 1.5 | 1.5 | 1 | 0.25 | 1 |
| 4. 현행 민법 (1990.1.1 개정) (1991.1.1.~) | (호주상속 폐지) 배우자 1.5 | 1 | 1 | 1 | 1 |

## 상속순위와 상속인의 상속분 사례[56)]

**문**    A는 자신의 법률상 배우자인 아내 B와 장남 C, 장녀(기혼) D, 차녀(미혼) E를 남겨 두고 사망하였습니다. A의 사망으로 상속인이 되는 자와 그 상속분은 얼마나 될까요?

**답**    A의 친자인 C·D·E는 직계비속으로서 1순위로 공동상속인이 되며(현행 민법에서는 남·여, 기·미혼 여부를 따지지 않고 동일합니다), 법률상 배우자인 B는 1순위 상속인들과 역시 공동상속인이 됩니다.

따라서 B, C, D, E가 공동상속인이 되고, 이들의 상속분은 직계비속인 1순위 상속인들(C, D, E)은 모두 동일하게 1이 되며, 배우자(B)는 여기에 1/2을 가산하여 1.5가 됩니다. 따라서 C, D, E는 각 2/9, B는 3/9의 상속분을 가지게 됩니다.

---

56) 부록 4. 상속분 계산방법 (368p 참조)

# 3. 상속재산에는 어떤 것들이 포함되나요?

상속이 개시되면 상속인은 피상속인의 재산에 대해 포괄적으로 권리와 의무를 승계합니다. 이때 상속되는 상속재산은 상속인에게 이익이 되는 적극재산 외에도 채무와 같은 소극재산도 포함됩니다. 다만 피상속인 개인에게만 속하는 권리는 상속되지 않습니다.

## 상속재산에 해당하는 것

### ① 적극재산

상속인에게 이익이 되는 재산적 가치를 가진 것들로서 금전, 동산·부동산 등의 물건, 물권·채권·무체재산권 등의 재산권이 적극재산에 속합니다.

(예) 금전 / 동산·부동산 등의 물건 / 소유권·점유권·지상권·지역권·전세권·유치권·질권·저당권 등의 물권/ 생명침해에 대한 손해배상청구권·이혼에 의한 재산분할청구권·주식회사의 주주권·유한회사 사원의 지분·합자회사 유한책임사원의 지위 등의 채권 / 특허권·실용신안권·의장권·상표권·저작물에 대한 권리 등의 무체재산권[57]

---

57) 무체재산권이란 산업재산권(특허권·실용신안권·상표권·디자인권)과 저작권 등과 같이 인간

## ② 소극재산

피상속인이 부담한 일반채무 및 조세는 소극재산에 속합니다.

(예) 재산의 구성 성분의 하나로서의 채무, 빚

### 상속재산에 해당되지 않는 것

#### ① 일신(一身)에 전속(專屬)한 권리 내지 의무[58]

해당 재산권의 성질상 다른 사람에게 이전될 수 없고, 피상속인 개인에게만 속하는 개인적인 권리를 일신전속권이라 합니다. 이러한 일신전속권은 상속재산에서 제외됩니다(민법 제1005조 단서).

(예) 사단법인 사원의 지위, 위임계약의 당사자의 지위, 대리관계의 본인 또는 대리인 지위, 조합원의 지위, 합명회사 사원의 지분, 합자회사 무한책임사원의 지위, 벌금·과료[59]·추징금

#### ② 법률 또는 계약으로 귀속이 정해진 것

다른 법률의 규정이나 계약에 의해 권리를 행사할 수 있는 자가 정해진

---

의 지적, 정신적 실물(實物)로서 외형적인 형태가 없는 무체물에 대한 재산권을 말합니다.

58) 권리의 성질상 특정 권리주체만이 향유할 수 있는 권리, 또는 그 주체만이 행사할 수 있는 권리를 말하는 것으로, 사인간의 신용을 기초로 하는 대리권, 고용계약에 의한 노동의무·위임계약에 의한 사무처리의 의무나 친족관계를 기초로 하는 부양청구권·혼인동의권·부부간의 계약취소권·이혼청구권·친권 등이 이에 속한다고 할 수 있습니다.

59) 과료(科料)는 재산형 중 하나로, 몰수 다음으로 가벼운 형벌을 말합니다. 과료는 비교적 경미한 범죄에 과해지며, 2,000원 이상 5만원 미만입니다.

경우에는 상속재산에서 제외됩니다.

(예) 제사용 재산(祭祀用 財産),[60] 신원보증인의 지위(신원보증법 제7조), 보증기간과 보증한도액의 정함이 없는 계속적 보증계약의 보증인의 지위(대법원 2001. 6. 12. 선고 2000다47187 판결),[61] 퇴직연금·유족연금의 청구권, 부의금, 생명보험금청구권(상법 제730조).

## 상속재산 포함여부가 문제되는 경우

### ① 유족연금

피상속인이 사망하여 근로관계가 종료되어 유족연금이 지급되는 경우, 피상속인이 공무원(공무원연금법 제3조, 별정우체국법 제2조, 사립학교교직원 연금법 제2조)이면 관련 법령에서 연금의 수급권자를 정하고 있고, 피상속인이 국민연금 가입자(국민연금법 제72조, 제73조)인 경우 유족연금 수령자의 범위와 순위를 별도로 규정하고 있습니다. 따라서 상속재산에 포함되지 않습니다.

### ② 부의금

부의금과 관련하여 대법원은 '사람이 사망한 경우에 부조금 또는 조위금 등의 명목으로 보내는 부의금은 상호부조의 정신에서 유족의 정신적

---

60) 분묘에 속한 1정보(땅의 면적을 재는 단위, 1정보는 3,000평, 9,917제곱미터) 이내의 금양임야 (나무나 풀 등을 함부로 베지 못하도록 되어 있는 임야)와 600평 이내의 묘토인 농지, 족보와 제구의 소유권은 제사를 주재하는 자가 이를 승계한다(민법 제1008조의 3).
61) 다만 이전에 발생한 보증채무는 상속됩니다.

고통을 위로하고 장례에 따르는 유족의 경제적 부담을 덜어줌과 아울러 유족의 생활안정에 기여함을 목적으로 증여되는 것으로서, 장례비용에 충당하고 남는 것에 관하여는 특별한 다른 사정이 없는 한 사망한 사람의 공동상속인들이 각자의 상속분에 응하여 권리를 취득하는 것으로 봄이 우리의 윤리감정이나 경험칙에 합치된다고 할 것이다(대법원 1992. 8. 18. 선고 92다2998 판결).'라고 판시하여, 상속인에게 조의를 표하는 증여로서 상속재산에 해당하지 않고 상속인들의 고유재산으로 판단하고 있습니다.

### ③ 보험금지급청구권

보험금지급청구권은 보험수익자가 누구인지에 따라 상속재산이 되거나 상속인의 고유재산이 되는데, 보험수익자를 피상속인으로 지정한 경우에는 보험금지급청구권과 그로 인한 보험금은 피상속인의 사망으로 인하여 피상속인의 재산이 되어 상속재산에 포함되지만, 보험수익자를 상속인으로 정한 경우(상법 제730조) 상속인의 고유재산이 됩니다.[62]

### ④ 생명침해로 인한 손해배상청구권

타인의 불법행위로 인하여 생명을 침해당한 자는 손해배상청구권을 갖게 되며, 이러한 생명침해를 당한 피상속인의 손해배상청구권은 피상

---

62) 상속세법 및 증여세법 제8조 제1항을 살펴보면 '피상속인의 사망으로 인하여 받는 생명보험 또는 손해보험의 보험금으로서 피상속인이 보험계약자인 보험계약에 의하여 받는 것은 상속재산으로 본다.'라고 규정하고 있는데, 이는 피상속인이 받은 보험금에 대해 세금을 징수한다는 상속세 및 증여세법상의 규정인 것이지, 민법상 상속재산의 적극재산에 포함된다는 의미는 아닙니다.

속인의 상속재산에 포함됩니다. 다만 이와는 별개로 상속인이 자신의 친족인 피상속인의 생명침해로 인한 정신적 피해를 주장하며 위자료의 청구를 하는 권리는 상속인 고유의 권리입니다.

⑤ 영업자의 지위

영업자의 사망으로 상속인에게 영업이 승계되어 영업자의 지위가 상속되는 것을 규정하고 있는 개별법들이 있는데, 이러한 개별법으로는 식품위생법, 골재채취법, 공중위생관리법, 게임산업진흥에 관한 법률, 먹는물관리법, 비료관리법, 소방시설공사업법, 의료기기법, 축산법, 하수도법 등이 있습니다. 이에 해당하는 경우 영업자의 지위는 상속재산으로 볼 수 있으며, 이러한 영업자 지위의 승계를 인정하는 개별법이 없는 경우에는 상속이 일어나지 않는다 할 것입니다.

# 4. 상속재산을 모르는데,
   어떻게 찾을 수 있나요?

「상속(相續)」이란 상속이 개시된 때로부터 피상속인의 재산에 관한 권리의무가 포괄적으로 상속인에게 승계되는 것을 말합니다(민법 제1005조). 현행 민법에서는 과거 시행된 호주상속제도가 폐지되어, 재산상속만 인정되고 있습니다.

상속되는 재산은 피상속인의 부동산·동산·현금 등의 적극재산 외에도 채무인 소극재산도 포함됩니다. 따라서 상속인이 되는 사람 입장에서는 피상속인의 적극재산보다 소극재산이 많다면 상속을 포기하거나, 한정승인 등의 절차를 통하여 자신에게 피상속인의 채무가 상속되는 것과 같은 불이익을 방지할 필요가 있으므로, 상속재산을 정확히 파악할 필요가 있습니다.

### 상속재산조회 방법
① 안심상속 원스톱서비스
   정부24(www.gov.kr)에서 신청할 수 있습니다.
   • 신청자격: 제1순위 상속인(자녀, 배우자), 제2순위 상속인(부모, 배우자)
     * 제1순위 상속인의 상속포기로 인한 제2순위 상속인은

제외

- 신청방법: 정부24(www.gov.kr)접속 → 공인인증서 본인인증 →
  신청서 작성 → 구비 서류(가족관계증명서) 교부 신청
  및 수수료 결제 → 접수처(주민센터)에서 확인접수 →
  접수증 출력

② 상속인이 시·구청 및 읍·면·동 주민센터를 방문하여 사망자의 재
산을 한 번에 조회하는 통합신청을 하면 피상속인의 금융거래내역,
국세 및 지방세 체납·미납·환급액, 각종 연금(국민연금·공무원연
금·사립학교교직원연금 등)의 가입여부, 자동차·부동산 소유여부
등을 일괄 파악할 수 있습니다.

③ 피상속인 명의의 예금계좌, 증권계좌, 보험계약 및 대출, 보증, 신용
카드 관련 채무 여부에 대해서는 금융감독원 본원 내지 각 지원 또
는 다음의 각 금융협회에서 '상속인 등에 대한 금융거래조회'를 통해
파악할 수 있습니다.

| | | |
|---|---|---|
| 금융감독원 | www.fss.or.kr | (국번없이)1332 |
| 예금보험공사 | www.kdic.or.kr | 1588-0037 |
| 금융투자협회 | www.kofia.or.kr | 02-2003-9426 |
| 전국은행연합회 | www.kfb.or.kr | 1544-1040 |
| 한국신용정보원 | www.kcredit.or.kr | 1544-1040 |
| 한국예탁결제원 | www.ksd.or.kr | 1577-6600 |
| 생명보험협회 | www.klia.or.kr | 02-2262-6600 |
| 손해보험협회 | www.knia.or.kr | 02-3702-8500 |
| 여신금융협회 | www.crefia.or.kr | 02-2011-0700 |
| 저축은행중앙회 | www.fsb.or.kr | 02-397-8600 |
| 신협중앙회 | www.cu.co.kr | 1566-6000 |
| 새마을금고중앙회 | www.kfcc.co.kr | 1599-9000 |
| 산림조합중앙회 | www.nfcf.or.kr | 1544-4200 |
| 우체국 | www.epostbank.go.kr | 1588-1900 |
| 한국대부금융협회 | www.clfa.or.kr | 02-3487-5800 |

## 상속재산파악을 위한 증거조사

① 부동산의 경우 - 국토교통부, 법원행정처에 대한 사실조회

② 금융재산의 경우 - 위 금융거래내역 조회

③ 상속세 신고 납부내역 및 제출서류

# 5. 상속재산분할에 대하여 알려 주세요

　상속으로 인하여 상속재산은 포괄적으로 상속인에게 이전되며, 상속인이 여러 명인 경우 상속재산은 공동상속인의 공동소유가 됩니다. 따라서 이러한 상속재산을 상속인 각자의 재산으로 분할하는 것을 「상속재산의 분할(分割)」이라 합니다. 이러한 상속재산의 분할에는 공동상속인 전원이 참여하여야 합니다.

　상속재산의 분할을 청구할 수 있는 사람은 상속인, 포괄수유자(包括受遺者)[63], 공동상속인의 상속인, 상속분의 양수인 등이며, 상속인의 채권자도 채권자대위권의 행사로 분할청구를 할 수 있습니다.

### 상속재산분할 방법[64]
#### ① 협의분할
　분할금지의 유언이 없는 경우 공동상속인 전원의 합의로 분할하는 것

---

63) 유언에 의한 포괄적인 증여를 받은 사람을 뜻합니다.
64) 재산을 실제 분할하는 방법으로는 현물분할, 대금분할(상속재산을 매각하여 대금을 나누는 방법), 가격분할(1인이 다른 상속인의 지분을 매수하여 가액을 지급하고 단독소유자가 되는 방법)이 있습니다.

을 말하며,[65] 특별한 방식이 요구되는 것은 아닙니다. 구두로도 가능하지만 분쟁을 피하기 위하여 상속재산협의분할서를 작성하는 것이 일반적입니다.

### ② 지정분할

피상속인이 유언으로 분할의 방법을 정하거나, 상속인 외의 제3자에게 분할방법을 정할 것을 위탁한 경우, 그에 따라 행해지는 분할입니다.

### ③ 심판분할

공동상속인 간의 협의로 분할이 이루어지지 않는 경우, 상속인 중 1인이나 여러 명이 나머지 상속인 전원을 상대방으로 하여 가정법원에 분할소송을 제기하여 법원의 심판에 의해 분할하는 것을 말합니다.

이 경우는 반드시 조정을 거쳐야 하며, 조정이 성립되지 않으면 가정법원의 심판분할절차가 진행됩니다. 청구의 법적성격은 공유물분할청구이므로 청구기간의 제한이 없어 언제든지 신청이 가능합니다.

### 분할의 효과

상속재산의 분할은 상속 개시된 때에 소급하여 효력이 있으나, 제3자의 권리를 해하지는 못합니다(민법 제1015조). 따라서 상속 개시 이후 상

---

65) 상속인 중 미성년자가 있는 경우 미성년자 보호를 위하여 법원에 의한 특별대리인이 선임되어야 합니다.

속재산분할이 이루어진 사이에 상속재산에 대한 권리를 취득(소유권, 저당권 등 등기)한 제3자의 권리에는 영향이 없습니다.

### 분할 결과의 변경 가능성

자신의 채무가 초과상태에 있는 상속인이 상속재산 분할협의를 하면서 상속재산에 대한 자신의 권리를 포기하는 협의를 한 경우, 자신의 채권자들에 대한 채권의 공동담보가 감소되는 결과가 발생하게 한 것으로써, 사해행위가 되어 분할이 취소될 수 있습니다.

그리고 상속재산의 분할이 완료된 이후에 상속인이 될 자가 새롭게 나타나는 경우 새롭게 상속인이 된 자는 상속재산의 분할을 청구할 수 있습니다. 다만 이 경우 특정한 상속재산을 주장할 수는 없고, 공동상속인들에게 자신의 상속분에 상당한 가액의 지급을 청구할 수 있습니다(민법 제1014조). 이 청구권은 성질상 상속회복청구권이므로 3년의 제척기간(除斥期間)[66] 제한이 있습니다.[67]

---

[66] 어떤 권리에 대하여 법률이 예정하는 존속기간으로서, 제척기간이 만료하게 되면 그 권리는 당연히 소멸하는 것이 됩니다. 따라서 기간 내에 권리를 행사하여야 합니다.

[67] 민법 제1014조에 의한 피인지자 등의 상속분상당가액지급청구권은 그 성질상 상속회복청구권의 일종이므로 같은 법 제999조 제2항에 정한 제척기간이 적용되고, 같은 항에서 3년의 제척기간의 기산일로 규정한 '그 침해를 안 날'이라 함은 피인지자가 자신이 진정상속인인 사실과 자신이 상속에서 제외된 사실을 안 때를 가리키는 것으로 혼인 외의 자가 법원의 인지판결 확정으로 공동상속인이 된 때에는 그 인지판결이 확정된 날에 상속권이 침해되었음을 알았다고 할 것이다(대법원 2007. 7. 26. 선고 2006므2757, 2764 판결).

A는 법률상 배우자 B와 딸 X를 남기고 사망하였습니다. 이후 상속재산 분할이 이루어져 B와 X에게 상속재산이 귀속된 이후, 혼외자인 Y가 나타나서 A의 아들이라고 주장하며 인지청구의 소를 제기하여 확정판결을 받았습니다. 이 경우 B, X가 이미 상속재산을 분할하였기 때문에 Y는 자신의 상속분[68]에 상당하는 가액의 지급을 청구할 수 있습니다.

## 상속재산분할 금지

### ① 유언에 의한 금지

피상속인은 유언으로 상속재산의 전부나 일부에 대해 일정기간 동안 분할을 금지할 수 있는데, 그 기간 동안에는 상속재산분할이 금지됩니다 (민법 제1012조). 다만 유언으로 금지한 기간이 5년을 넘는 경우, 금지기간은 5년으로 단축됩니다.

### ② 협의에 의한 금지

상속재산은 분할되기 전까지는 공동상속인의 공동소유이므로 공동상속인의 협의로 상속재산의 분할을 금지하는 것이 가능합니다. 따라서 공동상속인은 5년 내의 기간으로 분할하지 않을 것을 약정할 수 있고, 분할금지 합의는 5년에 한하여 한번 더 갱신할 수 있습니다(민법 제268조).

---

68) 최초 상속인은 B와 X였지만 Y도 상속인이 되었으므로, A의 배우자인 B는 1.5 직계비속인 X · Y 는 각 1의 상속분을 가집니다. 따라서 X와 Y의 상속분은 각 2/7가 됩니다.

# 6. 특별수익자의 상속분에 대하여 알려 주세요

　재산의 증여 또는 유증을 통하여 상속인에게 이전한 재산을 「특별수익(特別受益)」이라 하는데, 공동상속인 가운데 이러한 특별수익을 받은 상속인을 「특별수익자(特別受益者)」라 합니다(민법 제1008조). 이러한 특별수익자가 있는 경우 민법 제1008조에서는 특별수익자가 증여 또는 유증 받은 재산의 가액이 상속분에 미달하는 경우에만 다른 공동상속인에게 미달한 부분만큼의 상속분을 청구할 수 있도록 하고 있습니다.

## 특별수익에 해당하는 유증 또는 증여인지 여부

　특별수익에 해당하는 예로는 ① 특정 상속인에게만 유증한 재산 ② 자녀의 학비·유학자금 등(단, 대학 이상의 고등교육비용으로 다른 자녀에게는 지급되지 않은 교육비용) ③ 자녀에게 생전에 증여한 독립자금 ④ 자녀의 결혼 준비자금(주택 구입자금, 혼수비용 등) 등이 있습니다.

　그런데 대법원은 '상속결격사유가 발생한 이후에 결격된 자가 피상속인에게서 직접 증여를 받은 경우, 그 수익은 상속인의 지위에서 받은 것이 아니어서 이 경우 결격된 자의 수익은 특별한 사정이 없는 한 특별수익에 해당하지 않는다(대법원 2015. 7. 17.자 2014스206, 207 결정).'고 판시한 바 있습니다.

## 특별수익자가 있는 경우 상속재산 산정방법

> **문** A는 법률상 배우자인 B와 성년인 자녀 X, Y를 남기고 사망을 하였습니다. A는 생전에 X에게 독립자금으로 5천만원 상당의 금전을 증여하였고, Y에게는 유학자금으로 1억원을 특별히 지원하였습니다. A는 적극재산으로 3억4천만원을 남겼는데, 이 경우 상속인들에게 돌아가게 되는 상속재산은 얼마나 될까요?

위의 사례와 같이 공동상속인 중 피상속인으로부터 증여 또는 유증을 받은 특별수익자가 있는 경우 이미 받은 특별수익이 자신의 상속분에 미치지 못하는 경우, 그 부족분의 한도에서 상속분이 있습니다.

이때 계산의 기초가 되는 상속재산은 피상속인의 상속재산 중에서 적극재산을 기준으로 하고(대법원 1995. 3. 10. 선고 94다16571 판결), 구체적 상속분을 산정함에 있어서는 상속개시시(時)를 기준으로 상속재산과 특별수익재산을 평가하여 이를 기초로 하여(대법원 1997. 3. 21.자 96스62 결정) 아래의 계산식에 의해 계산하게 됩니다.

**계산식 : (상속재산의 가액 + 각 특별수익의 가액) × 상속분 - 특별수익의 가액**

① 상속분의 확정 : 먼저 각 공동상속인의 상속분을 확정해야 하는데, X, Y는 직계비속으로 1순위 상속인으로 상속분은 1이고, B는 배우자로서 1순위 상속인들과 공동 상속인이 되며 5할을 가산하여 상속분은 1.5가 되어 각 상속인의 상속분은 B(3/7), X(2/7), Y(2/7)입니다.

② 기준재산 : 기준이 되는 재산을 확정하여야 합니다. 기준재산은 피상속인이 남긴 적극재산에 특별수익자들의 특별수익을 더한(3억4천만원 + 5천만원 + 1억원) 4억9천만원이 됩니다.

③ 각 상속인의 상속금액의 계산 : 이 금액을 기준으로 각 상속인의 상속분의 비율로 계산한 금액에서 특별수익자의 특별수익을 공제한 금액이 각 상속인의 상속금액이 됩니다.

B : 4억9천만원 × 3/7 - 0원 = 2억1천만원

X : 4억9천만원 × 2/7 - 5천만원 = 9천만원

Y : 4억9천만원 × 2/7 - 1억원 = 4천만원

## 특별수익이 자신의 상속분을 초과하는 경우 반환여부

공동상속인 중 특별수익을 받은 상속인이 자신의 상속분을 초과하여 특별수익을 받았다 하더라도, 그 초과분을 반환할 의무는 없습니다. 그러나 다른 상속인의 유류분을 침해하는 경우에는 유류분제도에 의해 반환하여야 하는 경우가 발생할 수는 있습니다.

# 7. 기여자의 상속분은 어떻게 되나요?

　공동상속인 중 상당한 기간 동거·간호 그 밖의 방법으로 피상속인을 특별히 부양하거나 피상속인의 재산의 유지 또는 증가에 특별히 기여한 사람을 「기여자(寄與者)」라고 하는데, 민법은 이러한 기여자에게 기여한 만큼의 재산(기여분)을 더하여 상속분을 인정하도록 하고 있습니다. 이는 피상속인의 재산의 유지 또는 증가에 기여한 자에게 법정상속분을 수정함으로써 공동상속인 사이의 실질적인 공평을 기하기 위해 인정되는 것입니다.

### 기여분(寄與分)

　기여분이 되기 위해서는 특별한 기여를 하여야 하며, 그로 인해 피상속인의 재산이 유지되거나 증가되어야 합니다.

　(예) 일반적인 부양·간호를 넘어 상속인의 부양·간호로 인하여 간병인이나 개호인[69]의 비용 지출을 면하였거나, 기여자가 스스로 직업을 희생하면서 간호에 임하는 등의 요양간호를 한 경우,[70] 피상속인의 사업수

---

69) 개호는 일본식 법률용어로, 일반적으로 생존 또는 일상생활에 필요한 기본적인 행동을 스스로 할 수 없는 환자를 돌보는 간병인을 말합니다.

70) 배우자의 일상 가사노동은 부부의 동거·부양·협조의무(민법 제826조 제1항) 범위 내의 행위로 특별한 기여로 보지 않습니다.

행과 관련하여 무상으로 노무를 제공하거나, 무이자 금전대여·금전이나 그 밖의 재산의 증여·부동산 등의 사용대차 등과 같은 재산상의 이익을 주어 피상속인의 상속재산의 형성 또는 유지에 기여한 경우

## 기여분의 결정

① 공동상속인 간의 협의로 정합니다(민법 제1008조의 2 제1항)

② 협의되지 않거나 협의를 할 수 없는 경우 가정법원의 심판에 의해 결정합니다. 이때 가정법원은 기여의 시기·방법 및 정도와 상속재산액, 그 밖의 사정을 고려하여 기여분을 정합니다(민법 제1008조의 2 제2항). 다만 가정법원에 대한 청구는 기여분이 협의가 되지 않는 경우(민법 제1013조 제2항)와 상속개시후 인지 또는 재판의 확정에 의하여 공동상속인이 된 자가 상속재산의 분할을 청구하였으나 다른 상속인이 이미 분할, 기타 처분을 해 버린 경우에 할 수 있습니다(민법 제1008조의 2 제4항).

③ 기여분의 한도는 상속이 개시된 때의 피상속인의 재산가액에서 유증의 가액을 공제한 금액의 한도에서 정합니다(민법 제1008조의 2 제3항).

## 기여자가 있는 경우 상속금액 산정방법

기여분이 정해지면 아래의 계산식과 같이 피상속인의 상속재산에서 기여분을 공제한 금액에서, 각 공동상속인 고유의 상속분의 비율에 의해 계산된 금액에다 기여분을 더하여 상속금액을 산정합니다.[71)]

계산식 : (상속재산의 가액 - 기여분의 가액) × 상속분 + 기여분의 가액

### 기여자의 상속분과 상속금액 사례

**문**  A는 법률상 배우자인 B와 성인인 자녀 X, Y가 있는 자인데, 자신이 경영하는 사업체가 부도 위기에 처하자, 장남인 X가 부(父)의 사업체에 5천만원을 무상으로 증여하고, 무임금으로 1년간 근무하여 회사를 정상화시켰습니다. 이후 A가 갑자기 사고로 사망하게 되었는데, A가 남긴 상속재산은 5억7천만원입니다. 이때 X가 받을 수 있는 상속재산은 얼마인가요?

**답**

① 기여분의 결정 : X가 증여한 5천만원과 무상으로 제공한 노무가 피상속인의 상속재산 형성·유지에 기여한 것으로 인정되었고, 무상의 노무제공에 대해서는 3천만원을 인정하는 것으로 협의가 되었습니다. 따라서 기여분은 8천만원으로 확정되었습니다.

---

71) 적극재산의 경우에는 기여분에 의해 수정된 가액을 기준으로 결정되지만, 상속채무는 원래의 법정상속분에 따라 부담하게 됩니다(대법원 1995. 3. 10. 선고 94다16571 판결 참조).

② 각 공동상속인의 상속분 : X, Y는 직계비속으로 1순위 상속인으로 상속분은 1이고, B는 배우자로서 1순위 상속인들과 공동 상속인이 되며 5할을 가산하여 상속분은 1.5가 되어 각 상속인의 상속분은 B(3/7), X(2/7), Y(2/7)입니다.

③ 각 상속인의 상속금액의 계산 : 상속재산 5억7천만원에서 기여분으로 정해진 8천만원을 공제한 뒤 각 상속인 고유의 상속분율을 곱하여 계산된 금액에 기여자는 기여분을 더하여 산정합니다.

B : (5억7천만원 - 8천만원) × 3/7 + 0원 = 2억1천만원
X : (5억7천만원 - 8천만원) × 2/7 + 8천만원 = 2억2천만원
Y : (5억7천만원 - 8천만원) × 2/7 + 0원 = 1억4천만원

# 8. 상속결격과 대습상속에 대하여 알려 주세요

「상속결격자(相續缺格者)」란 상속인이 될 수 없는 사람을 뜻하는데, 이는 법이 정한 상속순위에 해당되더라도 민법 제1004조에 해당하는 사유로 인하여 상속을 받지 못하는 사람을 말합니다.

## 상속결격자

**민법 제1004조(상속인의 결격사유)**

다음 각 호의 어느 하나에 해당한 자는 상속인이 되지 못한다.

1. 고의로 직계존속, 피상속인, 그 배우자 또는 상속의 선순위나 동순위에 있는 자를 살해하거나 살해하려 한 자
2. 고의로 직계존속, 피상속인과 그 배우자에게 상해를 가하여 사망에 이르게 한 자
3. 사기 또는 강박으로 피상속인의 상속에 관한 유언 또는 유언의 철회를 방해한 자
4. 사기 또는 강박으로 피상속인의 상속에 관한 유언을 하게 한 자
5. 피상속인의 상속에 관한 유언서를 위조·변조·파기 또는 은닉한 자

임신 중에 남편이 사망한 경우 태아를 고의로 낙태한 아내는 남편의 상속인이 되지 못합니다.

예를 들어, 남편 A는 배우자 B, B가 임신한 태아인 X, A의 부(父)·모(母) C·D가 있는 상태에서 교통사고로 갑자기 사망하였습니다. 이후 아내 B는 혼자서 X를 출생하여 키울 자신이 없다고 판단하여 낙태를 하였습니다. 낙태를 하지 않았다면 상속순위에서 태아는 출생한 것으로 보고 있기 때문에(민법 제1000조 제3항) 태아 X와 배우자인 B는 공동상속인이 됩니다. 그런데 B는 고의로 같은 순위의 상속인인 태아를 살해하였으므로, 위 민법 제1004조 제1호에 의해 상속 결격자가 되어 상속인이 되지 못하고, 2순위 상속인인 직계존속 C·D가 공동상속인이 됩니다.

## 대습상속

상속인이 될 직계비속이나 형제자매가 상속개시 전에 사망하거나 결격자가 된 경우, 그에게 직계비속이 있는 때에는 사망 또는 결격자가 된 상속인의 순위를 대신하여 그 순위로 상속인의 자격을 인정하는 것을 「대습상속(代襲相續)」이라 합니다(민법 제1001조). 이 경우 사망자나 결격자의 배우자는 대습상속인과 동일한 순위로 공동상속인이 됩니다(민법 제1003조 제2항).

상속인이 될 직계비속이 피상속인과 동시에 사망한 경우에도 사망한 직계비속에게 직계비속이 있는 경우 대법원은 대습상속을 인정하고 있습니다(대법원 2001. 3. 9. 선고 99다13157 판결).

## 부(父) 사망 이후 조부(祖父)의 사망으로 인한 대습상속의 경우 상속인과 상속분 사례

**문** A(조부)는 자신의 배우자인 B(조모)와 사이에 C(남. 기혼), D(여. 미혼)의 자녀가 있고, C는 자신의 배우자 X와의 사이에 아들인 Y가 있습니다. 그런데 C는 자신의 부친인 A보다 먼저 사망하였고, 1년 뒤에 A가 사망하였습니다. 이 경우 A의 상속인이 되는 자와 그 상속분은 어떻게 되나요?

**답**

① 상속인

C가 사망하지 않았더라면 A의 직계비속으로서 동생인 D와 1순위 상속인이 되었을 것이며, A의 배우자인 B는 공동상속인이 되었을 것입니다. 그런데 C가 먼저 사망하여 상속인이 되지 못하는 것 같지만, C에게는 자신의 직계비속인 Y가 있으므로 대습상속이 일어나게 됩니다. 이 경우 Y는 자신의 아버지인 C의 순위를 대신하게 되며, C의 배우자인 X도 Y와 함께 공동상속인이 됩니다. 따라서 B, D, X, Y가 공동상속인이 됩니다.

② 상속분

단, X와 Y는 C의 상속분의 범위(2/7)에서 상속을 받는 것이므로 X는 2/7 중 3/5, Y는 2/7 중 2/5의 상속분을 가지게 됩니다. 따라서 각 공동상속인의 상속분은 B(3/7), D(2/7), X(6/35), Y(4/35)입니다.[72]

---

72) 부록 4. 상속분 계산방법(368p 참조) X = 2/7 × 3/5 = 6/35, Y = 2/7 × 2/5 = 4/35

# 9. 상속의 단순승인과 한정승인은 어떻게 다른가요?

피상속인의 상속재산을 조사하여 물려받을 재산이 채무보다 많은 경우라면 단순승인을 하여도 상관 없겠지만, 채무초과 상태이거나 불명확한 경우라면 상속을 포기하거나 상속의 한정승인을 통하여 상속인에게 피상속인의 채무가 이전되지 않도록 할 필요가 있습니다.

### 단순승인(單純承認)

상속개시 있음(피상속인의 사망)을 안 날로부터 3개월 내에 상속의 효과를 거부하지 않는다는 의사표시를 하거나, 이 기간 내에 상속의 한정승인 또는 상속포기 신청을 하지 않으면 상속을 「단순승인」한 것으로 됩니다.

또한 민법 제1026조에서는 상속인이 상속재산을 처분한 경우와 한정승인 또는 상속포기를 한 이후라도 재산을 은닉·부정소비·고의로 재산 목록에서 빠뜨린 경우 단순승인한 것으로 간주하는 규정을 두고 있습니다. [73)]

---

73) 다만, 선순위 상속인이 상속포기를 하여 다음 순위 상속인이 상속을 승인한 때에는 상속을 포기한 상속인이 상속재산을 부정소비 하여도 상속을 승인한 것으로 되지는 않습니다(민법 제1027조).

상속의 단순승인을 한 때에는 상속인은 아무런 제한 없이 피상속인의 권리와 의무를 승계하게 되어(민법 제1025조), 피상속인 재산의 소유권을 취득하며 피상속인의 채무를 변제하여야 합니다.

### 상속의 한정승인(限定承認)

상속의 「한정승인」이란 상속으로 취득하게 되는 재산의 한도에서 피상속인의 채무와 유증을 변제하는 것을 조건으로 상속을 승인하는 것을 말합니다.

이러한 한정승인은 상속개시 있음을 안 날로부터 3개월 내에 상속개시지의 가정법원에 상속재산목록을 첨부한 상속한정승인심판청구서를 제출하는 것으로 시작되며(가사소송법 제36조 제3항 및 가사소송규칙 제75조 제1항), 청구를 접수한 가정법원은 상속재산이 없거나 상속재산이 채무의 변제에 부족하더라도 상속채무 전부에 대해 이행판결을 하게 되는데, 다만 주문에서 상속재산의 한도에서만 강제집행을 할 수 있다는 취지를 명시하여, 그 내용이 기재된 심판서를 작성합니다(가사소송규칙 제75조 제3항).

### 한정승인의 효과

한정승인신고가 있더라도 피상속인의 채무는 여전히 유효합니다. 따라서 상속인이 임의로 변제를 하게 되면, 그 변제 역시 유효한 것이 됩니다. 다만 법원의 심판결정으로 상속인은 피상속인으로부터 물려받은 재산의 한도에서 피상속인의 채무와 유증을 변제할 의무만을 지게 됩니다

(민법 제1028조).

## 특별한정승인(特別限定承認)

상속인이 상속개시가 있음을 안 날로부터 3개월 이내에 중대한 과실[74] 없이 상속채무가 상속재산을 초과하는 사실을 알지 못하고 단순승인을 한 경우, 상속인이 상속채무가 상속재산을 초과한다는 사실을 안 날부터 3개월 내에 한정승인을 신청할 수 있도록 하고 있는데, 이를 「특별한정승인」이라 합니다(민법 제1019조 제3항).

특별한정승인을 하는 경우 상속재산 중 이미 처분한 재산이 있는 때에는 그 목록과 가액을 함께 제출하여야 하고(민법 제1030조 제2항), 상속인은 상속재산 중에서 남아있는 상속재산과 이미 처분한 재산의 가액을 합한 금액에서 피상속인의 채무를 변제합니다. 다만, 한정승인을 하기 전에 상속채권자나 유증 받은 사람에게 변제한 가액은 처분한 재산의 가액에서 제외됩니다(민법 제1034조 제2항).

## 공동상속인의 한정승인

상속인이 여러 명인 공동상속의 경우, 각 상속인은 자신의 상속분에 따라 취득한 재산의 한도에서 그 상속분에 의한 피상속인의 채무와 유증을 변제할 것을 조건으로 한정승인을 할 수 있습니다(민법 제1029조).

---

74) '중대한 과실'이란 상속인이 조금만 주의를 하였다면 알 수 있었음에도 이를 게을리 함으로써 그러한 사실을 알지 못한 것을 말합니다(대법원 2010. 6. 10. 선고 2010다7904 판결).

# 상속한정승인심판청구서

청구인(상속인)　　박 ● ●(주민등록번호)

　　　　　　　　　(주소)　　　　　　　　　(연락처)

　　　　　　　　　이 ● ●(주민등록번호)

　　　　　　　　　(주소)　　　　　　　　　(연락처)

사건본인(피상속인) 이 ◎ ◎(주민등록번호)

　　　　　　　　　사망일자 : 20○○. ○. ○.

　　　　　　　　　등록기준지 : ▲▲도 ▲▲시 ○○길 ○○

　　　　　　　　　최후주소 : ▲▲시 ▲▲구 ○○길 ○○

## 청 구 취 지

청구인들이 피상속인 망 이◎◎의 재산상속을 함에 있어 별지 상속재산
목록을 첨부하여 한 한정승인신고는 이를 수락한다.

라는 심판을 구합니다.

## 청 구 원 인

**(상속재산이 채무에 미치지 못하여 피상속인의 채무 전부를 변제할 수 없
음에 대해 설명합니다)**

## 첨 부 서 류

1. 가족관계증명서(청구인)　　　　　각 1부
2. 주민등록등본(청구인)　　　　　　각 1부

3. 인감증명서(청구인)                    각 1부

   (※청구인이 미성년자인 경우 법정대리인 부모의 인감증명서)

4. 기본증명서(사건본인)                    1부

5. 가족관계증명서 또는 제적등본(사건본인)        1부

6. 말소된 주민등록초본(사건본인)               1부

7. 상속재산목록                    (신청인수 +1)부


               20○○. ○. ○.

          청구인   박 ● ●(인감도장)

                이 ● ●(인감도장)


■ ■ 가정법원 귀중

# 10. 상속도 포기할 수 있나요?

상속인이 피상속인의 상속재산을 조사하였더니 물려받을 재신은 없고 채무만 있는 경우 아무런 조치를 취하지 않고 3개월이 지나게 되면, 상속을 단순 승인한 것이 되어 피상속인의 채무가 상속인에게 이전되며 상속인이 채무를 떠안게 됩니다. 상속인이 이러한 피해를 입지 않으려면 상속개시 있음을 안 날로부터 3개월의 기간 내에 상속을 포기하여 상속으로 인한 피상속인의 채무로부터 벗어날 필요가 있습니다.

## 상속포기의 방식

상속인이 상속을 포기하기 위해서는 상속개시 있음을 안 날로부터 3개월 이내에 상속개시지의 가정법원에 상속포기 신고를 하여야 합니다(민법 제1041조, 제1019조 제1항).

상속포기의 신고를 하기 위해서는 일정사항을 기재한 상속재산포기심판청구서를 제출해야 합니다(가사소송법 제36조 제3항 및 가사소송규칙 제75조 제1항).

## 상속포기의 효과

상속을 포기하면 상속개시로 인하여 상속인의 지위에 있었던 사람은 상속에 따른 승계를 거부한 것으로서 처음부터 상속인이 아니었던 효과가 생깁니다(민법 제1042조).

그렇지만 선순위 상속인이 상속을 포기한다고 하여 상속관계가 종결되는 것은 아니며, 선순위 상속인 중 일부가 상속을 포기하면, 그 상속분은 다른 상속인에게 상속비율에 따라 귀속됩니다(민법 제1043조).[75]

만약 선순위 상속인 전원이 상속을 포기하면 다음 순위 상속인에게 상속되고, 다음 순위 상속인도 다시 상속을 포기하면, 그 다음 순위 상속인에게 상속됩니다. 그리하여 가족이 많을 때에는 수십 명의 상속인이 순차적으로 상속을 포기하는 사례도 자주 발생합니다.[76]

## 미성년자의 상속포기와 한정승인

미성년자가 한정승인하는 경우에는 이해상반행위로 보지 않으므로 특별대리인을 선임할 필요 없이 법정대리인이 대리로 신고하면 됩니다. 그러나 미성년자가 상속포기를 하는 경우에는 원칙적으로 이해상반행위로 보기 때문에 특별대리인을 선임해야 됩니다.[77] 다만 미성년자와 그 법정대리인을 포함하여 공동상속인 전원이 함께 상속포기를 하는 경우에는

---

75) 공동상속인 중에서 일부는 상속 포기를 하고 일부는 한정승인을 하는 것도 가능합니다.

76) 실무에서는 상속문제가 후순위 상속인에게까지 가지 않도록 하기 위하여, 선순위 상속인 중 1명이 한정승인을 하고, 나머지 상속인은 상속포기를 하는 경우가 많습니다.

77) 미성년자와 법정대리인 사이에 이해상반되는 행위는 특별대리인이 대리해야만 하며, 특별대리인의 선임은 법원에 청구해야 합니다(민법 921조).

예외입니다(상속포기의 신고에 관한 예규 2조 2항 단서). 그리고 법정대리인은 단순승인 또는 한정승인을 하면서 미성년자만 상속포기를 하거나, 여러 명의 미성년자 중 일부만 상속포기할 경우에는 미성년자를 위한 특별대리인 선임을 해야 됩니다.

성인인 상속인 중에 성년후견제도에 의해 후견인이 선임되어 있는 경우에도 미성년 상속인과 같은 원리로 동일하게 적용됩니다.

[상속재산포기심판청구서 예시]

## 상속재산포기심판청구서

청구인(상속인)    박 ● ●(주민등록번호)

(주소)                     (연락처)

이 ● ●(주민등록번호)

(주소)                     (연락처)

사건본인(피상속인) 이 ◎ ◎(주민등록번호)

사망일자 : 200○. ○. ○.

등록기준지 : ▲▲도 ▲▲시 ○○길 ○○

최후주소 : ▲▲시 ▲▲구 ○○길 ○○

### 청 구 취 지

청구인들이 피상속인 망 이◎◎의 재산상속을 포기하는 신고는 이를 수락한다.

라는 심판을 구합니다.


### 청 구 원 인

청구인들은 피상속인 망 이◎◎의 재산상속인으로서 20○○. ○. ○. 상
속개시가 있음을 알았는바, 민법 제1019조에 따라 재산상속을 포기하고
자 이 심판청구에 이른 것입니다.


### 첨 부 서 류

1. 가족관계증명서(청구인)                각 1부
2. 주민등록등본(청구인)                  각 1부
3. 인감증명서(청구인)                    각 1부
   (※청구인이 미성년자인 경우 법정대리인 부모의 인감증명서)
4. 기본증명서(사건본인)                  1부
5. 가족관계증명서 또는 제적등본(사건본인)   1부
6. 말소된 주민등록초본(사건본인)           1부


20○○. ○. ○.
청구인  박 ● ●(인감도장)
이 ● ●(인감도장)


■ ■ 가정법원 귀중

# 11. 상속회복청구를 하고 싶어요

민법 제999조 제1항은 '상속권이 참칭상속권자[78]로 인하여 침해된 경우 상속권자 또는 그 법정대리인은 「상속회복청구권(相續回復請求權)」을 갖는다.'고 규정하고 있습니다.

민법 제999조 제2항에서 상속회복청구권은 '그 침해를 안 날부터 3년, 상속권의 침해행위가 있은 날부터 10년을 경과하면 소멸된다.'고 규정하고 있는데, 이 기간은 제척기간으로서 대법원은 반드시 이 기간 내에 소를 제기하여야 하는 제소기간으로 보고 있습니다.

### 청구권자

상속회복을 청구할 수 있는 자는 진정한 상속인과 법정대리인이며, 포괄적 유증을 받은 자도 청구할 수 있습니다.

### 상대방

상속회복청구의 상대방은 '참칭(僭稱)상속권자 또는 참칭상속인'인데,

---

78) '참칭상속권자 또는 참칭상속인'이란 스스로 상속인이라고 하면서 상속재산의 전부나 일부를 점유하는 사람을 말하는데, 법률상 상속인이 아니면서 고의로 상속재산을 점유하거나 상속결격자가 상속을 받은 경우에 해당합니다.

대법원은 '상속권이 없음에도 재산상속인인 것을 신뢰케 하는 외관을 갖추고 있는 자나, 상속인이라고 참칭하여 상속재산의 전부 또는 일부를 점유하는 자를 가리키는 것으로서, 공동상속인의 한 사람이 다른 상속인의 상속권을 부정하고 자기만이 상속권이 있다고 참칭하여, 상속재산인 부동산에 관하여 단독 명의로 소유권이전등기를 하는 경우도 여기에 해당한다(대법원 2012. 5. 24. 선고 2010다33392 판결).'라고 판시하고 있습니다.

따라서 공동상속인, 상속결격자, 후순위 상속인, 무효혼인의 배우자, 허위 기재로 가족관계등록부에 직계비속으로 등재된 사람, 무단으로 상속재산을 점유하고 있는 사람 등이 상속회복청구의 상대방이 될 수 있으며, 이러한 참칭상속인으로부터 상속재산을 취득한 사람[79]도 상대방이 됩니다.

### 상속회복청구 판결의 효과

상속회복청구의 재판상 청구는 상속회복을 위한 이행청구를 구하는 것으로서 민사소송절차에 따르게 되는데, 피상속인의 주소지 관할법원에 제기합니다. 재판의 결과 원고(청구권자. 진정상속인) 승소판결이 확정되면, 피고(참칭상속인)는 진정상속인에게 상속재산을 반환하여야 합니다.

---

79) 대법원 2014. 1. 23. 선고 2013다68948 판결

# 12. 유류분(遺留分)제도라는 것이 무엇인가요?

사유재산제도를 채택하고 있는 나라에서는 자기 재산을 생전에는 물론 유언에 의해 사후에도 처분할 수 있는 자유 또한 당연히 있습니다, 그러나 유언에 의한 재산 처분의 자유를 무한정 허용하면, 그로 인해 유족들의 생계가 곤란해지는 경우가 발생할 우려가 있어서, 한편으로는 유언에 의한 재산 처분의 자유를 인정하면서도, 다른 한편으로는 유족의 보호를 위해 자유를 일정한 범위까지는 제한하고 있습니다.

우리 민법은 제정 시에는 이러한 자유의 제한을 두지 않았다가, 1977년 민법 개정에 의해 법정 상속분의 2분의 1 내지 3분의 1의 범위는 유언으로도 배제하지 못하는 제도, 곧 '유족을 위해 남겨두어야 하는 재산의 몫'인「유류분(遺留分)」제도를 도입하여 오늘에 이르고 있습니다.[80]

### 유류분 권리자와 법정 유류분율(민법 제1112조)

유류분을 갖는 사람은 상속순위에 따른 상속인들이며, 피상속인의 배우자는 1순위 또는 2순위 상속인과 공동으로 유류분 권리를 가집니다.

---

80) 다만, 최근 유류분제도가 유언의 자유 및 피상속인의 재산처분권, 유류분을 반환하게 되는 증여받은 재산을 이미 처분한 상속인의 재산권을 침해할 가능성이 높다는 이유로 위헌법률심판 제청이 각급 법원에서 헌법재판소에 제청되고 있는바, 제도의 개선이 필요하다 할 것입니다.

태아 및 대습상속인도 유류분권이 있으며, 상속을 포기한 자는 상속인이
아니므로 유류분반환청구권을 갖지 못합니다.

| 유류분 권리자 | 유류분율 |
|---|---|
| 피상속인의 직계비속 | 법정상속분 × 1/2 |
| 피상속인의 배우자 | 법정상속분 × 1/2 |
| 피상속인의 직계존속 | 법정상속분 × 1/3 |
| 피상속인의 형제자매[81] | 법정상속분 × 1/3 |

## 유류분의 산정

### ① 기초재산

유류분은 피상속인이 상속개시 시에 있어서 가진 재산의 가액에 증여
재산의 가액을 가산하고 채무의 전액을 공제하여 이를 산정합니다(민법
제1113조 제1항).

이때 산입되는 증여는 상속개시전의 1년 간에 행한 것에 한하여 그 가
액을 산정하는데, 당사자 쌍방이 유류분권리자에 손해를 가할 것을 알고
증여를 한 때에는 1년 전에 한 것이라도 그 가액을 산정합니다(민법 제
1114조).

---

81) 2021. 11. 9.자로 형제자매를 유류분권리자에서 제외하는 민법 개정안이 입법예고 되었습니다.

## ② 유류분액의 기준시점과 계산방법

대법원 판례는 '유류분반환의 범위는 상속개시 당시 피상속인의 순재산과 문제 된 증여재산을 합한 재산을 평가하여, 그 재산액에 유류분청구권자의 유류분비율을 곱하여 얻은 유류분액을 기준으로 산정하는데, 증여받은 재산의 시가는 상속개시 당시를 기준으로 하여 산정하여야 한다(대법원 2015. 11. 12. 선고 2010다104768 판결).'라고 판시하였고, '다만 원물반환이 불가능하여 가액반환을 명하는 경우는 사실심 변론종결시를 기준으로 산정한다(대법원 2015. 5. 14. 선고 2012다21720 판결).'라고 판시하여 그 시점을 밝히고 있습니다.

따라서 유류분액은 상속개시 당시 기준으로 다음의 계산식으로 계산합니다.

> **계산식 :**
>
> **(상속 적극재산액 + 증여액 - 상속 채무액) × 유류분 비율 - 특별수익액**

### 유류분 반환청구

유류분 권리자는 피상속인의 증여 및 유증으로 인하여 자신의 유류분액에 부족하게 된 한도에서 자신의 유류분액을 침해하여 증여 또는 유증을 받은 사람을 상대로 재산의 반환을 청구할 수 있습니다.

반환의 순서는 유증을 받은 자로부터 먼저 반환을 받고 난 후 증여를 받은 자에게서 반환 받습니다. 증여를 받은 사람이 여러 명인 경우에는 각자 증여받은 가액에 비례하여 반환해야 합니다(민법 제1115조 제2항, 제1116조).

반환청구는 재판상 또는 재판 외의 방법으로 할 수 있으며, 재판상 방법으로 하는 경우에는 민사소송 절차에 의하는데, 이러한 유류분반환청구권은 유류분권리자가 상속의 개시와 반환하여야 할 증여 또는 유증을 한 사실을 안 때로부터 1년 내에 하지 아니하면 시효에 의하여 소멸하며, 상속이 개시한 때로부터 10년을 경과한 때에도 시효로 소멸합니다(민법 제1117조).

# 13. 유언대용신탁에 대해 알려 주세요

「유언대용신탁」은 개정 신탁법(2011. 7. 25. 전부개정, 2012. 7. 26. 시행) 제59조에 규정되면서 새로 도입이 된 제도로,[82] 신탁을 설정하는 자(위탁자)가 생전에 자신의 의사표시로 신탁계약을 체결한 뒤 생전에는 위탁자가 수익자로서 수익을 누리다가, 위탁자가 사망한 때에 자신이 지정한 수익자에게 수익권을 귀속시키거나 신탁이익을 취득할 수 있는 수익권을 부여하는 형태의 신탁을 말합니다.

### 신탁법 제59조

개정 신탁법 제59조는 유언대용신탁에 대해서 다음과 같이 규정하고 있습니다.

> **제59조(유언대용신탁)**
>
> ① 다음 각 호의 어느 하나에 해당하는 신탁의 경우에는 위탁자가 수익

---

82) 「신탁(信託)」이란 '신탁을 설정하는 자(위탁자)가 신탁을 인수받는 자(수탁자)에게 특정의 재산을 이전하거나 담보권의 설정 또는 그 밖의 처분을 하고 수탁자로 하여금 위탁자가 지정한 자(수익자)의 이익이나 특정 목적을 위하여 그 재산을 관리·처분·운용·개발·그 외 신탁 목적의 달성을 위하여 필요한 행위를 하게 하는 것'을 말합니다(신탁법 제2조).

자를 변경할 권리를 갖는다. 다만, 신탁행위로 달리 정한 경우에는 그에 따른다.

1. 수익자가 될 자로 지정된 자가 위탁자의 사망 시에 수익권을 취득하는 신탁

2. 수익자가 위탁자의 사망 이후에 신탁재산에 기한 급부를 받는 신탁

② 제1항제2호의 수익자는 위탁자가 사망할 때까지 수익자로서의 권리를 행사하지 못한다. 다만, 신탁행위로 달리 정한 경우에는 그에 따른다.

구 신탁법에서도 유언으로 신탁을 설정할 수 있는 「유언신탁제도」가 있었는데, 이는 위탁자의 유언으로 신탁이 설정되는 것으로서 유언의 방식에 따라야 하며 위탁자가 사망한 이후에 유언의 효력으로 행해지는 신탁입니다. 그에 반해 유언대용신탁은 유언의 방식에 따를 필요 없이 신탁계약 또는 신탁선언으로 신탁이 설정되며, 위탁자의 생전에 이미 효력이 발생하고 있는 생전신탁이라는 점에서 유언신탁과 차이가 있습니다.

## 유언대용신탁의 특징

### ① 신탁재산의 독립

유언대용신탁도 일반 신탁과 마찬가지로 위탁자가 신탁한 신탁재산은 독립성을 가집니다. 따라서 신탁재산에 대하여는 강제집행, 담보권 실행 등을 위한 경매, 보전처분 또는 국세 등 체납처분을 할 수 없으며(신탁법 제22조), 수탁자가 사망하거나 회생·파산한 경우 수탁자의 상속재산 내

지 회생·파산재단에 포함되지 아니합니다(신탁법 제23조, 제24조).

### ② 상속인 보호

위탁자가 질병 등으로 나이 어린 자녀가 홀로 남겨질 거라 예상되는 경우, 자녀가 미성년자이거나 낭비벽이 심하거나 정신지체 등의 장애가 있는 경우 생활능력·재산관리능력이 부족한 상속인을 보호하는 역할을 하게 됩니다.

### ③ 자유로운 설계

유언대용신탁은 신탁계약에 의해 생전에 위탁자가 자유롭게 그 방식에 관하여 설계할 수 있습니다. 따라서 생전에는 위탁자가 원하는 방법으로 신탁재산을 운용하고 사망한 이후에는 신탁재산의 수익자·수익의 귀속시기 등을 자유롭게 설계하여 위탁자의 재산처분의 자유를 충족하는 역할을 하게 됩니다.

### 실무상 유언대용신탁계약의 일반적인 방식

실무에서는 은행 등 신탁회사와 신탁계약을 체결하는 방식으로 유언대용신탁이 활용되고 있습니다. 이 경우 신탁계약은 지급방식·조건 등을 정하는 계약(유언대용신탁)과 신탁된 재산별 운용에 대한 내용을 정하는 계약(개별신탁계약)으로 이중계약을 체결하게 됩니다.

유언대용신탁계약을 통하여 위탁자는 생전에는 본인 또는 다른 수익자가 수익을 얻다가, 위탁자 사후에는 위탁자가 지정하는 수익자에게 수익을 지급하는 식으로 지급방식조건을 정하게 됩니다. 개별신탁계약은 신탁재산을 운용하기 위하여 신탁 재산별로 개별적인 계약을 추가로 체결하는 것을 말합니다.

이러한 두 계약의 관계는 유언대용신탁에서 정하게 되는데, 일반적으로 개별신탁은 유언대용신탁 내용에 포함되며, 만약 모순이 있는 경우 유언대용신탁을 우선 적용하여 전체 계약 내용이 위탁자의 뜻대로 이뤄지도록 하고 있습니다.

## 유류분 제도와의 관계

유언대용신탁은 위탁자가 생전에 자유롭게 설계하여 계약을 체결함으로서 재산처분의 자유를 충족하지만, 피상속인의 재산 중 일정비율을 상속인에게 보장하도록 하는 유류분 제도와의 충돌이 발생할 수 있습니다. 이와 관련하여서는 다양한 학설과 해석이 있는 상황이나, 현재까지 대법원 판례는 없는 상황입니다.

다만 최근 수원지방법원 성남지원(1심), 수원고등법원(2심) 판결에서 유언대용신탁재산을 제3자에게 증여된 재산으로 판단한 뒤, 「제3자에 대한 증여는 상속개시 전 1년간 이루어진 증여만 유류분 반환대상이 되는 만큼, 상속개시 1년 전에 이루어진 유언대용신탁계약 및 그에 따라 소유권이 이전된 재산은 유류분 산정의 기초재산에 산입되는 증여가 아니다」

라고 판시한 바 있습니다. [83)]

### 전문가 도움의 필요성

이처럼 유언대용신탁은 신탁법 및 민법의 상속과 관련한 규정 등 법률적으로 살펴야 할 부분이 많고, 은행 등 금융기관을 통하는 경우가 대부분이므로 변호사와 같은 법률전문가와 금융기관의 금융전문가의 도움을 받는 것이 필요합니다.

변호사는 위탁자의 자산상황을 확인하여 상속에 대한 의도 등을 고려하여, 신탁계약서의 작성·검토와 상속과정에서 발생할 수 있는 법적 분쟁에 대한 문제 등의 법률자문을 통하여 위탁자에게 도움을 제공하게 됩니다.

---

83) 이 사건은 항소심에서 확정이 되어 대법원 판례가 만들어지지 않아서 유언대용신탁과 유류분의 관계에 대해 여전히 논란이 되고 있습니다.

# 14. 상속인이 없는 경우 유산은 어떻게 처리되나요?

상속인이 있는지 여부가 불분명한 경우 상속재산에 대한 처리를 위해서 피상속인의 친족,[84] 그 밖의 이해관계인[85]이 가정법원에 상속재산관리인의 선임을 청구하는 것으로 재산분여 절차가 시작됩니다. 상속인이 없는 경우의 재산분여절차는 아래의 표와 같습니다.

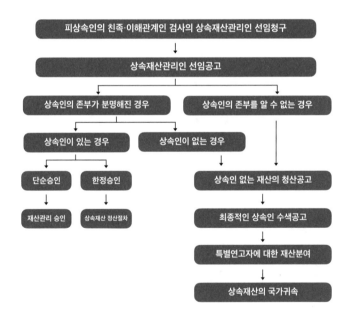

---

84) 8촌 이내의 혈족, 4촌 이내의 인척 및 배우자를 말합니다.

85) 상속재산을 관리·정산함에 있어서 법률상 이해관계를 가지는 사람이나, 상속채권자, 유증 받은 사람을 말합니다.

## 상속재산관리인의 선임 및 선임공고와 상속재산관리

상속재산관리인의 선임청구가 있으면, 가정법원은 즉시 관리인을 선임하고 지체 없이 공고해야 합니다. 가정법원이 선임한 재산관리인은 관리할 재산목록을 작성하여 제출합니다. 가정법원은 선임한 재산관리인이 상속재산을 보존하기 위하여 필요한 처분을 명할 수 있습니다.

## 상속인이 있는 경우

상속재산관리인의 임무는 상속인의 존재가 분명해지고, 그 상속인이 상속의 승인을 한 때에 종료하게 됩니다(민법 제1055조 제1항).

## 상속인이 없거나 그 존부(存否)를 알 수 없는 경우

상속재산관리인의 선임공고가 있은 날부터 3개월 내에 상속인의 존부를 알 수 없는 때에는 관리인은 다음의 순서에 의해 상속재산을 처리해야 합니다.

### ① 청산의 공고

상속인의 존부를 알 수 없는 경우 관리인은 지체 없이 일반상속채권자와 유증 받은 사람에 대하여 2개월 이상의 기간을 정하여, 채권 또는 수증을 신고할 것을 공고합니다. 이러한 채권 신고의 공고에는 기간 내에 신고하지 않으면 청산에서 제외될 것을 표시해야 하며, 공고의 방법은 법원의 등기사항의 공고와 동일한 방법으로 하게 됩니다.

상속재산관리인은 공고기간 만료 후, 그 기간 내에 신고한 채권자와 관리인이 알고 있는 채권자에 대하여 상속재산을 각 채권액의 비율로 변제합니다. 아직 변제기에 이르지 않은 채권에 대해서도 각 채권액의 비율로 변제를 하며, 상속채권자에 대한 변제를 완료한 이후 유증 받은 사람에게 변제를 합니다.

상속재산관리인은 기간 내에 신고하지 않은 채권자 및 알지 못했던 유증 받은 사람에 대해서는 남은 상속재산이 있는 경우에 한해서 변제를 하게 되는데, 상속재산에 대해 특별담보권이 있는 경우에는 그렇지 않습니다.

② 상속인 수색의 공고

청산을 위한 신고 기간이 경과하여도 상속인의 존부를 알 수 없는 경우, 가정법원은 관리인의 청구에 의해, 상속인이 있으면 1년 이상의 기간을 정하여 그 기간 내에 권리를 주장할 것을 공고합니다(민법 제1057조).

③ 특별연고자에 대한 재산분여심판

상속인 수색공고 기간 내에 상속권을 주장하는 사람이 없고 특별연고자가 있는 경우, 특별연고자는 상속인 수색공고의 기간 만료 후 2개월 이내에 상속재산분여를 청구할 수 있습니다.

특별연고자란 피상속인이 사망할 당시에 특별한 연고가 있는 사람을 말하는데, ㉮ 생계를 같이 하고 있던 사람 ㉯ 피상속인을 요양 간호한 사람 ㉰ 피상속인이 의뢰하여 피상속인과 그 선조의 제사를 봉행할 사람 ㉱

유산을 관리하던 사람 ⑭ 사실혼 관계에 있던 사람이 특별연고자에 해당합니다.

### ④ 상속재산의 국가귀속

특별연고자에게 분여되지 않은 재산은 국가에 귀속되게 됩니다(민법 제1058조 제1항). 이와 같이 국가에 귀속되는 경우에는 상속재산으로 변제를 받지 못한 상속채권자나 유증을 받은 사람이 있더라도 국가에 대해 그 변제를 청구하지 못합니다(민법 제1059조).

# 15. 상속등기는 어떻게 하나요?

우리 민법은 부동산의 경우 법률행위에 의한 소유권 등의 물권변동은 등기를 요하고 있습니다. 그렇지만 상속의 경우에는 상속 개시로 인하여 포괄적으로 권리의무를 승계하는 것으로 등기를 요하지 않습니다. 다만 처분하기 위해서는 등기를 요하도록 하고 있습니다(민법 제187조, 제1005조).

## 상속등기

상속을 원인으로 부동산 등기를 하는 경우에는 등기의무자가 존재하지 아니하기 때문에 등기권리자인 상속인이 신청서에 상속을 증명하는 정보를 첨부하여 단독으로 신청하게 됩니다(부동산등기법 제23조 제3항, 제24조).[86] 이 경우 상속인이 여러 명이라면 각자의 상속지분을 기재하여 소유권이전 등기를 신청하며(부동산등기법 제48조 제4항), 상속인 중 한 사람이 나머지 상속인의 상속등기까지 신청할 수 있습니다(등기선례 제1-314호).

---

86) 유증(遺贈)의 경우에는 유언으로 증여를 받는 사람은 단독으로 등기를 신청할 수 없고, 상속인 내지 유언집행자와 증여를 받는 사람이 공동으로 신청하여야 합니다(대법원 등기예규 제1512호).

## 등기신청 방법

### ① 등기관할

부동산 등기사무는 그 부동산의 소재지를 관할하는 지방법원, 그 지원 또는 등기소가 담당을 합니다.

### ② 신청방법

신청인, 대리인(변호사, 법무사, 등기규칙에서 정하는 그 소속 사무원 포함)이 아래의 신청정보 및 첨부정보를 기재한 서면을 등기관할이 있는 곳에 제출하여 신청을 합니다.

| 신청정보<br>(부동산<br>등기규칙<br>제43조<br>제1항) | 1. 부동산의 표시에 관한 사항<br>2. 신청인의 성명(또는 명칭), 주소(또는 사무소 소재지) 및 주민등록번호<br>  (또는 부동산등기용등록번호)<br>3. 신청인이 법인인 경우에는 그 대표자의 성명과 주소<br>4. 대리인에 의하여 등기를 신청하는 경우에는 그 성명과 주소<br>5. 등기원인과 그 연월일<br>6. 등기의 목적<br>7. 등기필정보. 다만, 공동신청 또는 승소한 등기의무자의 단독신청에 의<br>  하여 권리에 관한 등기를 신청하는 경우로 한정한다.<br>8. 등기소의 표시<br>9. 신청연월일 |
|---|---|
| 첨부정보<br>(부동산<br>등기규칙<br>제46조<br>제1항) | 1. 등기원인을 증명하는 정보<br>2. 등기원인에 대하여 제3자의 허가, 동의 또는 승낙이 필요한 경우에는<br>  이를 증명하는 정보<br>3. 등기상 이해관계 있는 제3자의 승낙이 필요한 경우에는 이를 증명하는<br>  정보 또는 이에 대항할 수 있는 재판이 있음을 증명하는 정보<br>4. 신청인이 법인인 경우에는 그 대표자의 자격을 증명하는 정보<br>5. 대리인에 의하여 등기를 신청하는 경우에는 그 권한을 증명하는 정보 |

6. 등기권리자(새로 등기명의인이 되는 경우로 한정한다)의 주소(또는 사무소 소재지) 및 주민등록번호(또는 부동산등기용등록번호)를 증명하는 정보. 다만, 소유권이전등기를 신청하는 경우에는 등기의무자의 주소(또는 사무소 소재지)를 증명하는 정보도 제공하여야 한다.
7. 소유권이전등기를 신청하는 경우에는 토지대장·임야대장·건축물대장 정보나 그밖에 부동산의 표시를 증명하는 정보

### ③ 비용 등

부동산의 소유권이전등기와 관련하여서는 취득세 및 지방교육세, 인지 및 등기신청수수료를 납부하여야 하고, 국민주택채권을 매입하여야 합니다.

### ④ 부동산 매매계약 체결 후 당사자의 사망

부동산 매매계약을 체결한 후에 등기권리자(매수인) 또는 등기의무자(매도인)가 사망하였다면, 그 상속인이 매매계약에 따른 부동산이전등기를 신청할 수 있습니다.

# 16. 상속세는 얼마나 납부해야 하나요?

「상속세(相續稅)」란 상속·유증(遺贈)·사인증여(死因贈與)[87]에 따른 취득재산에 부과하여 징수되는 조세로서, 우리나라는 피상속인의 유산 전체를 과세대상으로 하는 재산세적 성격의 유산세방식(遺産稅方式)을 취하고 있습니다. 이러한 상속세의 계산은 아래의 순서에 의해 계산이 됩니다.

### 상속재산가액(상속세 및 증여세법 제2조 제3호)

상속재산이란 피상속인에게 귀속되는 모든 재산을 말하는데, 금전으로 환산할 수 있는 경제적 가치가 있는 모든 물건과 재산적 가치가 있는 법률상 또는 사실상 모든 권리가 포함됩니다. 다만 일신(一身)에 전속(專屬)하는 권리로서 피상속인의 사망으로 인하여 소멸되는 것은 제외합니다.

### 상속세 과세가액(상속세 및 증여세법 제13조 내지 제17조)

상속세 과세가액이란 상속재산의 가액에서 공과금, 장례비용 및 채무를 차감한 후 사전증여금액과 상속추정재산 가액을 가산한 금액을 말합

---

87) 증여자의 사망으로 인하여 그 효력이 발생하는, 일종의 정지 조건부 증여

니다. 다만 상속재산에서 차감할 공과금, 장례비용 및 채무가 상속재산의 가액을 초과하는 경우에는 상속재산의 가액을 상속세 과세가액으로 간주합니다.

### 상속세 과세표준(상속세 및 증여세법 제18조 내지 제25조)

상속세 과세표준이란 상속세 과세가액에서 상속공제액, 감정평가수수료 및 재해손실가액을 차감한 금액을 말합니다.

여기서 공제되는 상속공제에는 기초공제(2억원, 가업·영농상속의 경우 추가로 공제됩니다), 배우자 상속공제, 그 밖의 인적공제(자녀, 미성년자, 60세 이상, 장애인), 금융재산상속공제, 재해손실공제, 동거주택상속공제 등이 있습니다. 다만 기초공제와 인적공제의 개별합산 대신에 일괄적으로 5억원의 공제를 선택할 수도 있으며, 이들 공제내역을 합산하여 공제적용 종합한도 내의 금액만 공제가 됩니다.

### 상속세 산출세액(상속세 및 증여세법 제26조)

상속세 산출세액은 상속세 과세표준별로 아래 세율을 적용하여 계산합니다.

| 과세표준 | 세율 |
|---|---|
| 1억원 이하 | 과세표준의 10% |
| 1억원 초과 5억원 이하 | 1천만원 + (1억원 초과 금액의 20%) |
| 5억원 초과 10억원 이하 | 9천만원 + (5억원 초과 금액의 30%) |
| 10억원 초과 30억원 이하 | 2억4천만원 + (10억원 초과 금액의 40%) |
| 30억원 초과 | 10억4천만원 + (30억원 초과 금액의 50%) |

### 자진납부할 상속세액(상속세 및 증여세법 제27조에서 제30조, 제69조에서 제73조)

위 산출된 세액에 세대생략 할증세액을 가산한 뒤, 세액공제(문화재자료 징수유예, 증여세액공제, 외국납부세액공제, 단기재산상속세액공제, 신고세액공제)와 연부연납,[88] 물납세액[89]을 공제하면 자진납부할 상속세액이 결정됩니다.

※ (출처) 국세청 홈페이지(www.nts.go.kr) - 국세신고안내 - 상속세 - 세액계산흐름도

---

88) 납세의무자가 세금의 일부를 법정 신고 기한이 경과한 후에 장기간에 걸쳐 나누어 납부하는 방법으로, 납세자금을 준비할 수 있는 시간을 주기 위하여 실시합니다.

89) 물납제도는 현금 대신 주식이나 부동산, 채권 등 재산으로 조세채무를 이행할 수 있도록 한 제도로, 상속세와 재산세에서 납세자가 현금을 보유하고 있지 않거나 조달이 불가능해 현금으로 납부하기가 곤란하다고 인정되는 경우에 부동, 유가증권, 토지개발채권 등 특정재산으로 납부할 수 있습니다.

# 17. 상속세의 신고와 납부는 어떻게 하나요?

　'상속세'란 피상속인의 사망으로 가족이나 친족 등에 무상으로 이전되는 재산에 대하여 취득자(상속인)에게 과세되는 세금을 말합니다. 상속 금액이 많지 않은 경우 상속인의 생활안정 및 기초생활 유지를 위해 '상속공제 제도'를 시행하고 있어 상속세를 납부하지 않아도 되나, 상속세 납부의무가 있는 상속인은 신고기한까지 상속세를 신고·납부해야 합니다.

## 상속세 신고서의 제출

　상속세 신고서는 피상속인의 주소지를 관할하는 세무서에 제출해야 하며, 다만, 상속개시지가 국외인 경우에는 국내에 있는 주된 상속재산의 소재지를 관할하는 세무서에 제출합니다.

　실종선고 등으로 피상속인의 주소지가 불분명한 경우에는 주된 상속인의 주소지를 관할하는 세무서에 제출해야 합니다.

## 상속세의 신고기간

　상속세 납부의무가 있는 자는 상속세 신고서를 상속개시일(사망일)이 속하는 달의 말일부터 6개월 이내에 관할세무서에 제출해야 합니다. 상속개시일이 속하는 달의 말일부터 6개월이 되는 날이 공휴일·토요

일·근로자의 날에 해당되면 그 공휴일 등의 다음날까지 신고·납부하면 됩니다. [90]

【예시1】상속개시일이 2021년 3월 10일인 경우 ➜ 신고기한은 2021년 9월 30일

【예시2】상속개시일이 2021년 1월 10일인 경우 ➜ 신고기한은 2021년 7월 31일(해당일이 토요일인 경우) 최종 신고기한은 2021년 8월 2일(월요일)

### 상속세의 전자신고

홈택스(www.hometax.go.kr)를 통해 상속세 전자신고를 할 수 있습니다. 상속세 기한 내 신고뿐만 아니라, 기한 후 신고 및 수정신고도 전자신고가 가능합니다.

> 홈택스를 통한 상속세 전자신고 : 홈택스 → 신고/납부 → 세금신고 → 상속세

---

90) 피상속인이나 상속인 전원이 비거주자인 경우에는 상속개시일이 속하는 달의 말일부터 9월 이내에 신고서를 제출해야 하며, 상속개시일이 속하는 달의 말일부터 9월이 되는 날이 공휴일·토요일·근로자의 날에 해당되면 그 공휴일 등의 다음날까지 신고·납부하면 됩니다.

## 상속세의 납부 방법

상속세는 일시에 납부하는 것이 원칙이나, 일시납부에 따른 과중한 세금부담을 분산시켜 상속재산을 보호하고 납세의무의 이행을 쉽게 이행하기 위하여, 일정요건이 성립되는 경우에 분할하여 납부할 수 있습니다. 이 경우 2회에 나누어 내는 것을 분납, 장기간에 나누어 내는 것을 연부연납이라고 합니다.

### ① 상속세의 분납

납부할 세액이 1천만원을 초과하는 때에는 신고납부기한이 지난 후 2개월 이내에 그 세액을 아래와 같이 분할하여 납부할 수 있습니다.[91] ㉮ 납부할 세액이 2천만원 이하일 때: 1천만원을 초과하는 금액 ㉯ 납부할 세액이 2천만원 초과할 때: 그 세액의 50% 이하의 금액

### ② 상속세의 연부연납

상속세 신고 시 납부해야 할 세액이나 납세고지서상의 납부세액이 2천만원을 초과하는 때에는 아래 요건을 모두 충족하는 경우에 피상속인의 주소지를 관할하는 세무서장으로부터 연부연납을 허가받아 일정기간 동안 분할하여 납부할 수 있습니다.

---

91) 상속세 신고서의 '분납'란에 분할하여 납부할 세액을 기재하여 신고서를 제출하는 때에 분납 신청이 완료되므로 별도 신청서를 제출할 필요는 없습니다.

> **연부연납 신청요건**
>
> ㉮ 상속세 납부세액이 2천만원 초과
>
> ㉯ 연부연납을 신청한 세액에 상당하는 납세담보 제공[92]
>
> ㉰ 상속세 연부연납 신청기한 내[93] 연부연납허가신청서 제출
>
> ㉱ 연부연납을 허가받은 경우에는 상속세 분납이 허용되지 않습니다.

### ③ 상속세의 물납

상속세는 현금으로 납부하는 것을 원칙으로 하나, 현금으로 납부하기 곤란한 경우에는 일정요건을 모두 갖추어 피상속인의 주소지를 관할하는 세무서장의 승인을 받으면 상속받은 재산으로 납부(물납)할 수 있습니다.

> **물납의 요건**
>
> ㉮ 사전증여재산을 포함한 상속재산 중 부동산과 유가증권(비상장주식 등 제외)의 가액이 2분의 1 초과
>
> ㉯ 상속세 납부세액이 2천만원 초과
>
> ㉰ 상속세 납부세액이 상속재산가액 중 금융재산 가액 초과
>
> ㉱ 상속세 물납 신청기한 내[94] 물납신청서 제출

---

92) 납세보증보험증권 등 납세담보가 확실한 경우에는 신청일에 세무서장의 허가를 받은 것으로 간주합니다.

93) 신고 시에는 법정신고기한까지, 고지 시에는 고지서의 납부기한까지를 말합니다.

94) 연부연납 신청과 동일하게 신고 시에는 법정신고기한까지, 고지 시에는 고지서의 납부기한까지를 말합니다.

# II.

# 유언

# 1. 유언은 어떻게 하는 건가요?

「유언(遺言)」이란 사람이 사망한 이후의 법률관계를 정하려는 유언자의 생전 의사표시로서, 유언자의 사망으로 효력이 발생합니다.

우리 민법은 법에서 정한 방식에 따라서 행해진 유언에 대해서만 효력을 인정하고 있으며, 내용에 있어서도 법에서 정한 사항만이 유언의 내용으로서 효력이 있습니다. [95]

## 유언을 할 수 있는 사람

유언은 만 17세 이상인 사람으로서 의사능력이 있는 경우에 할 수 있습니다(민법 제1061조). 따라서 의사능력이 없는 사람은 만 17세 이상이더라도 유효한 유언을 하지 못하는데, [96] 이러한 의사능력에 대한 판단시점은 유언을 행하는 때입니다.

---

95) 민법 제1065조 내지 제1070조가 유언의 방식을 엄격하게 규정한 것은 유언자의 진의를 명확히 하고 그로 인한 법적 분쟁과 혼란을 예방하기 위한 것이므로, 법정된 요건과 방식에 어긋난 유언은 그것이 유언자의 진정한 의사에 합치하더라도 무효라고 하지 않을 수 없다(대법원 2014. 9. 26. 선고 2012다71688 판결).

96) 의사능력이란 자신의 행위의 의미나 결과를 정상적인 인식력과 예기력을 바탕으로 합리적으로 판단할 수 있는 정신적 능력 내지는 지능을 말합니다(대법원 2009. 1. 15. 선고 2008다58367 판결).

미성년자, 피한정후견인과 같은 제한능력자도 만 17세 이상인 경우 의사능력이 있으면 법정대리인의 동의 없이 유효한 유언을 할 수 있습니다. 피성년후견인은 보통의 경우 의사능력이 없어서 유효한 유언을 하지 못하지만, 전문의에 의해 의사능력을 회복하고 있음이 확인된 경우에 한해 유언할 수 있습니다.

## 유언의 방식

민법은 제1066조부터 제1070조에서 유언의 방식으로 아래의 5가지를 규정하고 있습니다.

| 자필증서 유언 | 유언자가 직접 자필로 전문과 연월일, 주소, 성명을 쓰고 날인한 유언장을 작성하는 방식 | 증인 필요 없음 |
|---|---|---|
| 녹음유언 | 유언자가 유언의 취지, 성명과 연월일을 구술하고 이에 참여한 증인이 유언의 정확함과 성명을 구술하는 방식의 유언 | 증인 1명 이상 |
| 공정증서 유언 | 유언자가 증인 2명을 대동하여 공증인의 면전에서 유언의 취지를 진술하고, 공증인이 이를 필기낭독하여 유언자와 증인이 정확함을 승인한 후, 각자 서명 또는 기명날인하는 방식의 유언 | 증인 2명 |
| 비밀증서 유언 | 유언자가 필자의 성명을 기입한 증서를 봉하여 날인하고, 이를 2명 이상의 증인의 면전에 제출하여 자신의 유언서임을 표시한 후, 봉서표면에 제출 연월일을 기재하고 유언자와 증인들이 각자 서명 또는 기명날인하는 방식의 유언 | 증인 2명 이상 |
| 구수증서 유언 | 질병 그 밖의 급박한 사유로 인하여 다른 방식에 따라 유언할 수 없는 경우에 유언자가 2명 이상의 증인의 참여로 1명에게 유언의 취지를 진술하고, 진술을 받은 자가 이를 필기낭독 하여 유언자의 증인이 정확함을 승인한 후, 각자 서명 또는 기명날인하는 방식의 유언 | 증인 2명 이상 |

## 증인결격자

유언의 증인이 될 수 없는 사람은 민법상으로는 미성년자, 피성년후견인·피한정후견인, 유언으로 이익을 받을 사람, 배우자와 직계혈족이며, 공정증서에 의한 유언의 경우에는 민법상 결격자 외에도 서명할 수 없는 사람, 시각장애인이나 문자를 읽고 이해하지 못하는 사람, 유언에 관하여 대리인 또는 보조인이거나 이었던 사람, 공중인의 친족·동거인 또는 피고용인·보조자도 증인이 될 수 없습니다.

## 유언을 할 수 있는 사항

유언은 법률로 정한 사항에 관해서만 할 수 있으며, 정하지 않은 사항에 대해서는 유언을 하더라도 효력이 없습니다. 우리 민법은 가족관계·재산의 처분·상속·유언의 집행에 관한 사항을 유언으로 할 수 있도록 정하고 있습니다.

### ① 가족관계에 관한 사항

친생부인(親生否認, 민법 제850조),[97] 인지(認知, 민법 제859조 제2항),[98] 후견인의 지정(민법 제931조), 미성년후견감독인의 지정(민법 제940조의2)

---

[97] 친생추정을 받는 자녀가 친생자가 아님을 표시하는 것으로서, 이는 민법상 소송으로만 가능하므로 유언집행자가 소를 제기합니다.

[98] 혼인 외 출생자를 자신의 자녀라고 인정하는 것으로서, 유언에 의한 경우 유언집행자가 신고합니다.

② 재산의 처분에 관한 사항

유증(遺贈),[99] 재단법인의 설립을 위한 재산출연행위(민법 제47조 제2항), 신탁의 설정(신탁법 제3조 제1항 제2호)

③ 상속에 관한 사항

상속재산의 분할방법의 지정 또는 위탁, 상속재산의 분할금지(민법 제1012조)

④ 유언의 집행에 관한 사항

유언집행자의 지정 또는 위탁(민법 제1093조)

---

99) 유언을 통해 무상으로 재산상의 이익을 타인에게 주는 것을 말합니다.

# 2. 유언의 효력은 언제 발생하나요?

유언은 법에서 정한 방식에 의해 이루어진 경우에만 효력을 인정하는데, 법에 정한 방식으로 행해진 유언의 효력이 발생하는 시기는 유언자가 사망한 때부터입니다(민법 제1073조 제1항).

## 조건이 있는 유언의 경우

법률 행위 효력의 발생이나 소멸을 장래에 일어날 불확실한 사실과 연결시키는 법률행위의 부관(附款)[100]을 조건(條件)[101]이라 하는데, 법률행위의 효력 발생에 관한 조건을 정지조건(停止條件), 효력 소멸에 관한 조건을 해제조건(解除條件)이라 합니다.

유언자는 조건부 유언을 할 수도 있는데, 이러한 조건부 유언에 대하여 민법은 유언에 정지조건이 있는 경우의 효력발생 시기에 대하여 유언자

---

100) 부관이라 함은 법률행위의 효력의 발생 또는 소멸을 제한하기 위하여 부가되는 약관을 말합니다.

101) 조건(條件)은 예를 들어 'A가 변호사 시험에 합격을 한다면' 또는 '이번 크리스마스에 눈이 내린다면'과 같이 장래에 일어날 것이 불확실한 사실과 연결한 법률행위의 부관을 말합니다. 이에 반해 장래에 일어날 것이 확실한 사실과 연결시키는 법률행위의 부관으로 기한(期限)이 있습니다. 기한에는 확정기한(예. 내년 1월 1일)과 불확정기한(예. 갑이 사망하는 날)이 있으며, 법률행위의 효력을 발생시키는 것을 시기(始期)라 하고 효력을 소멸시키는 것을 종기(終期)라 합니다.

의 사망 후에, 그 조건이 성취한 때로부터 유언의 효력이 발생하도록 규정하고 있습니다(민법 제1073조 제2항). 다만 유언자가 사망하기 전에 이미 조건이 성취되었다면 조건 없는 유언(민법 제151조 제2항)으로서 유언자가 사망한 때부터 유언의 효력이 생깁니다.

### 정지조건부 유언의 사례

> **문** A는 자필증서에 의한 유언을 하면서 유언장에 손자인 B가 결혼을 하게 되면 X아파트를 주는 것으로 유언을 하였습니다.
>
> **답** 이런 경우 A가 사망한 이후에 손자인 B가 결혼을 하는 때에 유언의 효력이 발생하고, 만약 유언자인 A가 사망하기 전에 B가 결혼을 하였다면 조건 없는 유언으로서 A의 사망 시에 유언의 효력이 발생합니다.

# 3. 유언은 어떤 경우에 무효나 취소가 되나요?

유언은 유언자가 자신의 사망 이후의 법률관계를 정하려는 의사표시로서 앞서 살펴본 것과 같이 유언자의 사망 이전에는 언제든지 철회할 수 있습니다. 그런데 우리 민법은 유언에 관해 여러 가지 사항을 법으로 규정하고 있기 때문에 이러한 규정을 위반한 경우 유언은 무효가 되기도 하고, 또한 의사표시에 하자가 있는 경우 취소가 되기도 합니다.

## 유언의 무효

유언은 민법 제1066조부터 제1070조에서 정한 5가지 방식에 의하지 아니하거나, 유언무능력자의 유언, 민법 제103조에 해당하는 유언의 경우는 그 효력이 처음부터 발생하지 않고 무효가 됩니다.

### ① 민법이 정한 방식에 의하지 않는 유언(민법 제1060조)

민법은 유언의 방식으로 자필증서·녹음·공정증서·비밀증서·구수증서의 5가지 방식으로만 할 수 있도록 규정하고 있습니다. 따라서 이러한 방식의 유언이 아닌 경우 유언으로서 효력을 갖지 못합니다.[102]

---

102) 다만 민법은 비밀증서에 의한 유언이 그 방식에 흠결이 있는 경우 그 증서가 자필증서의 방식에 적합한 경우라면 자필증서에 의한 유언으로 간주합니다(민법 제1071조).

② 유언 무능력자의 유언(민법 제1061조)

만 17세 미만의 사람, 의사능력이 없는 사람의 유언은 처음부터 무효인 유언이 됩니다.

③ 사회질서·강행법규 위반한 내용의 유언(민법 제103조)

유언의 내용이 정의 관념에 반하거나, 사회의 윤리적 질서를 침해하며, 또는 개인의 자유를 심하게 침해하는 경우, 법에서 강제하는 내용을 위반하는 경우 등 사회질서·강행법규를 위반한 내용의 유언은 민법 제103조에 의해 무효가 됩니다.[103]

## 유언의 취소

유언의 의사표시가 중요부분의 착오 또는 사기·강박에 의한 경우에는 유언자, 상속인 또는 유언집행자는 이미 발생한 유언의 효력을 소급적으로 무효로 만드는 취소를 할 수 있습니다.

① 유언 내용의 중요부분에 착오가 있는 경우(민법 제109조)[104]

예를 들어 자신을 지극히 간호하였던 사람이 A라고 생각하고 유증을 하였는데 자신을 간호하였던 사람은 B였던 경우, 중요부분의 착오를 이

---

103) 예를 들어 유언자가 원한이 있는 사람을 살해해 줄 것을 유언하거나, 그런 조건으로 유증하는 경우 이러한 유언은 효력이 없다 할 것입니다.

104) 중요부분의 착오란 그러한 착오가 없었더라면 그 의사표시를 하지 않을 정도로 중요한 것이어야 하고, 일반인도 같은 입장이라면 그러한 의사표시를 하지 않았으리라고 생각될 정도로 중요한 것이어야 합니다(대법원 1996. 3. 26. 선고 93다55487 판결).

유로 취소할 수 있습니다.

### ② 사기·강박에 의한 유언의 경우(민법 제110조)

사기에 의한 유언이란 타인의 기망행위로 인하여 착오에 빠진 상태에서 행한 유언이고, 강박에 의한 유언이란 타인의 강박행위로 공포심에 빠져 그 해악을 피하기 위해 행한 유언을 말합니다. 이러한 유언은 취소할 수 있습니다.

### ③ 부담의무를 이행하지 않은 부담부 유증[105)의 경우(민법 제1111조)

부담부 유증의 경우 유증을 받은 사람이 자신의 부담의무를 이행하지 않은 경우, 상속인 또는 유언집행자는 상당한 기간을 정하여 이행을 최고(催告)하고, 기간 내에 이행하지 않는 때에는 가정법원에 유언의 취소를 청구할 수 있습니다.

---

105) 제2편 가사소송Ⅱ-6 부담부 유증이라는 것이 무엇인가요? (275p 참조)

# 4. 유언도 철회할 수 있나요?

일반적으로 「철회(撤回)」라는 것은 법률행위의 효력이 확정적으로 발생하기 전에 그러한 행위가 없었던 것으로 되돌리는 의사표시인데, 민법은 유언의 경우에도 철회를 인정하고 있습니다. 따라서 유언자는 자신이 사망하기 전이라면 언제든지 유언의 일부 또는 전부를 철회할 자유가 있으며, 유언을 철회할 권리는 포기하지 못합니다(민법 제1108조).[106]

## 유언이 철회되는 경우

새로운 유언을 하였는데 전후(前後)의 유언이 서로 다른 경우, 그 다른 부분의 전(前)유언은 철회된 것으로 봅니다. 또한 유언자가 생전행위로 유언과 다른 행위를 한 경우에도 이전 유언은 철회한 것으로 봅니다(민법 제1109조). 뿐만 아니라 유언자가 고의로 유언증서 또는 유증의 목적물을 손상한 경우, 그 부분에 관한 유언은 이를 철회한 것이 됩니다(민법 제1110조).

## 유언 철회의 효과

유언이 철회되면 철회된 부분의 유언은 처음부터 없었던 것이 됩니다.

---

106) 유언의 철회는 유언의 무효 또는 취소와는 구별되는 개념입니다.

## 유언 철회의 취소

새로운 유언을 하는 것으로 유언의 철회가 이루어진 경우, 그 새로운 유언을 한 것이 민법의 일반 의사표시의 취소의 경우와 마찬가지로 중요 부분에 착오가 있었거나 사기·강박에 의해 행해진 것이라면 철회의 의사표시를 취소할 수 있습니다(민법 제109조, 제110조). 생전행위를 통해 유언을 철회한 경우에는 생전행위를 한 사람이 제한능력자였다면 위 사유 외에도 취소할 수 있습니다(민법 제5조, 제10조, 제13조). 그렇지만 이러한 유언 철회의 취소는 선의의 제3자에게는 대항하지 못합니다(민법 제109조 제2항, 제110조 제3항).[107]

---

107) 다만 제한능력자(미성년자, 피성년후견인, 피한정후견인)가 생전행위를 통한 유언을 철회한 것을 취소한 경우에는 선의의 제3자에게도 대항할 수 있습니다.

# 5. 유증에 대하여 알려 주세요

유언이라는 일방적인 의사표시로 자신의 재산상 이익을 타인에게 주는 것을 「유증(遺贈)」이라 하는데, 유언장을 작성하며 '사후에 아들에게 A부동산을 준다.'라는 등의 표현으로 타인에게 재산상 이익을 주는 것을 말합니다.[108]

### 특정유증(特定遺贈)과 포괄유증(包括遺贈)

① 특정유증은 유증의 목적물이 특정되어 있는 유증을 가리키는데, 예를 들어 'X아파트, Y은행 예금채권을 B에게 준다.'라고 하는 내용의 유증을 말합니다.

② 포괄유증이란 유증의 목적 범위를 유언자가 자신의 재산 전체에 대한 비율로서 표시하는 유증으로서, 'A에게 재산의 전부를 준다. 또는 재산의 절반을 유증한다.'라고 하는 것입니다. 이러한 포괄유증

---

108) 구별되는 개념으로 「사인증여(死因贈與)」라는 것이 있습니다. 사인증여는 생전에 증여를 받을 사람과 증여계약을 체결한 것으로서 증여자의 사망으로 효력이 생기는 계약을 말합니다. 사인증여는 계약으로서 일방적인 의사표시로 효력이 생기는 유증과 구별되지만, 민법은 제562조에서 사인증여의 경우 유증에 관한 규정이 준용하도록 하고 있습니다(민법 제562조). 그리하여 증여자의 사망과 함께 재산이 이전되는 유증의 효력과 관련한 민법 제1078조에서 제1090조까지 규정을 준용하고 있습니다.

을 받은 사람은 상속인과 동일한 권리의무가 있습니다(민법 제1078조).

### 조건(條件)·기한(期限)부 유증 및 부담(負擔)부 유증

유증에는 조건·기한·부담을 붙일 수 있습니다.

① '조건'이란 법률행위의 효력 발생 또는 소멸을 장래의 불확실한 사실에 의존하게 하는 법률행위의 부관으로서, 예를 들어 유언으로 'A가 결혼을 하게 되면 X아파트를 물려주겠다.'라고 유언을 한다면 이것은 조건부 유증이 됩니다.

② '기한'이란 법률행위의 효력 발생 또는 소멸을 장래에 일어날 것이 확실한 사실에 의존하게 하는 법률행위의 부관으로서, 예를 들어 '유언자가 사망한 후 10년이 되는 날에 B에게 1억원을 주겠다.'라고 유언하였다면 이는 기한부 유증이 됩니다.

③ '부담'이란 증여를 받는 사람에게 일정한 급부를 목적으로 하는 채무를 지우는 것으로서, '자신의 사후에 자신의 자녀를 돌보면 C에게 X아파트를 주겠다.'라고 유언하였다면 C에게 부담부 유증을 한 것이 됩니다. 이러한 부담 있는 유증을 받은 사람은 목적물의 가액 한도에서 부담한 의무를 이행할 책임이 있습니다(민법 제1088조).

## 수증자(受贈者)와 유증의무자

① 수증자는 유증을 받는 사람이며, 자연인뿐만 아니라 법인도 가능합니다.[109] 자연인은 유언의 효력이 발생하는 때에 생존하고 있어야 하지만, 태아는 태아인 상태에서도 수증자가 될 수 있습니다.

② 유증의무자는 유언자가 사망한 경우에 유증을 실행할 의무가 있는 사람으로서, 원칙적으로는 상속인이 유증의무자가 됩니다. 다만 포괄적 수증자·상속인 없는 재산의 관리인도 유증의무자가 될 수 있으며, 유언집행자가 있는 경우 위 사람을 대신하여 유증의무자가 됩니다.

---

109) 세법에서는 수유자(受遺者)라고 규정하고 있습니다.

# 6. 부담부 유증이라는 것이 무엇인가요?

「유증(遺贈)」이란 유언으로 아무런 대가 없이 자기의 재산상 이익을 타인에게 주는 것인데, 유언자가 유증을 하면서 유증을 받는 사람에게 일정한 법률상의 의무(보통 일정한 급부를 목적으로 하는 채무)의 부담을 지우는 유증을 하는 경우가 있습니다. 이를 「부담부 유증(負擔附 遺贈)」이라 합니다.

## 부담부 유증을 받은 사람의 의무

부담부 유증의 예로는 유언자가 '내 사후에 내 자녀가 성년이 될 때까지 돌보면 X부동산을 주겠다.'라고 유언하거나, '내 사후에 내 부모님을 부양하면 Y은행 예금채권을 주겠다.'는 등이 있습니다.

이러한 부담부 유증을 받은 사람은 자신이 받은 목적물의 가액 한도에서 부담한 의무를 이행할 책임이 있으며, 유증의 목적 가액이 한정승인 또는 재산분리로 인하여 감소된 때에는 그 감소된 한도에서 부담할 의무를 면하게 됩니다(민법 제1088조).

## 부담부 유증 특유의 취소사유 - 부담의무 불이행

부담부 유증을 받은 사람이 부담의무를 이행하지 않는 경우 상속인 또는 유언집행자는 상당한 기간을 정하여 이행할 것을 최고하고, 그 기간 내에 이행하지 아니하면 가정법원에 유증의 취소를 청구할 수 있습니다(민법 제1111조 본문).

취소심판을 청구하는 법원은 상속개시지의 가정법원이며, 취소의 심판에는 수증자가 참여하도록 하여야 합니다. 취소심판이 확정되면 부담부 유증은 처음부터 존재하지 않은 것이 되고 재산은 상속인에게 귀속됩니다.

이때 유증을 받았던 사람이 유증을 통하여 재산상 이익을 얻었을 경우에는 부당이득반환의무를 부담하게 되며(민법 제741조), 만약 취소 전에 유증의 목적물을 매수한 사람 등 제3자가 있는 경우에는 취소로 제3자의 이익을 해하지는 못하므로 제3자의 권리는 보호됩니다(민법 제1111조 단서).

# 7. 유언의 집행은 어떻게 하나요?

유언자의 사망으로 인하여 유언의 내용이 실현되는 절차를 「유언의 집행」이라 합니다. 이러한 유언의 집행이 필요한 유언에는 친생부인의 소제기, 인지의 신고와 같은 '가족관계에 관한 사항'과 유증의 처리, 재단법인 설립을 위한 재산출연행위, 신탁의 설정과 같은 '재산의 처분에 관한 사항'이 있습니다.

### 유언집행자(遺言執行者)

유언자가 사망하여 유언의 효력이 발생한 후에 그 내용을 실현하는 사람을 유언집행자라고 합니다. 이러한 유언집행자는 민법 제1098조에서 규정하고 있는 유언집행자가 되지 못하는 사람을 제외하고는 유언집행자가 될 수 있습니다.

민법 제1098조는 제한능력자와 파산선고를 받은 사람을 규정하고 있는데, 제한능력자란 미성년자·피성년후견인·피한정후견인이며,[110] 파산선고를 받은 사람이란 채무자 회생 및 파산에 관한 법률에 의해 파산선

---

110) 미성년자는 만 19세 미만인 사람, 피성년후견인은 법원의 성년후견개시 심판을 받은 사람, 피한정후견인은 법원의 한정후견개시 심판을 받은 사람을 말합니다(제2편 가사소송편 Ⅳ. 후견에서 자세히 설명하기로 합니다).

고를 받은 사람입니다.

## 유언집행자의 결정

### ① 유언자의 지정 또는 지정의 위탁

유언자는 유언으로 유언집행자를 지정할 수 있으며, 그 지정을 제3자에게 위탁할 수도 있습니다(민법 제1093조). 유언집행자의 지정을 제3자에게 위탁한 경우 위탁받은 3자는 지체 없이 유언집행자를 지정하여 상속인에게 통지해야 하며, 위탁을 사퇴하는 경우 역시 상속인에게 통지하여야 합니다(민법 제1094조 제1항).

### ② 상속인

지정 또는 위탁의 방법으로 정해진 유언집행자가 없는 경우 상속인이 유언집행자가 됩니다(민법 제1095조).

### ③ 가정법원에 의한 선임

유언집행자가 없거나 사망·결격 그 밖의 사유로 없게 된 경우 법원은 이해관계인의 청구에 의하여 유언집행자를 선임하게 됩니다. 법원이 유언집행자를 선임한 경우에는 그 임무에 관하여 필요한 처분을 할 수 있습니다(민법 제1096조).

## 유언집행자의 지위 및 권리의무

지정 또는 선임에 의해 유언집행자가 된 자는 상속인의 대리인으로 보게 됩니다(민법 제1103조 제1항). 따라서 유언집행자는 유언집행 사무에 관하여 선량한 관리자로서 주의의무를 지게 되며, 원칙적으로 특별한 사유 없이 제3자로 하여금 자신을 대신하여 사무를 처리하게 할 수 없습니다.

유언집행자는 취임을 승낙한 때에는 지체 없이 그 임무를 이행하여야 하는데(민법 제1099조), 유언이 재산에 관한 것인 경우에는 지체 없이 재산목록을 작성하여 상속인에게 교부하여야 합니다(민법 제1100조 제1항).[111] 또한 유언집행자는 유증의 목적이 된 재산의 관리 및 집행에 필요한 행위를 할 권리의무가 있는데, 유언의 집행에 방해가 되는 상속등기 등의 말소를 구하는 소송에서, 원고적격을 가지게 됩니다(대법원 1999. 11. 26. 선고 97다57733 판결).

### 유언집행자의 사퇴 및 해임

지정 또는 선임에 의해 유언집행자가 된 자는 정당한 사유가 있는 경우 가정법원의 허가를 얻어 그 임무를 사퇴할 수 있습니다(민법 제1105조). 뿐만 아니라 유언집행자가 그 임무를 이행하지 않거나 유언집행자로서 적당하지 않은 사유가 있는 때에는 상속인 그 밖의 이해관계인의 청구에 의해 가정법원은 유언집행자를 해임할 수 있습니다(민법 제1106조).[112]

---

111) 재산목록작성에 상속인이 참여하겠다고 청구하는 경우 상속인을 참여시켜야 합니다(민법 제1100조 제2항).

112) 유언집행자를 해임하는 경우 당사자를 해임절차에 참가하게 해야 합니다(가사소송규칙 제84조 제2항).

# 유언집행자선임청구서

청 구 인    김 ● ●

19○○년 ○월 ○일생

등록기준지 :

주소 :

전화 :

유 언 자(망)  ● ● ●

19○○년 ○월 ○일생

등록기준지 :

주소 :

전화 :

### 청 구 취 지

유언자 망 ●●●의 유언집행자로 이●●(주민등록번호, 주소)을 선임한다.
라는 심판을 구합니다.

### 청 구 원 인

1. 청구인은 유언자인 망 ●●●의 친구로서 유언자 망 ●●●은 배우자
나 자식들이 없는 상태에서 20○○. ○. ○. 최후주소지인 ▲▲시 ▲▲구
▲▲길 ○○ 에서 지병으로 사망하였습니다.

2. 유언자의 사망이후 청구인은 유언자의 장례를 치르는 과정에서 유언자가 생전에 그 소유의 재산을 가까운 이웃들과 사회단체에 유증할 것이라고 자필로 유언서를 작성해 놓았음을 발견하고 그 즉시 ■■지방법원에 검인신청을 하여 20○○. ○. ○. 검인을 받았으나 위 유언증서에는 유언집행자가 지정되어 있지 않으므로, 유언자의 유언에 대한 집행자로 ▲▲시 ▲▲구 ▲▲길 ○○○에 거주하는 이●●을 선임하고자 본 청구에 이른 것입니다.

첨 부 서 류

| | |
|---|---|
| 1. 유언자 기본증명서 | 1통 |
| 1. 상속관계를 확인할 수 있는 제적등본 | 1통 |
| 1. 말소된 주민등록등본 | 1통 |
| 1. 주민등록등본 | 1통 |
| 1. 유언증서 | 1통 |

20○○. ○. ○.

위 청구인 김 ● ● (인)

■ ■ 가정법원 귀중

# 8. 유증 받은 재산에 대하여도 상속세를 납부하여야 하나요?

'상속세'란 피상속인의 사망으로 인하여 무상으로 이전되는 재산에 대해 재산의 취득자인 상속인에게 부과되는 조세를 말합니다. 그런데 피상속인이 사망하면서 유언으로 특정인에게 재산을 증여한 경우 이를 증여받은 사람도 상속세를 부담하여야 할 의무가 발생하게 됩니다.

### 민법과 상속세 및 증여세법의 용어의 정리

우리 민법에서는 증여를 받은 사람, 유증을 받은 사람을 구분하지 않고 모두 수증자(受贈者)라고 표현하고 있습니다. 그런데 상속세 및 증여세법에서는 증여재산을 받은 사람을 수증자(受贈者)라고 하여 증여세의 과세대상으로, 유증을 받은 사람 또는 사인증여에 의해 재산을 취득한 사람을 수유자(受遺者)라고 하여 상속세의 과세대상으로 정하고 있습니다.

### 수유자의 상속세 납세의무

유증을 받은 사람은 상속세 및 증여세법의 규정에 의하여 상속세 납부의무가 발생합니다. 이 의무는 유언의 효력이 발생하는 때에 성립하며, 그 시점은 유언자가 사망한 때라 할 것입니다.

### 유증 받은 자의 상속세 계산

유증 받은 사람도 상속인과 동일하게 상속세를 납부할 의무가 있으므로 상속인의 상속세 계산 방법에 따라 자신이 납부할 상속세를 계산할 수 있습니다. 따라서 그 계산과 관련하여서는 「가사소송편 Ⅰ-16. 상속세는 얼마나 납부해야 하나요?」를 참조하여 같은 방법으로 계산하면 됩니다.

III.

입양

# 1. 입양을 하려면 어떤 요건이 필요한가요?

혈연적으로 친자관계가 없는 사람 사이에 법률적으로 친자관계를 맺는 것을 「입양(入養)」이라 합니다. 이러한 입양제도는 부모가 없거나 부모가 있더라도 더 이상 보호할 수 없는 아동에게 새로운 가정을 찾아주고, 가정이라는 틀에서 정상적으로 성장할 수 있도록 도와주어 아동의 정신적·사회적 욕구를 충족시켜 주기 위한 제도라는 데 의미가 있습니다.

### 입양의 종류

입양에는 일반양자 입양, 친양자 입양,[113] 입양기관을 통한 입양, 국제입양이 있는데, 이하에서는 일반양자 입양과 친양자 입양에 관하여 살펴보기로 하겠습니다.[114]

### 양자의 자격요건

일반양자 입양에서 양자는 양부모의 존속 또는 연장자가 아니어야 합

---

113) 친양자 입양제도는 자녀의 복리를 위하여 양자를 법률상 완전한 친생자로 인정하는 제도로 2008. 1. 1. 시행된 민법에서 새롭게 인정된 제도입니다. 이러한 친양자 입양은 가정법원의 허가를 받아야 하며, 가정법원에 의해 친양자 입양이 확정되면 기존의 친생부모와의 친족관계 및 상속관계는 모두 종료되고, 양친과는 법률상 친생자관계를 새롭게 형성하게 됩니다.
114) 입양과 관련하여 적용되는 법령에는 민법, 입양특례법, 가사소송법, 가족관계의 등록에 관한 법률, 국제사법 등이 있습니다.

니다. 여기서 존속이란 직계존속(부모, 조부모 등) 외에도 방계존속(숙부, 숙모 등)이 포함됩니다. 따라서 촌수가 같은 항렬(형제자매), 손자항렬에 있는 사람은 연장자가 아닌 경우라면 양자가 될 수 있습니다. 연장자가 아니라면 성년자이든 미성년자이든 상관이 없으며, 나이가 같은 경우라면 하루라도 늦게 출생한 사람은 양자가 될 수 있습니다.

친양자 입양에서 양자가 될 사람은 미성년자이어야 합니다. 19세 미만인지 여부의 판단은 재판의 확정일을 기준으로 하게 됩니다.

### 양부모의 자격요건
#### ① 일반양자 입양의 경우
양부모는 성년자이어야 합니다. 성년자이기만 하면 남녀, 기혼, 미혼, 자녀의 유무를 불문하고 입양을 할 수 있습니다.

피성년후견인이 입양을 하기 위해서는 성년후견인의 동의를 얻어야 하는데, 피성년후견인이 미성년자를 입양하는 경우에는 가정법원의 허가를 받아야 합니다. 그리고 배우자가 있는 사람은 배우자와 공동으로 입양을 하여야 합니다. 따라서 부부가 모두 성년에 달해야 합니다.

#### ② 친양자 입양의 경우
친양자 입양을 하려는 양부모는 3년 이상 혼인 중의 부부로서 반드시 공동으로 입양을 할 수 있습니다. 따라서 미혼인 경우나 배우자가 없는 독신자인 경우에는 친양자 입양을 할 수 없습니다.[115] 이것은 친양자가 좋은 환경에서 성장하기 위해서는 부모 쌍방이 있는 가정에 입양되는 것이 바람직하다고 판단하고 있기 때문입니다.

여기서 '혼인 중'은 법률혼만을 의미하므로 사실혼관계에 있는 사람은 친양자 입양을 하지 못합니다. 재혼인 경우에도 재혼의 법률혼이 성립한 날부터 3년이 경과하면 친양자 입양을 할 수 있게 됩니다.

예외적으로 부부 일방이 배우자의 친생자를 친양자로 입양하기 원하는 경우에는 1년 이상의 혼인 중이면 단독으로 입양이 가능합니다. 이는 배우자의 의붓자녀를 배려하기 위한 취지로서 양자가 생부 또는 생모와 함께 생활하고 있고, 1년 이상의 기간이면 어느 정도 친양자를 양육할 수 있는지 검증되었다고 보기 때문입니다.

---

115) 2021. 11. 9.자로 미혼·독신자도 친양자 입양이 가능하도록 하는 민법 개정안이 입법예고 되었습니다.

# 2. 입양 절차에 대하여 알려 주세요

일반양자 입양과 친양자 입양에 관해서는 민법이 규율하고 있으며, 입양기관을 통한 입양의 경우에는 입양특례법에서 절차를 보다 엄격하게 규정하고 있습니다. 민법에서 규정하고 있는 일반양자 입양과 친양자 입양의 경우 어떤 절차를 거쳐야 하는지 살펴보기로 하겠습니다.

### 일반양자 입양

양친이 되려는 사람과 양자가 될 사람 간에 실질적으로 친자관계를 맺으려는 입양의사의 합치가 없다면 입양은 무효가 됩니다.[116] 이러한 입양의사에는 조건이나 기한을 붙일 수 없습니다.

양자가 될 사람이 13세 이상인 경우에는 법정대리인의 동의를 받아 자신이 입양을 승낙하여야 하고, 13세 미만인 경우에는 법정대리인이 그에 갈음하여 입양을 승낙하여야 합니다. 또한 양자가 될 사람에게 부모

---

116) 대법원은 '입양의 합의가 없는 때'라 함은 당사자 간에 실제로 양친자로서의 신분적 생활관계를 형성할 의사를 가지고 있지 아니한 경우를 말하므로, 입양신고가 호적상 형식적으로만 입양한 것처럼 가장(假裝)하기로 하여 이루어진 것일 뿐 당사자 사이에 실제로 양친자로서의 신분적 생활관계를 형성한다는 의사의 합치가 없었던 것이라면 이는 당사자 간에 입양의 합의가 없는 때에 해당하여 무효라고 보아야 한다(대법원 2004. 4. 9. 선고 2003므2411 판결)고 판시하고 있습니다.

가 있는 경우에는 미성년자이건 성년자이건 부모의 동의를 받아야 하며, 피성년후견인이 양자가 되는 경우에는 성년후견인의 동의를 얻어야 합니다. 배우자가 있는 사람이 양자가 되는 경우에는 다른 일방 배우자의 동의를 얻어야 하는데, 부부가 공동으로 양자가 될 필요까지는 없습니다(민법 제869조 내지 제874조).

미성년자를 입양하는 사람은 가정법원의 허가를 받아야 하는데, 가정법원은 미성년자의 복리 및 제반 사정을 고려하여 입양을 허가하지 않을 수 있습니다(민법 제867조). 또한 가정법원은 입양 허가 심판을 할 때, 양자가 될 사람이 만 13세 이상인 경우에는 양자가 될 사람, 양자가 될 사람의 법정대리인 및 후견인, 양자가 될 사람의 부모, 양자가 될 사람의 부모의 후견인, 양부모가 될 사람, 양부모가 될 사람의 성년후견인의 의견을 들어야 합니다(가사소송법 제45조의 9).

### 친양자 입양

친양자 입양의 경우는 반드시 가정법원에 친양자 입양의 청구를 하여 허락결정을 받아야 합니다.

친양자 입양청구를 하기 위해서는 친양자로 될 사람의 친생부모가 친양자 입양에 동의를 하여야 합니다.[117] 다만 친생부모가 친권상실의 선고

---

117) 이는 친양자 입양이 확정되면 친생부모와의 친족관계가 단절되기 때문에 친생부모는 이 점을 분명하게 인식하고 동의하여야 하겠습니다.

를 받거나 소재를 알 수 없는 경우, 그 밖의 사유로 동의할 수 없는 경우
에는 법정대리인의 입양승낙으로 친양자 입양을 할 수 있습니다(민법 제
908조의 2 제1항 제3호).

친양자 입양의 경우에도 입양의사의 합치가 필요한 것은 당연한데, 친
양자가 될 사람이 13세 이상인 경우에는 법정대리인의 동의를 받아 자신
이 입양의 승낙을 하며, 13세 미만인 사람이 친양자가 되는 경우에는 법
정대리인이 그에 갈음하여 입양의 승낙을 해야 합니다(민법 제908조의 2
제1항 제4호, 제5호).

법정대리인이 정당한 사유 없이 동의 또는 승낙을 거부하는 경우에는
동의 또는 승낙이 없어도 친양자 입양의 청구를 할 수 있는데, 이때 가정
법원은 동의권자 또는 승낙권자를 심문하도록 하고 있습니다. 다만 법정
대리인이 친권자인 경우에는 친생부모가 자신에게 책임 있는 사유로 3년
이상 자녀에 대한 부양의무를 이행하지 않고 면접교섭을 하지 않은 경우
나 친생부모가 자녀를 학대 또는 유기하거나 자녀의 복리를 현저하게 해
친 경우에 동의 또는 승낙 없이 친양자 입양을 청구할 수 있습니다(민법
제908조의 2 제2항).

### 입양신고

입양이 성립하면 '가족관계의 등록 등에 관한 법률'이 정한 바에 따라
신고함으로써 입양의 효력이 발생하게 됩니다(민법 제878조).

# 3. 입양하면 어떤 효과가 생기게 되나요?

혈연적으로 친자관계가 없던 사람 간에 법률적으로 친자관계를 인정하는 제도가 입양제도입니다. 따라서 입양에 의해서 부모와 자녀의 관계가 생기게 됩니다. 다만 일반양자 입양과 친양자 입양은 구체적인 효과에서 다소 차이가 있게 되는데, 각 효과에 대해 살펴보도록 하겠습니다.

## 일반양자 입양

### ① 법적 혈족관계의 발생

양자는 입양된 때부터 양부모의 친생자와 같은 지위를 갖게 됩니다(민법 제882조의 2 제1항). 따라서 양부모의 혈족 및 인척과도 친족관계가 발생하는데, 친계와 촌수는 입양한 때부터 친생자와 같은 촌수를 가지게 됩니다(민법 제772조).

양자가 미성년자인 경우에는 친생부모의 친권에서 벗어나고 양부모의 친권에 따르게 되며(민법 제909조 제1항), 양자와 양부모 및 양부모의 혈족 간에는 서로 부양의무와 상속관계가 생기게 됩니다(민법 제974조).

### ② 종래의 친족관계 유지

일반양자의 경우에는 양자의 입양 전의 친족관계는 그대로 존속합니다(민법 제882조의 2 제2항). 즉 일반양자는 입양 전 친생부모와 입양 후 양부모 모두의 경우에 상속인이 될 수 있으며, 양자가 직계비속 없이 사망하게 되면 친생부모와 양부모가 모두 직계존속으로서 공동상속인이 됩니다.

### 친양자 입양

#### ① 혼인 중 출생자의 신분 취득

친양자는 부부의 혼인 중의 출생자가 됩니다(민법 제908조의 3 제1항). 따라서 친양자의 성과 본은 양부의 성과 본을 가지게 됩니다.[118]

친양자와 양부모 및 그 혈족과 인척 간의 친계와 촌수는 입양한 때부터 혼인 중의 출생자와 같은 촌수를 가지게 되고(민법 제908조의 8, 제772조), 친양자는 양부모의 친권에 따르게 되며(민법 제909조 제1항), 친양자와 양부모 및 양부모의 혈족 간에는 서로 부양의무와 상속관계가 생기게 됩니다(민법 제974조).

#### ② 입양 전 친족관계의 종료

친양자는 입양 전 친족들과의 친족관계는 친양자 입양이 확정된 때에 종료됩니다(민법 제908조의 3 제2항).[119] 따라서 부양의무와 상속관계는 양부모와의 사이에서만 적용되고, 친생부모와의 사이에서는 적용되지

---

118) 다만, 부부가 혼인신고를 할 때 모(母)의 성과 본을 따르기로 협의한 경우에는 모(母)의 성과 본을 따르게 됩니다.

119) 다만, 부부 일방이 그 배우자의 친생자를 친양자로 입양하였다면 그렇지 않습니다.

않게 됩니다.

다만, 이처럼 친족관계가 종료된다 하더라도 생물학적 혈족관계까지 소멸하는 것은 아니므로 종전의 혈족과의 근친혼금지 규정의 효력은 그대로 적용을 받습니다(민법 제809조).

### ③ 가족관계등록부의 기재 및 증명서의 교부

시·구·읍·면의 장은 친양자 입양을 한 양부모의 가족관계등록부에 친양자입양사유, 친양자의 성명 등 특정사항을 기록하고, 가족관계증명서에는 친양자를 자녀로, 친양자입양관계증명서에는 친양자임이 드러나도록 해야 합니다.

이러한 친양자입양관계증명서는 아무나 발급을 받을 수 없습니다. 다른 증명서와는 달리 가족은 물론 본인의 경우에도 미성년자인 경우에는 발급이 제한되며, 친양자가 성년이 된 이후에만 청구할 수 있습니다.

# 4. 입양하면 자녀의 성(姓)과 본(本)이 바뀌게 되나요?

입양에 의해 양자가 된 사람의 성과 본은 일반양자 입양의 경우와 친양자 입양의 경우 다르게 적용이 됩니다.

### 일반양자 입양

일반양자로 입양된 경우에는 양자의 성과 본은 변경되지 않는 것이 원칙입니다.

다만, 예외적으로 양자의 복리를 위하여 양자의 성과 본을 양부모의 성과 본으로 변경할 수 있는데, 이 경우에는 양부모 또는 양자가 가정법원에 성과 본의 변경허가를 청구하도록 하고 있습니다(민법 제781조 제6항).[120]

성과 본을 변경하려는 자녀의 주소지 관할 가정법원(가정법원이 설치되지 않은 지역은 해당 지방법원 및 지방법원 지원)에 청구하면 되는데, 가정법원은 가사소송법 및 가사소송규칙에 특별한 규정이 있는 경우를

---

120) 다만, 자녀가 미성년자이고 법정대리인이 청구할 수 없는 경우에는 8촌 이내의 혈족, 4촌 이내의 인척, 배우자 또는 검사가 청구할 수 있습니다.

제외하고 원칙적으로 서면심리에 의해 심판을 합니다.

### 친양자 입양

친양자로 입양된 경우에는 양부모의 혼인 중 출생자와 동일하게 양부 또는 양모[121]의 성과 본으로 변경이 됩니다.

만약 친양자가 취소되거나 파양을 하게 된다면, 친양자관계가 소멸하게 되어 입양 전의 친족관계가 부활됩니다. 따라서 이 경우 친양자는 친생부모의 성과 본으로 다시 돌아가게 됩니다(민법 제908조의 7 제1항).

### 일반양자와 친양자의 비교

| 구분 | 일반양자 | 친양자 |
|---|---|---|
| 근거 | 민법 제866조부터 제908조 | 민법 제908조의 2부터 제908조의 8 |
| 성립요건 | 협의로 성립 | 재판으로 성립 |
| 양자의 성·본 | 친생부모의 성과 본을 유지 | 양친의 성과 본으로 변경 |
| 친생부모와의 관계 | 유지 | 종료 |
| 입양의 효력 | • 입양한 때부터 혼인 중의 자로서의 신분을 취득.<br>• 친생부모와의 관계는 친권 이외는 유지됨. | • 재판이 확정된 때부터 혼인 중의 자로서의 신분을 취득.<br>• 친생부모와의 관계는 종료됨. |

---

121) 부부가 혼인신고를 할 때 모의 성과 본을 따르기로 협의한 경우에는 모의 성과 본을 따르게 됩니다.

# 5. 입양의 취소에 대하여 알려 주세요

「입양의 취소」란 법에 정한 입양요건을 갖추지 아니한 채 입양을 하여 취소 원인이 있는 경우, 취소 청구권자가 가정법원에 소를 제기하여 취소 판결에 의해 장래의 양부모와 양자관계를 소멸시키는 것으로서, 취소 원인은 일반양자 입양의 경우와 친양자 입양의 경우 다르게 나타납니다.[122]

## 일반양자의 경우(민법 제884조에서 제896조)

① 미성년자가 양자를 입양한 경우

　　취소 청구권자는 양부모·양자·그 법정대리인 또는 직계혈족이며, 양부모인 미성년자가 미성년인 때에는 언제든지 취소를 청구할 수 있지만 성년에 달한 후에는 취소 청구권이 소멸됩니다.

② 법정대리인의 동의를 받지 않고 13세 이상의 미성년자를 입양한 경우

③ 법정대리인의 소재를 알 수 없는 등의 사유로 동의 또는 승낙을 받지 않은 경우

---

122) 취소 청구권의 행사기간도 취소원인에 따라 조금씩 차이가 있음을 주의해야 합니다.

④ 법정대리인의 동의(양자가 될 사람이 13세 이상의 미성년자)나 입양의 승낙(양자가 될 사람이 13세 미만인 경우)이 없음에도 부모의 동의를 받지 않고 미성년자를 입양한 경우

⑤ 미성년자의 부모가 친권상실의 선고를 받았거나 소재를 알 수 없는 등의 사유가 없었음에도 부모의 동의를 받지 않고 미성년자를 입양한 경우
취소 청구권자는 양자 또는 동의권자이며, 취소 사유가 있음을 안 날부터 6개월 또는 취소 사유가 있었던 날부터 1년 내에 청구하여야 하는데, 양자가 성년이 된 후 3개월이 지나거나 사망한 경우에는 취소를 청구하지 못합니다.

⑥ 양자가 될 사람이 성년인 경우에 부모의 소재를 알 수 없는 등의 사유로 동의를 받을 수 없는 경우가 아님에도 부모의 동의를 받지 않은 경우
취소청구권자는 동의권자이며, 취소 사유가 있음을 안 날부터 6개월 또는 취소 사유가 있었던 날부터 1년 내에 청구하여야 하는데, 양자가 사망한 경우에는 취소를 청구하지 못합니다.

⑦ 피성년후견인이 성년후견인의 동의를 받지 않고 입양을 하거나 양자가 된 경우
취소청구권자는 피성년후견인 또는 성년후견인이며, 취소 사유가 있음을 안 날부터 6개월 또는 취소 사유가 있었던 날부터 1년 내에

청구하여야 하는데, 성년후견개시 심판이 취소된 후 3개월이 지나면 취소를 청구하지 못합니다.

⑧ 배우자 있는 사람이 배우자와 공동으로 입양하지 않거나, 다른 일방의 동의를 얻지 않고 양자가 된 경우
취소청구권자는 배우자이며, 취소 사유가 있음을 안 날부터 6개월 또는 취소 사유가 있었던 날부터 1년 내에 청구하여야 합니다.

⑨ 입양 당시 양부모와 양자 중 어느 한쪽에게 악질(惡疾)이나 그 밖의 중대한 사유가 있음을 알지 못한 경우
취소청구권자는 양부모와 양자 중 어느 한쪽이며, 취소사유가 있음을 안 날부터 6개월 내에 청구하여야 합니다.

⑩ 사기 또는 강박으로 입양의 의사표시를 한 경우
취소청구권자는 의사표시를 한 자이며, 사기를 안 날 또는 강박에서 벗어난 날부터 3개월 내에 청구하여야 합니다.

## 친양자의 경우(민법 제908조의 4)

친양자로 될 사람의 친생의 부 또는 모는 자신에게 책임 없는 사유로 친양자 입양에 동의 할 수 없었던 경우에, 친생의 부 또는 모가 양부모와 양자를 상대로 친양자 입양의 사실을 안 날부터 6개월 내에 가정법원에

친양자 입양의 취소를 청구할 수 있습니다.[123]

친양자 입양은 가정법원의 허락 결정을 받아 성립하게 되므로 민법의 입양무효에 관한 규정과 입양취소에 관한 규정은 적용이 되지 않습니다 (민법 제908조의 4 제2항). 따라서 친양자입양무효확인의 청구는 할 수 없습니다.

### 입양취소의 효과

① 일반양자 입양 취소의 경우 효력은 입양성립일로 소급되지 않고 입양 취소판결이 확정된 때부터 효력이 있습니다(민법 제908조의 7). 따라서 취소되기 전의 입양관계에서 발생한 사항에 대해서는 영향을 주지 않습니다. 입양이 취소되면 입양에 의해 발생한 친족관계는 종료되고, 미성년자인 양자는 종전의 친권이 부활하게 됩니다.

② 친양자 입양 취소의 경우 판결이 확정되면 친양자관계는 소멸하고 입양 전의 친족관계가 부활하게 됩니다. 그에 따라 친양자는 다시 친생부모의 성을 따르게 되고 친양자가 미성년자인 경우 친생부모의 친권에 따르게 됩니다.

---

123) 양부모와 양자 중 일방이 사망한 경우에는 생존자를 상대로 하며, 상대방이 될 사람이 모두 사망하였다면 검사를 상대방으로 하여 취소를 청구하게 됩니다.

# 6. 파양(罷養)에 대하여 알려 주세요

입양의 취소는 입양성립 시에 일정한 요건을 갖추지 아니한 채 입양을 한 경우 취소를 할 수 있도록 하는 제도인 것에 반해, 「파양(罷養)」이란 '입양성립 후에 발생한 원인으로 양부모와 양자의 친자관계를 해소시키는 행위'를 말합니다. 파양은 일반양자의 경우 협의에 의하거나 재판에 의해 할 수 있으나, 친양자의 경우 재판에 의해서만 가능합니다.

### 일반양자의 파양

#### ① 협의상 파양

양부모와 양자는 협의에 의해 파양할 수 있습니다(민법 제898조). 이러한 협의상 파양은 파양 당사자 간의 파양의사의 합치가 있어야 하며, 이러한 파양의사에는 조건과 기한을 붙일 수 없습니다.

다만 양자가 미성년자 또는 피성년후견인인 경우에는 양부모와 양자의 협의로 파양할 수 없는데, 피성년후견인이 양부모인 경우에는 성년후견인의 동의를 받아 파양을 협의할 수 있습니다(민법 제898조 단서, 민법 제902조).

당사자 간에 파양의 합의가 없는 협의상 파양은 당연히 무효이며, 이와 관련하여 다툼이 있는 경우에는 가정법원에 파양무효의 소를 제기할 수 있습니다. 또한 협의상 파양이 사기 또는 강박으로 이루어진 경우에는, 그 취소를 청구하는 소를 가정법원에 제기할 수 있습니다.[124]

② 재판상 파양

민법에 규정된 파양의 원인이 있는 경우 양부모, 양사 또는 파양청구권 자가 가정법원에 소를 제기하여 법원의 판결로 성립하는 파양이 이루어 지는 것입니다. 소를 제기하게 되면 반드시 조정절차를 거치게 되고, 조 정이 성립하면 파양의 효력이 발생하게 되며 조정이 이루어지지 않으면 파양을 인용하는 판결로서 파양하게 됩니다.

일반양자의 재판상 파양은 ㉮ 양부모가 양자를 학대 또는 유기하거나 그 밖에 양자의 복리를 현저히 해친 경우 ㉯ 양부모가 양자로부터 심히 부당한 대우를 받은 경우 ㉰ 양부모나 양자의 생사가 3년 이상 분명하지 않은 경우 ㉱ 그 밖에 양친자관계를 계속하기 어려운 중대한 사유가 있는 경우 청구할 수 있습니다(민법 제905조).

재판상 파양을 청구할 수 있는 사유 중에서 양부모나 양자의 생사가 3 년 이상 분명하지 않은 경우로 인한 파양의 소는 언제든지 제기할 수 있 지만, 나머지 사유로 인한 파양의 소는 그 사유를 안 날로부터 6개월, 그 사유가 있은 날로부터 3년 내에 제기하여야만 합니다.

---

124) 사기를 안 날 또는 강박에서 벗어난 날부터 3개월 내에 파양취소의 소를 제기하여야 합니다.

## 친양자의 파양

친양자의 경우에는 일반양자의 협의 파양 및 재판상 파양 사유는 적용되지 않으며, 민법 제908조의 5 제1항의 어느 하나의 사유가 있는 경우에만 양부모·친양자·친생의 부 또는 모·검사의 청구에 의해 가정법원의 판결로서 파양이 됩니다(민법 제908조의 5 제1항).

친양자 파양의 사유는 ① 양부모가 친양자를 학대 또는 유기하거나 그 밖에 친양자의 복리를 현저히 해하는 때 ② 친양자의 양부모에 대한 패륜행위로 친양자 관계를 유지시킬 수 없게 된 때의 2가지입니다(민법 제908조의 5 제1항).

그런데 가정법원은 ②의 사유로 인한 파양청구에 대해서는 양육 상황, 친양자 입양의 동기, 양부모의 양육능력 등을 심사하여 친양자의 복리에 적당하다고 판단되면 파양을 확정판결하고, 친양자의 복리를 위하여 친양자의 파양이 적당하지 않다고 판단하는 경우 청구를 기각할 수 있습니다(민법 제908조의 6 및 제908조의 2 제3항).

# IV.

# 후견

# 1. 후견(後見)이란 무엇인가요?

우리 민법은 친권자가 없거나 친권자가 친권을 행사할 수 없게 된 미성년자와 장애·질병·노령·그 밖의 사유로 사무처리 능력이 없는 성년자의 권익보호와 지원을 위하여 「후견(後見)」제도를 두고 있습니다. 즉 후견제도는 민법상 미성년후견제도와 성년후견제도의 두가지로 크게 구분할 수 있습니다.

### 미성년후견제도

민법 제928조는 미성년자에게 친권자가 없거나 친권의 상실 또는 일시 정지, 일부제한 선고, 대리권·재산관리권상실 선고, 친권자의 대리권·재산관리권의 사퇴에 따라 친권의 전부 또는 일부를 행사할 수 없는 경우에 후견인을 두도록 하고 있습니다.

### 성년후견제도

질병·장애·노령 등의 사유로 인해 정신적 제약을 가진 사람들이 존엄한 인격체로서 주체적으로 후견제도를 이용하고 자신의 삶을 영위해 나갈 수 있도록, 개정 민법은 종래의 금치산·한정치산제도를 폐지하고 성년후견제도를 도입하였습니다.

종래의 금치산·한정치산제도는 재산관리에 중점을 두었고, '본인의 의사와 잔존능력'에 대한 고려 없이 행위능력을 획일적으로 제한하였습니다. 반면, 2013년 7월 1일부터 시행된 성년후견제도는 '본인의 의사와 잔존능력의 존중'을 기본이념으로 하여 후견 범위를 개별적으로 정할 수 있도록 하였고, 재산 관련 분야뿐만 아니라 치료·요양 등 신상에 관한 분야에도 폭넓은 도움을 줄 수 있습니다. 또한 현재 정신적 제약이 없는 사람이라도 미래를 대비하여 성년후견제도(임의후견)를 이용할 수 있도록 하고 있습니다.

## 성년후견제도의 종류

성년후견제도의 후견은 법정후견과 임의후견으로 나눌 수 있고, 법정후견에는 성년후견, 한정후견, 특정후견이 있습니다.

### ① 성년후견

질병, 장애, 노령, 그 밖의 사유로 인한 정신적 제약으로 사무를 처리할 능력이 지속적으로 결여된 사람에 대하여 가정법원이 일정한 사람들의 청구에 의하여 후견인을 선임하는 것을 말합니다(민법 제9조).

### ② 한정후견

질병, 장애, 노령, 그 밖의 사유로 인한 정신적 제약으로 사무를 처리할 능력이 부족한 사람에 대하여 가정법원이 일정한 사람들의 청구에 의하여 후견인을 선임하는 것을 말합니다(민법 제12조).

### ③ 특정후견

질병, 장애, 노령, 그 밖의 사유로 인한 정신적 제약으로 일시적 후원 또는 특정한 사무에 관한 후원이 필요한 사람에 대하여 가정법원이 일정한 사람들의 청구에 의하여 후견인을 선임하는 것을 말합니다(민법 제14조의 2)

### ④ 임의후견(후견계약)

성년자가 질병, 장애, 노령, 그 밖의 사유로 인한 정신적인 제약으로 사무처리 능력이 부족한 상황에 있거나 부족하게 될 상황을 대비하여, 자신의 재산관리 및 신상보호에 관한 사무의 전부 또는 일부를 스스로 다른 자에게 위탁하고, 그 위탁사무에 관하여 대리권을 수여하는 계약을 체결하는 것을 말합니다(민법 제959조의 14).

| 내용 | 성년후견 | 한정후견 | 특정후견 | 임의후견 |
|---|---|---|---|---|
| 개시사유 | 정신적 제약으로 사무처리 능력의 지속적 결여 | 정신적 제약으로 사무처리능력의 부족 | 정신적 제약으로 일시적 후원 또는 특정사무 후원의 필요 | 정신적 제약으로 사무처리능력의 부족 |
| 본인의 행위능력 | 원칙적 행위능력상실자 | 원칙적 행위능력자 | 행위능력자 | 행위능력자 |
| 후견개시 청구권자 | 본인, 배우자, 4촌 이내의 친족, 미성년후견인, 미성년후견감독, 한정후견인, 한정후견감독인, 특정후견인, 특정후견감독인, 검사, 지방자치단체의 장 | 본인, 배우자, 4촌 이내의 친족, 미성년후견인, 미성년후견감독, 성년후견인, 성년후견감독인, 특정후견인, 특정후견감독인, 검사, 지방자치단체의 장 | 본인, 배우자, 4촌 이내의 친족, 미성년후견인, 미성년후견감독, 검사, 지방자치단체의 장 | 본인, 배우자, 4촌 이내의 친족, 임의후견인, 검사, 지방자치단체의 장(※ 임의후견 개시 요건인 임의후견감독인 선임 청구권자) |
| 후견인의 권한 | 원칙적으로 포괄적인 대리권, 취소권 | 법원이 정한 범위 내에서 대리권, 동의권, 취소권 | 법원이 정한 범위 내에서 대리권 | 각 계약에서 정한 바에 따름 |

# 2. 미성년후견이라는 것이 무엇인가요?

부모가 미성년자인 자녀에 대해 가시는 신분·재산상의 권리와 의무를 「친권(親權)」이라 하는데, 부모는 미성년자의 친권자가 되고 양자의 경우에는 양부모가 친권자가 됩니다. 그런데 미성년자에게 이러한 친권자가 없게 되거나 친권의 상실 또는 일시 정지, 일부 제한 선고, 대리권·재산관리권 상실 선고, 친권자의 대리권·재산관리권 사퇴에 따라 친권의 전부 또는 일부를 행사할 수 없는 경우에 미성년후견이 개시됩니다.

## 미성년후견 개시방법

### ① 유언에 의한 지정(민법 제931조)

미성년자에게 친권을 행사하는 부모는 유언으로 미성년후견인을 지정할 수 있는데, 법률행위의 대리권과 재산관리권이 없는 친권자는 유언으로 미성년후견인을 지정하지 못합니다.

유언으로 미성년후견인이 지정되었다 하더라도, 가정법원은 미성년자의 복리를 위해 필요하다면 생존하는 부 또는 모, 미성년자의 청구에 따라 후견을 종료하고, 생존하는 부 또는 모를 친권자로 지정할 수 있습니다.

② 가정법원에 의한 선임(민법 제932조)

가정법원은 유언으로 지정된 미성년후견인이 없거나 미성년자에게 후견인이 없게 된 경우에는 직권 또는 미성년자, 친족, 이해관계인, 검사, 지방자치단체의 장의 청구에 따라 미성년후견인을 선임합니다.

또한 친권의 상실, 일시정지, 일부 제한의 선고 또는 법률행위 대리권이나 재산관리권 상실의 선고가 있는 경우에도 직권으로 미성년후견인을 선임합니다.

그리고 친권자가 대리권 및 재산관리권을 사퇴하는 경우에는 지체 없이 가정법원에 미성년후견인 선임을 청구하여야 하고, 이에 따라 가정법원은 미성년후견인을 선임하게 됩니다.

## 미성년후견인이 될 수 없는 자

미성년후견인은 성년후견과 달리 한 명만 될 수 있습니다(민법 제930조 제1항). 이러한 미성년후견인에 관하여 민법은 제930조 제3항 및 제937조에서는 결격사유를 규정하고 있는데, ① 법인 ② 미성년자 ③ 피성년후견인, 피한정후견인, 피특정후견인, 피임의후견인 ④ 회생절차개시결정 또는 파산선고를 받은 자 ⑤ 자격정지 이상의 형의 선고를 받고, 형의 기간 중에 있는 사람 ⑥ 법원에서 해임된 법정대리인 ⑦ 법원에서 해임된 성년후견인, 한정후견인, 특정후견인, 임의후견인과 감독인 ⑧ 행방이 불분명한 사람 ⑨ 피후견인을 상대로 소송을 하였거나 하고 있는 사람 또는 배우자와 직계혈족(다만, 피후견인의 직계비속은 제외)은 미성년후견인이 될 수 없습니다.

## 미성년후견 개시신고

미성년후견이 개시되면 미성년후견인은 취임일로부터 1개월 이내에 관련서류[125]를 첨부하여 자신의 주소지나 현재지[126] 시·구·읍·면의 장에게 후견개시의 신고를 하여야 합니다. 나만, 외국에 거주하거나 체류하는 대한민국 국민의 경우 재외국민 가족관계등록사무소에 신고할 수도 있습니다.[127]

## 미성년후견인의 변경

가정법원은 피후견인인 미성년자의 복리를 위하여 후견인을 변경할 필요가 있다고 인정하면 직권으로 또는 피후견인, 친족, 후견감독인, 검사, 지방자치단체의 장의 청구에 의하여 후견인을 변경할 수 있습니다.

---

125) 첨부할 서류로는 유언으로 지정된 경우에는 지정에 관한 유언서등본 또는 유언녹음을 기재한 서면이고, 가정법원에 의해 선임된 경우에는 재판서등본입니다.

126) 여행 등에서 하루, 이틀 숙박하는 장소와 같이, 그 사람과 토지와의 관계가 '거소'보다도 엷은 장소를 말합니다.

127) 정당한 사유 없이 기간 내에 신고를 하지 않은 경우 과태료가 부과됩니다.

# 3. 성년후견이라는 것이 무엇인가요?

질병, 장애, 노령, 그 밖의 사유로 정신적 제약으로 사무를 처리할 능력이 지속적으로 결여된 성인을 위하여, 특정한 사람의 청구에 의해서 가정법원의 결정으로 선임된 후견인을 통해 재산관리 및 일상생활에 관한 보호와 지원을 제공받도록 하는 제도를 「성년후견」이라 합니다. 한정후견 또는 특정후견이 개시된 경우에도 정신적 제약으로 사무처리 할 능력이 지속적으로 결여하다고 판단이 된다면 성년후견 심판을 청구할 수 있습니다.

## 청구권자 및 청구방법과 관할

### ① 청구권자

성년후견은 정신적 제약으로 사무를 처리할 능력이 지속적으로 결여된 본인, 배우자, 4촌 이내의 친족, 미성년후견인, 미성년후견감독인, 한정후견인, 한정후견감독인, 특정후견인, 특정후견감독인, 검사, 또는 지방자치단체의 장의 청구에 따라 성년후견개시의 심판을 하게 됩니다(민법 제9조 제1항).

### ② 청구방법

심판을 청구하는 자는 아래의 서류를 첨부한 성년후견심판청구서를 법원에 제출하여야 합니다.

---

- 기본증명서(상세), 가족관계증명서(상세), 주민등록표등(초)
  본(사건본인)      각 1통
- 가족관계증명서(상세), 주민등록표등(초)본(청구인 및 후견
  인후보자)      각 1통
- 청구인 및 후견인후보자와 사건본인과의 관계를 밝혀줄 자료   1통
  (가족관계증명서(상세), 제적등본 등) (가족관계증명서만으
  로 그 관계를 알 수 없는 경우)
- 사건본인 및 후견인후보자의 후견등기사항부존재증명서(전
  부) 또는 후견등기사항 전부증명서(말소 및 폐쇄사항 포함)
  ※ 발급처-가정법원      각 1통
- 선순위 추정상속인들의 동의서(인감날인 및 인감증명서 또는
  본인서명 및 본인서명 사실확인서 첨부 필요)      1통
- 진단서 및 진료기록지 등      1통
- 사전현황설명서/재산목록/취소권·동의권·대리권 등 권한범위   각 1통
- 후견인 후보자의 신용조회서      각 1통
- 기타(소명자료)      1통

---

③ 관할

성년후견개시심판은 피성년후견인(성년후견을 받는 사람, 사건본인)
의 주소지 가정법원에서 관할합니다(가사소송법 제44조 제1항 제1호의
2).

## 심판절차

가정법원은 성년후견 개시의 심판을 하는 경우에 피성년후견인이 될 사람이 의식불명, 그 밖의 사유로 자신의 의사를 표명할 수 없는 경우 외에는 본인의 진술을 들어야 합니다. 또한 피성년후견인이 될 사람의 정신 상태를 판단할 만한 충분한 자료가 없는 경우에는 의사에게 감정을 시켜야 합니다(가사소송법 제45조의 2 제1항, 제45조의 3 제1항).

한정후견 또는 특정후견이 개시되어 있더라도 피한정후견인 또는 피특정후견인의 정신 능력의 악화 등의 사유가 있는 경우에는 성년후견 개시의 심판을 청구할 수 있는데, 이 경우 기존의 한정후견 또는 특정후견의 종료 심판을 하게 됩니다(민법 제14조의 3 제1항).

성년후견개시심판이 확정되면 피성년후견인은 원칙적으로 혼자서는 유효한 법률행위를 할 수 없으며, 그의 법률행위는 취소할 수 있는 법률행위가 됩니다. 다만, 일용품 구입 등 일상생활에 필요하고, 그 대가가 과도하지 않은 법률행위는 취소할 수 없으며, 가정법원이 취소할 수 없는 법률행위의 범위를 정할 수도 있습니다(민법 제10조).

가정법원의 성년후견 개시의 심판에 대해 불복하는 경우, 성년후견개시심판을 청구할 수 있는 자는 2주 이내에 즉시항고를 할 수 있습니다.

## 성년후견인의 선임

가정법원은 성년후견개시심판을 하는 경우 직권으로 그 심판을 받은 사람의 성년후견인을 선임하게 됩니다(민법 제929조, 제936조 제1항). 가정법원은 성년후견인을 선임하는 경우에 피성년후견인의 의사를 존중해야 하며, 피성년후견인의 건강·생활관계·재산상황, 성년후견인이 될 사람의 직업·경험·피성년후견인과의 이해관계의 유무[128] 등의 사정을 고려하여 선임합니다. 가정법원은 이러한 제반 모든 사정을 고려하여 성년후견인을 여러 명 둘 수 있습니다.

### 성년후견인이 될 수 없는 자

① 미성년자 ② 피성년후견인, 피한정후견인, 피특정후견인, 피임의후견인 ③ 회생절차개시결정 또는 파산선고를 받은 자 ④ 자격정지 이상의 형의 선고를 받고, 그 형의 기간 중에 있는 사람 ⑤ 법원에서 해임된 법정대리인 ⑥ 법원에서 해임된 성년후견인, 한정후견인, 특정후견인, 임의후견인과 그 감독인 ⑦ 행방이 불명인 자 ⑧ 피후견인을 상대로 소송을 하였거나 하고 있는 사람 ⑨ 피후견인을 상대로 소송을 하였거나 하고 있는 사람의 배우자와 직계혈족(다만, 피후견인의 직계비속은 제외)은 성년후견인이 될 수 없습니다(민법 제937조).

---

128) 법인이 성년후견인이 되는 경우 사업의 종류와 내용, 법인이나 대표자와 피성년후견인 사이의 이해관계 유무 등을 말합니다.

# 4. 한정후견이라는 것이 무엇인가요?

질병, 장애, 노령, 그 밖의 사유로 정신적 제약으로 사무를 처리할 능력이 부족한 성인을 위하여, 특정한 사람의 청구에 의해서 가정법원의 결정으로 선임된 후견인을 통해 재산관리 및 일상생활에 관한 보호와 지원을 제공받도록 하는 제도를 「한정후견」이라 합니다. 성년후견 또는 특정후견이 개시된 경우에도 기존의 후견형태를 한정후견으로 바꾸어 보호할 필요가 있을 수 있는 때에는 한정후견 심판을 청구할 수 있습니다.

## 청구권자 및 청구방법과 관할

### ① 청구권자

한정후견은 성년후견과 마찬가지로 정신적 제약으로 사무를 처리할 능력이 부족한 본인, 배우자, 4촌 이내의 친족, 미성년후견인, 미성년후견감독인, 성년후견인, 성년후견감독인, 특정후견인, 특정후견감독인, 검사 또는 지방자치단체의 장의 청구에 따라 한정후견개시의 심판을 하게 됩니다(민법 제12조 제1항).

### ② 청구방법

심판을 청구하는 자는 성년후견의 경우와 마찬가지로 아래의 서류를 첨부한 한정후견심판청구서를 법원에 제출하여야 합니다.

- 기본증명서(상세), 가족관계증명서(상세), 주민등록표등(초)
  본(사건본인)                                                  각 1통
- 가족관계증명서(상세), 주민등록표등(초)본(청구인 및 후견
  인후보자)                                                    각 1통
- 청구인 및 후견인후보자와 사건본인과의 관계를 밝혀줄 자료        1통
  (가족관계증명서(상세), 제적등본 등) (가족관계증명서만으
  로 그 관계를 알 수 없는 경우)
- 사건본인 및 후견인후보자의 후견등기사항부존재증명서(전
  부) 또는 후견등기사항 전부증명서(말소 및 폐쇄사항 포함)
  ※ 발급처-가정법원                                            각 1통
- 선순위 추정상속인들의 동의서(인감날인 및 인감증명서 또는
  본인서명 및 본인서명 사실확인서 첨부 필요)                       1통
- 진단서 및 진료기록지 등                                         1통
- 사전현황설명서/재산목록/취소권·동의권·대리권 등 권한범위   각 1통
- 후견인 후보자의 신용조회서                                     각 1통
- 기타(소명자료)                                                 1통

③ 관할

한정후견개시심판의 관할 역시 피한정후견인(한정후견을 받는 사람,
사건본인)의 주소지 가정법원에서 관할합니다(가사소송법 제44조 제1항
제1호의2).

## 심판절차

가정법원은 한정후견 개시의 심판을 하는 경우 반드시 본인의 진술을

듣고 본인의 의사를 고려해야 합니다. 성년후견과 마찬가지로 한정후견의 경우에도 피한정후견인이 될 사람의 정신 상태를 판단할 만한 충분한 자료가 없는 경우 의사에게 감정을 시켜야 합니다(가사소송법 제45조의 2 제1항, 제45조의 3 제1항).

성년후견 또는 특정후견이 개시되어 있더라도 피성년후견인 또는 피특정후견인의 정신 능력의 회복 또는 악화 등의 사유가 있는 경우 기존의 후견형태를 바꾸어 보호할 필요에 의해 한정후견 개시의 심판을 청구할 수 있는데, 이 경우 기존의 성년후견 또는 특정후견의 종료 심판을 하게 됩니다(민법 제14조의 3 제2항).

한정후견개시심판이 확정되면 가정법원은 피한정후견인이 한정후견인의 동의를 받아야 하는 행위의 범위를 정할 수 있습니다. 이에 따라 한정후견인의 동의를 필요로 하는 행위를 피한정후견인이 동의 없이 행한 경우 한정후견인은 그 법률행위를 취소할 수 있게 됩니다. 다만, 일용품 구입 등 일상생활에 필요하고, 그 대가가 과도하지 않은 법률행위는 취소할 수 없습니다. 그리고 가정법원은 이처럼 한정후견인의 동의를 필요로 하는 행위에 대해 피한정후견인의 이익이 침해될 염려가 있음에도 한정후견인이 동의를 하지 않는 경우 동의에 갈음하는 허가를 할 수 있습니다(민법 제13조).

가정법원의 한정후견 개시의 심판에 대해 불복하는 경우 한정후견개시심판을 청구할 수 있는 자는 2주 이내에 즉시항고를 할 수 있습니다.

## 한정후견인의 선임

가정법원은 한정후견개시심판을 하는 경우 직권으로 그 심판을 받은 사람의 한정후견인을 선임하게 됩니다(민법 제959조의 2, 제959조의 3 제1항). 가정법원은 한정후견인을 선임하는 경우에 피한정후견인의 의사를 존중해야 하며, 피한정후견인의 건강·생활관계·재산상황, 한정후견인이 될 사람의 직업·경험·피한정후견인과의 이해관계의 유무 등의 사정을 고려하여 선임합니다. 한정후견인도 성년후견인과 마찬가지로 여러 명을 둘 수 있습니다.

## 한정후견인이 될 수 없는 자

① 미성년자 ② 피성년후견인, 피한정후견인, 피특정후견인, 피임의후견인 ③ 회생절차개시결정 또는 파산선고를 받은 자 ④ 자격정지 이상의 형의 선고를 받고, 그 형의 기간 중에 있는 사람 ⑤ 법원에서 해임된 법정대리인 ⑥ 법원에서 해임된 성년후견인, 한정후견인, 특정후견인, 임의후견인과 그 감독인 ⑦ 행방이 불명인 자 ⑧ 피후견인을 상대로 소송을 하였거나 하고 있는 사람 ⑨ 피후견인을 상대로 소송을 하였거나 하고 있는 사람의 배우자와 직계혈족(다만, 피후견인의 직계비속은 제외)은 성년후견과 마찬가지로 한정후견인이 될 수 없습니다(민법 제937조, 제959조의 3 제2항).

# 5. 후견인의 권한은 어떻게 되나요?

후견인(미성년후견인, 성년후견인, 한정후견인)은 모두 선량한 관리자의 주의의무를 가지고 후견사무를 처리해야 합니다. 다만 각 후견인들의 권한 범위는 후견인에 따라 다르게 나타납니다.

## 미성년후견인
### ① 미성년자의 신분을 위한 사무처리
미성년후견인은 미성년자인 피후견인의 보호·교양, 거소지정, 징계, 감화 또는 교정기관에의 위탁 등의 사항에 관하여 친권자와 같은 권리와 의무가 있습니다.

미성년자인 피후견인의 법정대리인으로서 연령위반 혼인의 취소, 입양과 관련한 신분행위, 상속과 관련한 행위, 혼인무효소송 등 신분관계에 대한 소송의 대리권을 가지며, 약혼·혼인에 대한 동의권을 가집니다.

또한 미성년자인 피후견인에게 자녀가 있는 경우, 미성년자의 자녀에 대한 친권을 행사합니다.

② 미성년자의 재산보호를 위한 사무처리

미성년후견인은 취임 후 지체 없이 피후견인의 재산을 조사하여 2개월 내에 목록을 작성해야 합니다.

재산조사와 목록작성은 후견감독인의 참여가 있어야 효력이 있는데, 특히 미성년후견인과 피후견인 사이에 채권·채무의 관계가 있는 경우 재산목록의 작성을 완료하기 전에 후견감독인에게 제시하여야 합니다 (이러한 제시를 게을리 한 경우, 채권을 포기한 것으로 봅니다).

미성년후견인은 피후견인의 재산을 관리하고, 재산에 관한 법률행위에 대해 대리권을 갖습니다. 다만, 피후견인의 행위를 목적으로 채무를 부담할 경우 미성년자 본인의 동의를 얻어 대리권을 행사하는데, 근로계약과 관련하여서는 미성년후견인도 대리하지 못하고 동의권만 가집니다.[129]

미성년후견인과 피후견인 간에 이해상반행위[130]를 하는 경우에 후견인은 가정법원에 피후견인의 특별대리인 선임을 청구하여야 합니다(다만, 후견감독인이 있는 경우에는 그렇지 않습니다).

---

129) 미성년자인 피후견인은 후견인의 동의를 받아 본인 스스로 직접 근로계약을 체결하며, 이러한 근로계약이 미성년자에게 불리하다고 인정되는 경우 미성년후견인은 이를 해지할 수 있습니다.

130) '이해상반행위'라 함은 미성년후견인이 하는 행위의 객관적 성질상 미성년후견인과 피후견인 사이에 이해의 대립이 생길 우려가 있는 행위를 가리키는 것으로서, 미성년후견인의 의도나 그 행위의 결과 실제로 이해의 대립이 생겼는지 여부는 묻지 않습니다.

③ 후견감독인의 동의가 필요한 경우

미성년후견인은 후견감독인이 있는 경우 ㉮ 친권자가 정한 교육방법, 양육방법 또는 거소를 변경하는 경우 ㉯ 감화기관이나 교정기관에 위탁하는 경우 ㉰ 친권자가 허락한 영업을 취소하거나 제한하는 경우에 그의 동의를 받아야 합니다.

또한 피후견인의 영업에 관한 행위, 금전을 빌리는 행위, 의무만을 부담하는 행위, 부동산 또는 중대한 재산에 관한 권리의 득실변경을 목적으로 하는 행위, 소송행위, 상속의 승인·한정승인·포기 및 상속재산분할에 관한 협의에 대해 미성년후견인이 대리하거나 동의를 하는 경우 후견감독인이 있으면 그의 동의를 받아야 합니다.

후견감독인의 동의가 필요한 행위에 대하여 후견감독인이 피후견인의 이익이 침해될 우려가 있음에도 동의를 하지 않는 경우에는 가정법원이 미성년후견인의 청구에 의해 후견감독인의 동의를 갈음하는 허가를 할 수 있습니다.

## 성년후견인

### ① 피성년후견인의 신상보호를 위한 사무처리

성년후견인은 가정법원의 허가를 받아 피성년후견인을 치료 등의 목적으로 정신병원이나 그 밖의 다른 장소에 격리할 수 있으며, 피성년후견인의 신체를 침해하는 의료행위에 대해 피성년후견인이 동의할 수 없는 경우에는 성년후견인이 그를 대신하여 동의할 수 있습니다.

피성년후견인을 대리하여 피성년후견인이 거주하고 있는 건물 또는 대지에 대하여 매도, 임대, 전세권·저당권 설정, 임대차 해지, 전세권 소멸, 그 밖에 이에 준하는 행위를 하는 경우 가정법원의 허가를 받아야 합니다.

### ② 피성년후견인의 재산보호를 위한 사무처리

성년후견인은 피성년후견인의 재산을 관리하고 재산에 관한 법률행위에 포괄적인 대리권을 가집니다. 그렇지만 가정법원은 여러 사정을 고려하여 대리권의 범위를 정할 수 있고, 사정의 변경에 따라 대리권의 범위가 적절하지 않은 경우 이를 변경할 수 있습니다.

성년후견인이 피성년후견인의 행위를 목적으로 하는 채무를 부담하는 경우 본인의 동의를 얻어야 합니다. 그리고 성년후견인과 피성년후견인 간에 이해상반행위를 하는 경우에는 가정법원에 특별대리인의 선임을 청구하여야 합니다(다만, 후견감독인이 있는 경우에는 그렇지 않습니다).

### ③ 성년후견감독인의 동의가 필요한 경우

성년후견인이 피성년후견인을 대리하여 피성년후견인의 영업에 관한 행위, 금전을 빌리는 행위, 의무만을 부담하는 행위, 부동산 또는 중대한 재산에 관한 권리의 득실변경을 목적으로 하는 행위, 소송행위, 상속의 승인·한정승인·포기 및 상속재산분할에 관한 협의를 하는 경우 성년후견감독인이 있으면 그의 동의를 받아야 합니다.

성년후견감독인의 동의가 필요한 행위에 대하여 성년후견감독인이 피성년후견인의 이익이 침해될 우려가 있음에도 동의를 하지 않는 경우에는 가정법원이 성년후견인의 청구에 의해 성년후견감독인의 동의를 갈음하는 허가를 할 수 있습니다.

### 한정후견인

#### ① 피한정후견인의 신상보호를 위한 사무처리

한정후견인은 가정법원의 허가를 받아 피한정후견인을 치료 등의 목적으로 정신병원이나 그 밖의 다른 장소에 격리할 수 있으며, 피한정후견인의 신체를 침해하는 의료행위에 대해 피한정후견인이 동의할 수 없는 경우에는 한정후견인이 그를 대신하여 동의할 수 있습니다.

피한정후견인을 대리하여 피한정후견인이 거주하고 있는 건물 또는 그 대지에 대하여 매도, 임대, 전세권·저당권 설정, 임대차 해지, 전세권 소멸, 그 밖에 이에 준하는 행위를 하는 경우 가정법원의 허가를 받아야 합니다.

#### ② 피한정후견인의 재산보호를 위한 사무처리

한정후견인은 피한정후견인의 재산을 관리하고, 그 재산에 관한 법률행위에 대해 피후견인을 대리합니다.

한정후견인이 피한정후견인의 행위를 목적으로 하는 채무를 부담하는 경우 본인의 동의를 얻어야 합니다. 그리고 한정후견인과 피한정후견인 간에 이해상반행위를 하는 경우에는 가정법원에 특별대리인의 선임을 청구하여야 합니다(다만, 후견감독인이 있는 경우에는 그렇지 않습니다).

### ③ 한정후견감독인의 동의가 필요한 경우

한정후견인이 피한정후견인을 대리하여 피한정후견인의 영업에 관한 행위, 금전을 빌리는 행위, 의무만을 부담하는 행위, 부동산 또는 중대한 재산에 관한 권리의 득실변경을 목적으로 하는 행위, 소송행위, 상속의 승인·한정승인·포기 및 상속재산분할에 관한 협의를 하는 경우에 한정후견감독인이 있으면 그의 동의를 받아야 합니다.

한정후견감독인의 동의가 필요한 행위에 대하여 한정후견감독인이 피한정후견인의 이익이 침해될 우려가 있음에도 동의를 하지 않는 경우에는 가정법원이 한정후견인의 청구에 의해 한정후견감독인의 동의를 갈음하는 허가를 할 수 있습니다.

# 6. 후견등기제도에 대하여 알려 주세요

「후견등기제도(後見登記制度)」란 성년후견, 한정후견, 특정후견 및 임의후견에 관한 사항을 등기에 의한 방법으로 공시하는 제도를 말합니다. 민법의 개정으로 한정치산·금치산제도가 폐지되고 성년후견 등의 제도의 시행으로 인하여 '후견등기에 관한 법률'이 제정되어, 그에 따라 새롭게 후견등기제도가 생기게 되었습니다.

### 후견등기의 촉탁 및 신청

후견등기는 성년후견·한정후견·특정후견의 경우에는 성년후견·한정후견·특정후견 개시의 심판이 확정되거나 효력이 발생한 때 가정법원이 후견등기부에 등기할 것을 촉탁하고, 임의후견의 경우에는 후견계약을 공정증서로 체결하여 임의후견인이 등기를 신청하게 됩니다.

### 후견관련 증명서의 발급

후견관련 사항의 증명이 필요한 경우, 전국 가정법원 또는 가정법원 지원(가정법원 및 가정법원 지원이 설치되어 있지 않은 지역은 지방법원 및 지방법원 지원)의 가족관계등록과 또는 종합민원실에서 등기사항증명서 또는 등기사항부존재증명서를 발급받을 수 있습니다.

## 등기사항증명서 및 등기사항부존재증명서

등기사항증명서에는 피후견인, 후견개시 및 종료, 후견인 및 후견감독 인에 관한 사항이 기재되어 있으며 증명서를 통하여 후견인의 대리권 범 위를 확인할 수 있습니다.

등기사항부존재증명서는 현재 효력이 있는 성년후견, 한정후견, 특정후 견, 임의후견 등의 후견등기사항이 존재하지 않음을 나타내는 증명서입니다.

## 증명서의 발급이유

등기사항증명서는 후견인 등이 피후견인을 대리하여 재산의 매매계약 이나 간호서비스 제공계약을 체결할 경우에 거래의 상대방에게 이를 제 시하여 자신의 대리권을 증명하기 위하여 발급을 받게 됩니다. 이에 반 해 등기사항부존재증명서는 거래시점에 성년후견·한정후견·특정후 견·임의후견 등을 받고 있지 않다는 사실을 증명하기 위하여 제시할 목 적으로 발급을 받습니다.

## 증명서를 발급받을 수 있는 사람

후견등기에 관한 정보는 고도의 개인정보에 관한 사항이므로 거래의 안전보호와 개인의 사생활보호의 조화라는 관점에서 증명서의 발급을 청구할 수 있는 사람을 한정하고 있는데, 피후견인·배우자·4촌 이내의 친족과 후견인·후견감독인 및 각 직에서 퇴임한 자·그 밖의 법령에 규 정된 사람만이 발급받을 수 있습니다(후견등기에 관한 법률 제15조). 따 라서 거래 상대방이라는 사유만으로 발급을 받을 수는 없습니다.

# V.

# 가족관계등록

# 1. 혼인신고와 이혼신고는 어떻게 하나요?

「혼인신고(婚姻申告)」는 법적으로 인정된 남녀 간의 결합을 위해 혼인 사실을 시·구·읍·면의 장에게 신고하는 것이고, 「이혼신고(離婚申告)」는 당사자 간의 협의 또는 재판으로 혼인관계를 종료시키기 위해 이혼 사실을 시·구·읍·면의 장에게 신고하는 것을 말합니다.

### 혼인신고

혼인신고자는 혼인을 하려는 당사자입니다. 혼인은 가족관계의 등록 등에 관한 법률에 따라 신고를 함으로써 효력이 발생하므로 신고기간이 별도로 존재하지는 않습니다.

혼인신고는 신고인의 등록기준지 또는 주소지나 현재지 관할 시·구·읍·면의 사무소에서 하면 됩니다.

## 혼인신고 신청서 기재사항 및 첨부서류

| | |
|---|---|
| 기재사항 | • 당사자의 성명·본·출생연월일·주민등록번호 및 등록기준지<br>• 당사자의 부모와 양부모의 성명·등록기준지 및 주민등록번호<br>• 자녀의 성과 본을 모(母)의 성과 본을 따르기로 합의한 경우, 그 사실<br>• 8촌 이내의 근친혼에 해당하지 않는다는 사실<br>• 성년인 증인 2명의 연서(連署)[131] |
| 첨부서류 | • 미성년·피성년후견인 혼인 : 혼인동의서 및 성년후견인 자격증명 서면<br>• 사실혼관계존재확인의 재판에 의한 혼인신고 : 재판서등본, 확정증명서<br>• 자녀의 성과 본을 모(母)의 성과 본을 따르기로 합의한 경우 : 협의서<br>• 신고인이 모두 출석한 경우 : 신고인 모두의 신분증명서<br>• 신고인 일방의 불출석 : 신고인 모두의 신분증명서 또는 인감증명서<br>• 우편 신고의 경우 : 신고인 모두의 인감증명서(인감도장날인)<br>• 혼인 당사자의 기본증명서, 혼인관계증명서, 가족관계증명서 |

## 이혼신고

협의이혼 신고자는 이혼을 하려는 당사자이며, 재판상 이혼의 신고 의무자는 소송을 제기한 사람 또는 그 상대방입니다.

협의이혼의 경우 법원으로부터 이혼의사확인서 등본을 교부받게 되는데, 등본을 교부받은 날로부터 3개월 이내 신고하여야 하며, 이 기간을 경과하면 이혼의사확인서의 효력이 상실됩니다. 재판상 이혼의 경우 판결이 확정된 날로부터 1개월 이내에 이혼신고를 하여야 합니다.

이혼신고는 이혼 당사자의 등록기준지 또는 신고인의 주소지나 현재

---

131) 한 문서에 두 사람 이상이 서명하는 것을 연서라 합니다.

지 관할 시·구·읍·면의 사무소에서 하면 됩니다.

## 이혼신고 신청서 기재사항 및 첨부서류

| | |
|---|---|
| 기재사항 | • 당사자의 성명·본·출생연월일·주민등록번호 및 등록기준지<br>• 당사자의 부모와 양부모의 성명·등록기준지 및 주민등록번호<br>• 친권자가 정해진 경우에는 그 내용 |
| 첨부서류 | • 협의이혼 : 협의이혼의사확인서 등본<br>• 재판상 이혼 : 판결 등본 및 확정증명서<br>• 친권자지정과 관련된 소명자료(협의) : 친권자지정 협의서 등본<br>• 친권자지정과 관련된 소명자료(재판) : 심판서 정본 및 확정증명서<br>• 신고인의 신분증명서<br>• 이혼 당사자 각각의 가족관계증명서, 혼인관계증명서 |

## [혼인신고서 양식]

[양식 제10호]

<table>
<tr><td colspan="4" rowspan="2">혼 인 신 고 서<br>(　년　　월　　일)</td><td colspan="5">※ 신고서 작성 시 뒷면의 작성 방법을 참고하고, 선택항목에는 '영표(○)'로 표시하기 바랍니다.</td></tr>
<tr><td colspan="5"></td></tr>
<tr><td colspan="2">구 분</td><td colspan="2">남　편(부)</td><td colspan="4">아　내(처)</td><td></td></tr>
<tr><td rowspan="7">①<br>혼<br>인<br>당<br>사<br>자<br>(신<br>고<br>인)</td><td rowspan="2">성명</td><td>한글</td><td>*(성) / (명)</td><td rowspan="2">㉚ 또는 서명</td><td colspan="2">*(성) / (명)</td><td colspan="2" rowspan="2">㉚ 또는 서명</td></tr>
<tr><td>한자</td><td>(성) / (명)</td><td colspan="2">(성) / (명)</td></tr>
<tr><td colspan="2">본(한자)</td><td>전화</td><td></td><td colspan="2">본(한자)</td><td>전화</td><td></td></tr>
<tr><td colspan="2">출생연월일</td><td colspan="2"></td><td colspan="4"></td></tr>
<tr><td colspan="2">*주민등록번호</td><td colspan="2">-</td><td colspan="4">-</td></tr>
<tr><td colspan="2">*등록기준지</td><td colspan="2"></td><td colspan="4"></td></tr>
<tr><td colspan="2">*주소</td><td colspan="2"></td><td colspan="4"></td></tr>
<tr><td rowspan="6">②<br>부<br>모<br>(양<br>부<br>모)</td><td colspan="2">부 성명</td><td colspan="2"></td><td colspan="4"></td></tr>
<tr><td colspan="2">주민등록번호</td><td colspan="2">-</td><td colspan="4">-</td></tr>
<tr><td colspan="2">등록기준지</td><td colspan="2"></td><td colspan="4"></td></tr>
<tr><td colspan="2">모 성명</td><td colspan="2"></td><td colspan="4"></td></tr>
<tr><td colspan="2">주민등록번호</td><td colspan="2">-</td><td colspan="4">-</td></tr>
<tr><td colspan="2">등록기준지</td><td colspan="2"></td><td colspan="4"></td></tr>
<tr><td colspan="3">③외국방식에 의한 혼인성립일자</td><td colspan="6">년　　월　　일</td></tr>
<tr><td colspan="3">④성·본의 협의</td><td colspan="4">자녀의 성·본을 모의 성·본으로 하는 협의를 하였습니까?</td><td colspan="2">예□ 아니요□</td></tr>
<tr><td colspan="3">⑤근친혼 여부</td><td colspan="4">혼인당사자들이 8촌이내의 혈족사이에 해당됩니까?</td><td colspan="2">예□ 아니요□</td></tr>
<tr><td colspan="3">⑥기타사항</td><td colspan="6"></td></tr>
<tr><td rowspan="4">⑦<br>증<br>인</td><td colspan="2">성 명</td><td colspan="2"></td><td>㉚ 또는 서명</td><td>주민등록번호</td><td colspan="2">-</td></tr>
<tr><td colspan="2">주 소</td><td colspan="6"></td></tr>
<tr><td colspan="2">성 명</td><td colspan="2"></td><td>㉚ 또는 서명</td><td>주민등록번호</td><td colspan="2">-</td></tr>
<tr><td colspan="2">주 소</td><td colspan="6"></td></tr>
<tr><td rowspan="4">⑧<br>동<br>의<br>자</td><td rowspan="2">남편</td><td>부</td><td>성명</td><td></td><td>㉚ 또는 서명</td><td rowspan="4">후<br>견<br>인</td><td>성명</td><td>㉚ 또는 서명</td></tr>
<tr><td>모</td><td>성명</td><td></td><td>㉚ 또는 서명</td><td>주민등록번호</td><td>-</td></tr>
<tr><td rowspan="2">아내</td><td>부</td><td>성명</td><td></td><td>㉚ 또는 서명</td><td>성명</td><td>㉚ 또는 서명</td></tr>
<tr><td>모</td><td>성명</td><td></td><td>㉚ 또는 서명</td><td>주민등록번호</td><td>-</td></tr>
<tr><td colspan="4">⑨신고인 출석여부</td><td colspan="2">① 남편(부)</td><td colspan="3">② 아내(처)</td></tr>
<tr><td colspan="4">⑩제출인</td><td>성명</td><td></td><td>주민등록번호</td><td colspan="2">-</td></tr>
</table>

※ 타인의 서명 또는 인장을 도용하여 허위의 신고서를 제출하거나, 허위신고를 하여 가족관계등록부에 실제와 다른 사실을 기록하게 하는 경우에는 형법에 의하여 처벌받을 수 있습니다. 눈표(*)로 표시한 자료는 국가통계작성을 위해 통계청에서도 수집하고 있는 자료입니다.

---

※ 아래 사항은 「통계법」 제24조의2에 의하여 통계청에서 실시하는 인구동향조사사입니다. 「통계법」 제32조 및 제33조에 의하여 성실

<table>
<tr><td colspan="4">인 구 동 향 조 사</td><td colspan="2"></td></tr>
<tr><td colspan="2">㉮ 실제 결혼 생활 시작일</td><td colspan="2">년　　월</td><td colspan="2">일부터 동거</td></tr>
<tr><td colspan="2">㉯혼인종류</td><td>남편</td><td>1초혼 2사별 후 재혼 3이혼 후 재혼</td><td>아내</td><td>1초혼 2사별 후 재혼 3이혼 후 재혼</td></tr>
<tr><td rowspan="2">㉰ 최종<br>졸업학교</td><td rowspan="2"></td><td rowspan="2">남편<br>(부)</td><td>1학력 없음 2초등학교　3중학교</td><td rowspan="2">아내<br>(처)</td><td>1학력 없음 2초등학교　3중학교</td></tr>
<tr><td>4고등학교 5대학(교)　6대학원 이상</td><td>4고등학교 5대학(교)　6대학원 이상</td></tr>
<tr><td rowspan="6">㉱ 직업</td><td rowspan="6"></td><td rowspan="6">남편<br>(부)</td><td>1 관리직　　　　2 전문직</td><td rowspan="6">아내<br>(처)</td><td>1 관리직　　　　2 전문직</td></tr>
<tr><td>3 사무직　　　　4 서비스직</td><td>3 사무직　　　　4 서비스직</td></tr>
<tr><td>5 판매직　　　　6 농림어업</td><td>5 판매직　　　　6 농림어업</td></tr>
<tr><td>7 기능직　　　　8 장치·기계 조작 및 조립</td><td>7 기능직　　　　8 장치·기계 조작 및 조립</td></tr>
<tr><td>9 단순노무직　　10 군인</td><td>9 단순노무직　　10 군인</td></tr>
<tr><td>11 학생·가사무직</td><td>11 학생·가사무직</td></tr>
</table>

# [이혼신고서 양식]

[양식 제11호]

## 이혼(친권자 지정)신고서
(   년   월   일)

※ 신고서 작성 시 뒷면의 작성 방법을 참고하고, 선택항목에는 '영표(○)'로 표시하기 바랍니다.

| 구 분 | | | 남 편(부) | | 아 내(처) | |
|---|---|---|---|---|---|---|
| ①<br>이혼당사인<br>(신고인)<br>자 | 성 명 | 한글 | *(성)   /(명) | ㊞ 또는 서명 | *(성)   /(명) | ㊞ 또는 서명 |
| | | 한자 | (성)   /(명) | | (성)   /(명) | |
| | 본(한자) | | 전화 | | 본(한자)   전화 | |
| | *주민등록번호 | | - | | - | |
| | 출생연월일 | | | | | |
| | *등록기준지 | | | | | |
| | *주   소 | | | | | |
| ②<br>부모<br>(양부모) | 부(양부)성명 | | | | | |
| | 주민등록번호 | | - | | - | |
| | 모(양모)성명 | | | | | |
| | 주민등록번호 | | - | | - | |
| ③기 타 사 항 | | | | | | |
| ④재판확정일자 | | | 년   월   일 | 법원명 | | 법원 |

아래 친권자란은 협의이혼 시에는 법원의 협의이혼의사확인 후에 기재합니다.

| ⑤<br>친권자지정 | 미성년인 자의 성명 | | | |
|---|---|---|---|---|
| | 주민등록번호 | | - | |
| | 친권자 | ①부②모<br>③부모 | 효력발생일   년 월 일<br>원인  ①협의②재판 | ①부②모<br>③부모 | 효력발생일   년 월 일<br>원인  ①협의②재판 |
| | 미성년인 자의 성명 | | | |
| | 주민등록번호 | | - | |
| | 친권자 | ①부②모<br>③부모 | 효력발생일   년 월 일<br>원인  ①협의②재판 | ①부②모<br>③부모 | 효력발생일   년 월 일<br>원인  ①협의②재판 |
| ⑥신고인 출석여부 | | ① 남편(부) | ② 아내(처) |
| ⑦제출인 | 성 명 | 주민등록번호 | - |

※ 타인의 서명 또는 인장을 도용하여 허위의 신고서를 제출하거나, 허위신고를 하여 가족관계등록부에 실제와 다른 사실을 기록하게 하는 경우에는 형법에 의하여 처벌받을 수 있습니다. 눈표(*)로 표시한 자료는 국가통계작성을 위해 통계청에서도 수집하고 있는 자료입니다.

※ 아래 사항은 「통계법」 제24조의2에 의하여 통계청에서 실시하는 인구동향조사입니다. 「통계법」 제32조 및 제33조에 의하여 성실응답의무가 있으며 개인의 비밀사항이 철저히 보호되므로 사실대로 기입하여 주시기 바랍니다.

※ 첨부서류 및 이혼당사자의 국적은 국가통계작성을 위해 통계청에서도 수집하고 있는 자료입니다.

### 인구동향조사

| ㉮ 실제 결혼 생활 시작일 | | 년   월   일부터 | ㉰19세 미만 자녀 수 | | 명 |
|---|---|---|---|---|---|
| ㉯ 실제 이혼 연월일 | | 년   월   일부터 | | | |
| ㉱ 최종<br>졸업학교 | 남편<br>(부) | ①학력 없음 ②초등학교 ③중학교<br>④고등학교 ⑤대학(교) ⑥대학원 이상 | 아내<br>(처) | ①학력 없음 ②초등학교 ③중학교<br>④고등학교 ⑤대학(교) ⑥대학원 이상 | |
| ㉲ 직업 | 남편<br>(부) | ①관리직       ②전문직<br>③사무직       ④서비스직<br>⑤판매직       ⑥농림어업<br>⑦기능직       ⑧장치·기계 조작 및 조립<br>⑨단순노무직   ⑩군인<br>⑪학생·가사무직 | 아내<br>(처) | ①관리직       ②전문직<br>③사무직       ④서비스직<br>⑤판매직       ⑥농림어업<br>⑦기능직       ⑧장치·기계 조작 및 조립<br>⑨단순노무직   ⑩군인<br>⑪학생·가사무직 | |

# 2. 출생신고와 사망신고는 어떻게 하나요?

「출생신고(出生申告)」는 신생아 출생 시 가족관계등록부 및 주민등록에 등록하기 위하여 시·구·읍·면의 장에게 신고하는 것을 말하고, 「사망신고(死亡申告)」는 사람이 사망한 후 주민등록에서 삭제하기 위하여 시·구·읍·면의 장에게 신고하는 것을 말합니다.

### 출생신고

#### ① 혼인 중 출생자

혼인 중 출생자의 출생신고는 부(父) 또는 모(母)가 하여야 합니다(가족관계의 등록 등에 관한 법률 제46조 제1항).

#### ② 혼인 외 출생자

혼인 외의 출생자의 출생신고는 모(母)가 해야 합니다. 그러나 모(母)가 신고할 수 없는 경우에는 동거하는 친족이, 동거하는 친족이 신고할 수 없는 경우에는 분만에 관여한 의사·조산사 또는 그 밖의 사람이 신고해야 합니다(가족관계의 등록 등에 관한 법률 제46조 제2항 및 제3항).

모는 부가 인지하지 않은 혼인 외 출생자라도 부의 성과 본을 알 수 있으면 부의 성과 본을 따라 신고할 수 있습니다.[132] 만약 부가 혼인 외의 자녀에 대하여 친생자출생의 신고를 한 경우에는 그 신고는 인지의 효력이 있습니다(가족관계의 등록 등에 관한 법률 제57조).

그런데 미혼부가 모의 성명·등록기준지 및 주민등록번호를 알 수 없는 경우에는 친생자출생신고를 할 수 없게 되는데, 이 경우 부의 등록기준지 또는 주소지를 관할하는 가정법원의 확인을 받아 혼인 외의 자녀에 대한 친생자출생의 신고를 할 수 있습니다(가족관계의 등록 등에 관한 법률 제57조 제2항). 가정법원은 위의 확인을 위해 필요한 사항을 직권으로 조사할 수 있고, 지방자치단체, 국가경찰관서 및 행정기관이나 그 밖의 단체 또는 개인에게 필요한 사항을 보고하게 하거나 자료의 제출을 요구할 수 있습니다(가족관계의 등록 등에 관한 법률 제57조 제3항).

③ 신고기한

출생신고는 출생 후 1개월 이내에 해야 하며 신고의무자가 정당한 사유 없이 이 기간 내에 신고를 하지 않으면 과태료가 부과됩니다.

---

132) 다만 부의 성명이 그 자녀의 일반등록사항란 및 특정등록사항란의 부(父)란에 기재되지는 않습니다(가족관계의 등록 등에 관한 규칙 제56조).

## 출생신고 신청서 기재사항 및 첨부서류

| 기재사항 | • 자녀의 성명·본·성별 및 등록기준지<br>• 자녀의 혼인 중 또는 혼인 외의 출생자의 구별<br>• 출생의 연월일시 및 장소<br>• 부모의 성명·본·등록기준지 및 주민등록번호<br>• 부모가 혼인신고 시 모의 성과 본을 따르기로 한 합의가 있는지 여부<br>• 자녀가 복수국적자인 경우 그 사실 및 취득한 외국국적 |
|---|---|
| 첨부서류 | • 출생증명서<br>• 자녀가 출생당시 모가 한국인임을 증명하는 서면<br>• 자녀가 이중국적자인 경우 취득한 국적을 소명하는 자료<br>• 신고인의 신분증명서<br>• 부·모의 혼인관계증명서 |

## 사망신고

사망신고는 동거하는 친족이 해야 하는데, 사망장소를 관리하는 사람·사망장소의 동장 또는 통·이장도 할 수 있습니다.

신고의무자는 사망사실을 안 날부터 1개월 이내에 하여야 하며 기간 내에 신고를 하지 않은 경우 과태료가 부과됩니다.

## 사망신고 신청서 기재사항 및 첨부서류

| 기재사항 | • 사망자의 성명 · 성별 · 등록기준지 및 주민등록번호<br>• 사망의 연월일시 및 장소[133] |
|---|---|
| 첨부서류 | • 진단서 또는 검안서 등 사망의 사실을 증명하는 서류[134]<br>• 신고인의 신분증명서<br>• 사망자의 가족관계등록부의 기본증명서 |

---

133) 사망시각을 기재하는 경우 사망시각이 오후 10시이면 22시로, 오후 12시이면 다음날 0시로 기재하여야 합니다. 시간을 '미상'으로 기재하면 신청서가 수리되지 않습니다.

134) 사망증명서(동 · 이장 및 통장 또는 지인 2명 이상이 작성한 증명서), 관공서의 사망증명서 또는 매장 허가증, 육군참모총장 명의의 전사확인서 등

## [출생신고서 양식]

### [양식 제1호]

**출 생 신 고 서**
( 년 월 일)

※ 신고서 작성 시 뒷면의 작성 방법을 참고하고, 선택항목에는 '영표(○)'로 표시하기 바랍니다.

<table>
<tr><td rowspan="2">① 출 생 자</td><td rowspan="2">성 명</td><td>*한글</td><td colspan="2">(성) / (명)</td><td rowspan="2">본 (한자)</td><td rowspan="2">*성별</td><td>①남</td><td>*①혼인중의 출생자</td></tr>
<tr><td>한자</td><td colspan="2">(성) / (명)</td><td>②여</td><td>*②혼인외의 출생자</td></tr>
<tr><td colspan="2">*출생일시</td><td colspan="7">년 월 일 시 분(출생지 시각: 24시각제)</td></tr>
<tr><td colspan="2">*출생장소</td><td colspan="7">①자택 ②병원 ③기타</td></tr>
<tr><td colspan="2">부모가 정한 등록기준지</td><td colspan="7"></td></tr>
<tr><td colspan="2">*주소</td><td colspan="4"></td><td colspan="2">세대주 및 관계</td><td>의</td></tr>
<tr><td colspan="2">자녀가 복수국적자인 경우 그 사실 및 취득한 외국 국적</td><td colspan="7"></td></tr>
</table>

<table>
<tr><td rowspan="2">② 부 모</td><td>부</td><td>성명</td><td>(한자: )</td><td>본(한자)</td><td>*주민등록번호</td><td>-</td></tr>
<tr><td>모</td><td>성명</td><td>(한자: )</td><td>본(한자)</td><td>*주민등록번호</td><td>-</td></tr>
<tr><td colspan="2">*부의 등록기준지</td><td colspan="5"></td></tr>
<tr><td colspan="2">*모의 등록기준지</td><td colspan="5"></td></tr>
</table>

혼인신고시 자녀의 성·본을 모의 성·본으로 하는 협의서를 제출하였습니까? 예□ 아니요□

③친생자관계 부존재확인판결 등에 따른 가족관계등록부 폐쇄 후 다시 출생신고하는 경우

<table>
<tr><td rowspan="2">폐쇄등록부상 특정사항</td><td>성 명</td><td></td><td>주민등록번호</td><td>-</td></tr>
<tr><td>등록기준지</td><td colspan="3"></td></tr>
</table>

④기타사항

<table>
<tr><td rowspan="4">⑤ 신 고 인</td><td>*성 명</td><td colspan="2">㉑ 또는 서명</td><td>주민등록번호</td><td>-</td></tr>
<tr><td>*자 격</td><td colspan="4">①부 ②모 ③동거친족 ④기타(자격: )</td></tr>
<tr><td>주 소</td><td colspan="4"></td></tr>
<tr><td>*전 화</td><td colspan="2"></td><td colspan="2">이메일</td></tr>
</table>

<table>
<tr><td>⑥ 제출인</td><td>성 명</td><td></td><td>주민등록번호</td><td></td></tr>
</table>

※ 타인의 서명 또는 인장을 도용하여 허위의 신고서를 제출하거나, 허위신고를 하여 가족관계등록부에 실제와 다른 사실을 기록하게 하는 경우에는 **형법에 의하여 처벌**받을 수 있습니다. <u>눈표(※)로 표시한 자료</u>는 국가통계작성을 위해 통계청에서도 수집하고 있는 자료입니다.

-----

※ 아래 사항은 「통계법」 제24조의2에 의하여 통계청에서 실시하는 인구동향조사입니다. 「통계법」 제32조 및 제33조에 의하여 성실응답의무가 있으며 개인의 비밀사항이 철저히 보호되므로 사실대로 기입하여 주시기 바랍니다.
※ 첨부서류 및 출생자 부모의 국적은 국가통계작성을 위해 통계청에서도 수집하고 있는 자료입니다.

**인구동향조사**

<table>
<tr><td rowspan="2">㉮ 최종 졸업학교</td><td>부</td><td>①학력 없음 ②초등학교 ③중학교 ④고등학교 ⑤대학(교) ⑥대학원 이상</td></tr>
<tr><td>모</td><td>①학력 없음 ②초등학교 ③중학교 ④고등학교 ⑤대학(교) ⑥대학원 이상</td></tr>
</table>

※ 아래 사항은 신고인이 기재하지 않습니다.

<table>
<tr><td>읍면동접수</td><td>가족관계등록관서 송부</td><td>가족관계등록관서 접수 및 처리</td></tr>
<tr><td rowspan="2"></td><td>*주민등록번호</td><td rowspan="2"></td></tr>
<tr><td>년 월 일(인)</td></tr>
</table>

# [사망신고서 양식]

[양식 제19호]

## 사 망 신 고 서
(   년   월   일)

※ 신고서 작성 시 뒷면의 작성 방법을 참고하고, 선택항목에는 '영표(○)'로 표시하기 바랍니다.

<table>
<tr><td rowspan="9">①<br>사<br>망<br>자</td><td rowspan="2">성명</td><td>*한글</td><td colspan="2">(성   /명)</td><td>성별</td><td colspan="2">*주민등록번호</td><td rowspan="2">-</td></tr>
<tr><td>한자</td><td colspan="2">(성   /명)</td><td>①남<br>②여</td><td colspan="2"></td></tr>
<tr><td>등록기준지</td><td colspan="7"></td></tr>
<tr><td>*주소</td><td colspan="4"></td><td>세대주·관계</td><td>의</td></tr>
<tr><td>*사망일시</td><td colspan="6">년   월   일   시   분 (사망지 시각: 24시각제로 기재)</td></tr>
<tr><td rowspan="4">*사망장소</td><td>장소</td><td colspan="5"></td></tr>
<tr><td rowspan="3">구분</td><td colspan="2">① 주택<br>③ 사회복지시설(양로원, 고아원 등)<br>⑤ 도로<br>⑦ 산업장<br>⑨ 병원 이송 중 사망</td><td colspan="3">② 의료기관<br>④ 공공시설(학교, 운동장 등)<br>⑥ 상업·서비스시설(상점, 호텔 등)<br>⑧ 농장(논밭, 축사, 양식장 등)</td></tr>
<tr><td colspan="5">⑩ 기타(                                                    )</td></tr>
<tr><td colspan="5"></td></tr>
<tr><td>② 기타사항</td><td colspan="8"></td></tr>
<tr><td rowspan="4">③<br>신<br>고<br>인</td><td>*성명</td><td colspan="3">⑩ 또는 서명</td><td>주민등록번호</td><td colspan="2">-</td></tr>
<tr><td rowspan="2">*자격</td><td colspan="3">①동거친족  ②비동거친족  ③동거자</td><td>*관계</td><td colspan="2"></td></tr>
<tr><td colspan="3">④기타(보호시설장/사망장소관리자 등)</td><td colspan="3"></td></tr>
<tr><td>주소</td><td colspan="3"></td><td>*휴대전화번호 등<br>이메일</td><td colspan="2">-</td></tr>
<tr><td>④ 제출인</td><td>성명</td><td colspan="3"></td><td>주민등록번호</td><td colspan="2">-</td></tr>
</table>

※ 타인의 서명 또는 인장을 도용하여 허위의 신고서를 제출하거나, 허위신고를 하여 가족관계등록부에 실제와 다른 사실을 기록하게 하는 경우에는 **형법에 의하여 처벌**받을 수 있습니다. **눈표(\*)로 표시한 자료는** 국가통계작성을 위해 통계청에서도 수집하고 있는 자료입니다.

※ 아래 사항은 「**통계법**」 **제24조의2에 의하여 통계청에서 하는 인구동향조사입니다.** 「통계법」제32조 및 제33조에 의하여 성실응답의무가 있으며 개인의 비밀사항이 철저히 보호되므로 사실대로 기입하여 주시기 바랍니다.

※ 첨부서류 및 사망자의 국적은 국가통계작성을 위해 통계청에서도 수집하고 있는 자료입니다.

### 인구동향조사

<table>
<tr><td>㉮ 최종졸업학교</td><td>① 학력 없음  ② 초등학교  ③ 중학교  ④ 고등학교  ⑤ 대학(교)  ⑥ 대학원 이상</td></tr>
<tr><td>㉯ 혼인상태</td><td>① 미혼    ② 배우자 있음    ③ 이혼    ④ 사별</td></tr>
</table>

※ 아래 사항은 신고인이 기재하지 않습니다.

<table>
<tr><td>읍면동접수</td><td>가족관계등록관서 송부</td><td>가족관계등록관서 접수 및 처리</td></tr>
<tr><td></td><td>년   월   일 (인)</td><td></td></tr>
</table>

# 3. 친권자지정(변경)신고는 어떻게 하나요?

「친권자지정(변경)신고」는 혼인 외의 자(子)가 인지된 경우나 부모의 이혼 등으로 친권 행사자가 지정(변경)되는 경우 그 사실을 시·구·읍·면의 장에게 신고하는 것을 말합니다.

## 친권자지정 방법

### ① 혼인 외의 자녀가 인지된 경우나 부모가 이혼하는 경우

친권은 부모가 공동으로 행사하므로 친권자는 부모의 협의로 정하게 됩니다. 협의를 할 수 없거나 협의가 이루어지지 않는 경우, 가정법원은 직권으로 또는 당사자의 청구에 의해 친권자를 정하게 됩니다. 법원은 혼인의 취소·재판상 이혼 또는 인지청구 소송과 같은 판결을 내리는 경우에 판결에서 친권자를 직권으로 지정하게 됩니다.

### ② 단독 친권자로 정해진 부모의 일방이 사망한 경우

단독 친권자로 정해진 사람이 사망한 경우 생존하는 부 또는 모, 미성년자, 미성년자의 친족은 그 사실을 안 날로부터 1개월, 사망한 날로부터 6개월 이내에 가정법원에 생존하는 부 또는 모를 친권자로 지정해 줄 것을 청구할 수 있습니다.

③ 입양이 취소되거나 파양된 경우 또는 양부모가 모두 사망한 경우

친생부모의 일방 또는 쌍방, 미성년자, 미성년자의 친족은 그 사실을 안 날로부터 1개월, 그 사실이 있은 날부터 6개월 이내에 가정법원에 친생부모 일방 또는 쌍방을 친권자로 지정할 것을 청구할 수 있습니다.

## 친권자지정 청구가 없는 경우

해당 기간 내에 친권자 지정청구가 없는 경우 가정법원은 직권 또는 미성년자, 미성년자의 친족, 이해관계인, 검사, 지방자치단체의 장의 청구로 미성년후견인을 선임할 수 있습니다(민법 제909조의 2 제3항).

## 친권자변경 방법

가정법원은 자녀의 복리를 위하여 필요하다고 인정되는 경우 자녀의 4촌 이내의 친족의 청구에 의해 정해진 친권자를 다른 일방으로 변경할 수 있습니다.

## 친권자지정(변경) 신고의무자와 신고기한

협의로 친권을 지정한 경우의 신고의무자는 부모이며, 재판으로 친권자지정(변경)된 경우의 신고의무자는 소송을 제기한 사람이나, 그 재판으로 친권자 또는 그 임무를 대행할 사람으로 정해진 사람입니다. 두 경우 모두 1개월 이내에 그 사실을 신고하여야 합니다.

## 친권자지정(변경)신고의 신청서 기재사항 및 첨부서류

| | |
|---|---|
| **기재사항** | • 당사자와 부모의 성명·출생연월일·주민등록번호 및 등록기준지<br>• 친권자의 성명·당사자와의 관계·지정(변경)일자<br>• 친권자변경 신고의 경우 종전의 친권자에 관한 사항 |
| **첨부서류** | • 친권자지정(변경) 판결 등본 및 확정증명서<br>• 협의로 친권자가 결정된 경우 친권자지정 협의서 등본<br>• 신고인의 신분증명서<br>• 당사자의 기본증명서, 가족관계증명서 |

# [친권자지정(변경)신고서 양식]

| 친권자(①지정②변경)신고서<br>( 년 월 일) | | | | | | | ※ 신고서 작성 시 뒷면의 작성 방법을 참고하고,<br>선택항목에는 '영표(○)'로 표시하기 바랍니다. | |
|---|---|---|---|---|---|---|---|---|
| ①<br>미<br>성<br>년<br>자<br>녀 | 성 명 | 한글 (성) /(명) | | 한자 (성) /(명) | | 주민등록번호 | - | |
| | 등록기준지 | | | | | 출생연월일 | | |
| | 주 소 | | | | | | | |
| | 성 명 | 한글 (성) /(명) | | 한자 (성) /(명) | | 주민등록번호 | - | |
| | 등록기준지 | | | | | 출생연월일 | | |
| | 주 소 | | | | | | | |
| | 성 명 | 한글 (성) /(명) | | 한자 (성) /(명) | | 주민등록번호 | - | |
| | 등록기준지 | | | | | 출생연월일 | | |
| | 주 소 | | | | | | | |
| ②<br>부 | 성 명 | 한글 (성) /(명) | | 한자 (성) /(명) | | 주민등록번호 | - | |
| | 등록기준지 | | | | | | | |
| | 주 소 | | | | | | | |
| ③<br>모 | 성 명 | 한글 (성) /(명) | | 한자 (성) /(명) | | 주민등록번호 | - | |
| | 등록기준지 | | | | | | | |
| | 주 소 | | | | | | | |
| ④친권자 | 미성년자와의 관계 | | | ①부 ② 모 ③부모 | | | | |
| | 미성년자 성명 | | | | | | | |
| | ①지정일자 | 년 월 일 | ①지정원인 | ①<br>② 협의 | ( | )법원의 결정 | | |
| | ②변경일자 | 년 월 일 | ②변경원인 | ( | )법원의 결정 | | | |
| | 미성년자와의 관계 | | | ①부 ② 모 ③부모 | | | | |
| | 미성년자 성명 | | | | | | | |
| | ①지정일자 | 년 월 일 | ①지정원인 | ①<br>② 협의 | ( | )법원의 결정 | | |
| | ②변경일자 | 년 월 일 | ②변경원인 | ( | )법원의 결정 | | | |
| ⑤기타사항 | | | | | | | | |
| ⑥임무<br>대행자 | 성 명 | 한글 (성) /(명) | | 한자 (성) /(명) | | 주민등록번호 | - | |
| | 등록기준지 | | | 주소 | | | | |
| | 선임일자 | 년 월 일 | | 선임원인 | ( | )법원의 결정 | | |
| 협의의 친권자 지정 신고 시 신고인 쌍방이 모두 출석하였습니까? 예 ( ) 아니오( ) | | | | | | | | |
| ⑦<br>신<br>고<br>인 | 성 명 | ㉕또는 서명 | 주민등록<br>번 호 | - | 자<br>격 | ①부 ②모<br>③임무대행자 | | |
| | 주 소 | | | | 전 화 | | | |
| | | | | | 이메일 | | | |
| | 성 명 | ㉕또는 서명 | 주민등록<br>번 호 | - | 자<br>격 | ①부 ②모 | | |
| | 주 소 | | | | 전 화 | | | |
| | | | | | 이메일 | | | |
| ⑧신고인출석여부 | | ① 부 ② 모 ③ 임무대행자 | | | | | | |
| ⑨제출인 | 성 명 | | 주민등록번호 | - | | | | |

※ 타인의 서명 또는 인장을 도용하여 허위의 신고서를 제출하거나, 허위신고를 하여 가족관계등록부에 부실의 사실을 기록하게 하는 경우에는 형법에 의하여 5년 이하의 징역 또는 1천만 원 이하의 벌금에 처해집니다.

# 4. 개명신청은 어떻게 하면 되나요?

과거에는 이름을 바꾸는 개명이 쉽지가 않았습니다. 그러나 '개명을 엄격하게 제한할 경우, 헌법상 개인의 인격권과 행복추구권을 침해하는 결과를 초래할 우려가 크므로, 범죄를 기도 또는 은폐하거나 법령에 따른 각종 제한을 회피하려는 불순한 의도나 목적이 개입되어 있는 등 개명신청권의 남용으로 볼 수 있는 경우가 아니라면, 원칙적으로 개명을 허가함이 상당하다고 할 것이다.'라는 대법원 결정(2005. 11. 16.자 2005스26 결정) 이후에 획기적인 변화가 생겼습니다. 따라서 지금은 범죄경력을 숨기거나 채무를 변제하지 않을 목적[135] 등의 사정이 아니라면 법원에서 개명허가를 하여 주는 것이 일반적이라고 할 수 있습니다.

### 개명신청

개명허가신청은 개명하려는 사람 또는 법정대리인이 주소지를 관할하는 가정법원에 신청할 수 있습니다. 의사능력이 있는 미성년자(보통 만 13세 이상)는 자신의 개명허가를 직접 신청할 수 있습니다. 개명허가신청에는 인지대 1,000원과 송달료 6회분을 납부하여 신청하게 됩니다.

---

135) 개명신청에 대하여 징역형(집행유예 포함) 전과, 신용불량(개인회생 중에 있는 자 포함), 최근 개명을 하였던 경우에는 불허가 대상입니다.

## 개명허가신청에 필요한 서류

개명허가신청에는 기본증명서(상세), 가족관계증명서(상세), 주민등록 등(초)본, 부·모의 가족관계증명서(상세), 성인자녀가 있는 경우 성인자 녀의 가족관계증명서(상세), (만13세 이상의 미성년자가 개명하는 경우) 사건본인의 자필동의서 각 1부를 필수적으로 첨부하여야 합니다.

모든 서류는 일반이 아닌 '상세'로 발급받아 첨부하여야 하고, 주민등록 뒷자리를 모두 공개하여 발급받아야 합니다. 만약 2008년 이전에 돌아가 신 부모님이 있는 경우에는 사망사실이 기재된 제적등본을 발급받아 첨 부하여야 합니다.

## 개명신고

개명을 하려는 사람은 개명에 대한 가정법원의 허가를 받은 이후, 허가 서의 등본을 받은 날로부터 1개월 이내에 신고인의 등록기준지 또는 주 소지나 현재지 관할 시·구·읍·면의 사무소에 개명신고를 하여야 합니 다. 기간 내에 하지 않은 경우 과태료가 부과됩니다.

## 개명신고서 기재사항 및 첨부서류

| 기재사항 | • 변경 전의 이름<br>• 변경할 이름<br>• 허가연월일 |
|---|---|
| 첨부서류 | • 개명허가신청에 대한 허가서 등본<br>• 신고인의 신분증명서<br>　(신고인이 성년후견인인 경우에는 성년후견인의 자격증명서 첨부) |

## [개명신고서 양식]

| 개 명 신 고 서<br>(          년     월     일) | ※ 신고서 작성 시 아래의 작성 방법을 참고하고, 선<br>택항목에는 '영표(○)'로 표시하기 바랍니다. | | | | | |
|---|---|---|---|---|---|---|
| ①<br>개<br>명<br>자 | 본인<br>성명 | 개명 전 이름 | | ②개명 후 이름 | | |
| | | 한글(성 /명) | 한자(성 /명) | 한글(성 /명) | 한자(성 /명) | |
| | 본(한자) | | 주민등록번호 | | - | |
| | 등록기준지 | | | | | |
| | 주 소 | | | | | |
| ③허가일자 | | 년     월     일 | 법원명 | | | |
| ④기타사항 | | | | | | |
| ⑤<br>신<br>고<br>인 | 성 명 | ㉙ 또는 서명 | 주민등록번호 | - | | |
| | 자 격 | ①본인    ②법정대리인    ③기타(자격 :          ) | | | | |
| | 주 소 | | 전화 | 이메일 | | |
| ⑥제출인 | 성 명 | | 주민등록번호 | - | | |

### 작 성 방 법

※ 이 신고는 개명허가결정등본을 받은 날로부터 1개월 이내에 신고하여야 합니다.
①란 : 본인의 성명은 개명 전 이름과 개명 후 이름을 나누어 기재합니다.
②란 : 개명 후 이름(개명허가결정등본에 기재된 개명허가를 받은 이름)을 기재 하며,
　　　한자가 없는 경우는 한글란에만 기재합니다.
③란 : 개명허가일자는 개명허가결정등본에 기재된 연월일을 기재합니다.
④란 : 가족관계등록부에 기록을 분명하게 하는데 특히 필요한 사항을 기재합니다.
⑤란 : 본인이 신고하는 경우 개명 후의 이름을 기재합니다.
⑥란 : 제출인(신고인이 작성한 신고서를 신고인이 아닌 사람이 제출할 경우만 기재)의
　　　성명 및 주민등록번호를 기재합니다.[접수담당공무원은 신분증과 대조]

### 첨 부 서 류

1. 개명허가결정등본  1부.
2. 신분확인[가족관계등록예규 제443호에 의함]
 - 신고인이 출석한 경우 : 신분증명서
 - 제출인이 출석한 경우 : 제출인의 신분증명서
 - 우편제출의 경우 : 신고인의 신분증명서 사본
※ 신고인이 성년후견인인 경우에는 2항의 서류 외에 성년후견인의 자격을 증명하는
　서면도 함께 첨부해야 합니다.

# 5. 성(姓)·본(本) 변경신고는 어떻게 하나요?

「성(姓)·본(本) 변경신고」는 자녀의 복리를 위하여 가정법원의 허가를 받아 변경된 자녀의 성·본을 시·구·읍·면의 장에게 신고하는 것을 말합니다.

### 자녀의 성(姓)과 본(本)

자녀는 원칙적으로 부의 성과 본을 따르는데(다만, 부모가 혼인신고 시 모의 성과 본을 따르기로 합의한 경우 모의 성과 본을 따릅니다), 부가 외국인인 경우 모의 성과 본을 따를 수 있으며, 부를 알 수 없는 경우 모의 성과 본을 따르도록 하고 있습니다.

부모를 모두 알 수 없는 사람은 가정법원의 허가를 받아 성과 본을 창설하게 됩니다. 다만 성과 본을 창설하였다가 부 또는 모를 알게 된 경우에는 부 또는 모의 성과 본을 따를 수 있습니다.

혼인 외의 출생자가 인지된 경우에 자녀는 부모의 합의에 따라 종전의 성과 본을 계속 사용할 수 있으며, 협의할 수 없거나 협의가 이루어지지 않은 경우 법원의 허가를 받아 종전의 성과 본을 계속 사용할 수 있습니다.

자녀의 복리를 위하여 자녀의 성과 본을 변경할 필요가 있는 경우 부·모 또는 자녀의 청구에 의해 가정법원의 허가를 받아 변경할 수 있습니다(민법 제781조 제6항).

### 성·본 변경신고

자녀의 성·본을 변경하려는 사람은 가정법원의 재판확정일로부터 1개월 이내에 변경당사자의 등록기준지 또는 신고인의 주소지나 현재지 관할 시·구·읍·면의 사무소에 성·본 변경신고를 하여야 합니다. 기간 내에 하지 않은 경우 과태료가 부과됩니다.

### 성·본 변경신고서 기재사항 및 첨부서류

| 기재사항 | • 변경 전의 성·본<br>• 변경할 성·본<br>• 재판확정일 |
|---|---|
| 첨부서류 | • 성·본 변경허가재판의 재판서 등본 및 확정증명서<br>• 신고인의 신분증명서 |

# [성·본 변경신고서 양식]

[양식 제34호]

<table>
<tr><td colspan="7">성 · 본 변경신고서<br>(    년    월    일)</td><td colspan="2">※ 신고서 작성 시 아래의 작성 방법을 참고<br>하고, 선택항목에는 '영표(○)'로 표시하기<br>바랍니다.</td></tr>
<tr><td rowspan="4">① 사건본인</td><td rowspan="2">성 명</td><td colspan="3">한글 (성 / 명)</td><td rowspan="2">주민등록<br>번 호</td><td colspan="3">-</td></tr>
<tr><td colspan="3">한자 (성 / 명)</td></tr>
<tr><td colspan="2">등록기준지</td><td colspan="6"></td></tr>
<tr><td colspan="2">주 소</td><td colspan="6"></td></tr>
<tr><td rowspan="2">② 성·본</td><td>변경전<br>성(姓)</td><td colspan="2">한글</td><td>한자</td><td>변경전<br>본(本)</td><td>한글</td><td colspan="2">한자</td></tr>
<tr><td>변경한<br>성(姓)</td><td colspan="2">한글</td><td>한자</td><td>변경한<br>본(本)</td><td>한글</td><td colspan="2">한자</td></tr>
<tr><td colspan="2">③허가일자</td><td colspan="3">년    월    일</td><td>법원명</td><td colspan="2"></td></tr>
<tr><td colspan="2">④기타사항</td><td colspan="7"></td></tr>
<tr><td rowspan="3">⑤ 신고인</td><td>성 명</td><td colspan="3">㉑ 또는 서명</td><td>주민등록번호</td><td colspan="3">-</td></tr>
<tr><td>자 격</td><td colspan="7">①본인 ②법정대리인 ③기타(자격 :                  )</td></tr>
<tr><td>주 소</td><td colspan="3"></td><td>전화</td><td></td><td>이메일</td><td></td></tr>
<tr><td colspan="2">⑥제출인</td><td>성 명</td><td colspan="3">주민등록번호</td><td colspan="3">-</td></tr>
</table>

## 작성방법

※ 본 신고는 성·본변경허가심판서 등본을 받은 날로부터 1개월 이내에 신고하여야 합니다.

②란 : 사건본인의 성·본은 변경 전의 성·본과 변경한 성·본을 나누어 기재합니다.

③란 : 성·본 변경허가일자는 성·본변경허가심판서 등본에 기재된 연월일을 기재합니다.

④란 : 가족관계등록부에 기록을 분명하게 하는데 특히 필요한 사항을 기재합니다.

⑤란 : 본인이 신고하는 경우 성·본 변경 후의 성명으로 기재합니다. 신고인이 외국인인 경우에는 외국인등록번호(국내거소신고번호 또는 출생연월일)를 기재합니다.

⑥란 : 제출인(신고인이 작성한 신고서를 신고인이 아닌 사람이 제출할 경우만 기재)의 성명 및 주민등록번호를 기재합니다.[접수담당공무원은 신분증과 대조]

## 첨부서류

1. 성·본변경허가심판서 등본 1부.
2. 신분확인[가족관계등록예규 제443호에 의함]
 - 신고인이 출석한 경우 : 신분증명서
 - 제출인이 출석한 경우 : 제출인의 신분증명서
 - 우편제출의 경우 : 신고인의 신분증명서 사본
※ 신고인이 성년후견인인 경우에는 2항의 서류 외에 성년후견인의 자격을 증명하는 서면도 함께 첨부해야 합니다.

※ 타인의 서명 또는 인장을 도용하여 허위의 신고서를 제출하거나, 허위신고를 하여 가족관계등록부에 부실의 사실을 기록하게 하는 경우에는 형법에 의하여 5년 이하의 징역 또는 1천만 원 이하의 벌금에 처해집니다.

부록

# 부록 1. 가사소송 및 가사비송사건의 종류

## 가사소송사건

### 1. 가류 가사소송사건

진실한 신분관계와 호적부의 기재 등에 의하여 공시되어 있는 외형상 신분관계의 불일치를 이유로 하는 확인의 소. 조정의 대상이 안 됨.

- 혼인의 무효
- 이혼의 무효
- 인지의 무효
- 친생자관계존부확인
- 입양의 무효
- 파양의 무효

### 2. 나류 가사소송사건

신분관계의 형성·변경을 목적으로 하는 형성의 소. 조정의 대상이 됨.

- 사실상혼인관계존부확인
- 혼인의 취소
- 이혼의 취소
- 재판상 이혼
- 부(父)의 결정

- 친생부인

- 인지의 취소

- 인지에 대한 이의

- 인지청구

- 입양의 취소

- 파양의 취소

- 재판상파양

- 친양자 입양의 취소

- 친양자의 파양

## 3. 다류 가사소송 사건

가류 또는 나류 가사소송사건에 속하는 분쟁을 기초로 하는 재산상의 청구. 조정의 대상이 됨.

- 약혼해제 또는 사실혼관계부당파기로 인한 손해배상청구(제3자에 대한 청구를 포함) 및 원상회복의 청구

- 혼인의 무효·취소, 이혼의 무효·취소 또는 이혼을 원인으로 하는 손해배상청구(제3자에 대한 청구를 포함) 및 원상회복의 청구

- 입양의 무효·취소, 파양의 무효·취소 또는 파양을 원인으로 하는 손해배상청구(제3자에 대한 청구를 포함) 및 원상회복의 청구

- 민법 제839조의3에 따른 재산분할청구권 보전을 위한 사해행위 취소 및 원상회복의 청구

## 가사비송사건(家事非訟事件)

가사소송법이 규정하는 가사비송사건은 ① 상대방의 존재를 전제로 하지 아니하는 비쟁송적(非爭訟的)인 것으로서, 조정의 대상으로 되지 아니하고 가정법원의 후견적 허가나 감독처분이 요구되는 라류 가사비송사건과 ② 상대방의 존재를 전제로 하는 쟁송적인 것으로서, 조정의 대상으로 되고 가정법원의 합목적적인 재량에 의한 판단이 요구되는 마류 가사비송사건으로 구분됩니다.

### 1. 라류 가사비송사건

- 성년후견 및 한정후견
- 부재자의 재산관리
- 실종
- 성·본 창설
- 성·본 계속 사용
- 자의 성과 본의 변경
- 부부재산약정변경
- 입양 또는 파양에 관한 사건
- 친양자입양
- 친권과 후견에 관한 사건
- 상속에 관한 사건
- 유언에 관한 사건

## 2. 마류 가사비송사건

- 부부관계에 관한 사건

- 친권을 행사할 자의 지정과 자의 양육에 관한 사건

- 친권의 상실 등에 관한 사건

- 친권의 상실 등에 관한 사건

- 부양에 관한 사건


## 3. 다른 법령에 의한 가사비송사건(라류 가사비송사건의 절차에 의하여 처리)

- 부재선고등에관한특별조치법 6조에 의한 부재선고 또는 그 취소사건

- 입양특례법 16조에 의한 국내에서의 국외입양인가사건

- 혼인신고특례법 2조에 의한 전사자와의 혼인관계확인사건

- 보호시설에있는미성년자의후견직무에관한법률 3조에 의한 고아 아
  닌 미성년자의 후견인지정허가사건

# 부록 2. 가사소송 및 가사비송사건의 구비서류

## 가사소송사건

| 사건명 | 구비서류 |
|---|---|
| 혼인무효/<br>이혼무효 | • 가족관계증명서(원·피고)[136]<br>• 주민등록등(초)본(원·피고)<br>• 혼인관계증명서(원·피고)<br>• 원고와 피고 사이의 미성년자녀가 있는 경우 - 그 자녀 각자의 기본증명서, 가족관계증명서 |
| 혼인취소/<br>이혼취소/<br>재판상 이혼 | • 가족관계증명서(원·피고)<br>• 주민등록등(초)본(원·피고)<br>• 혼인관계증명서(원·피고)<br>• 원고와 피고 사이의 미성년자녀가 있는 경우 - 그 자녀 각자의 기본증명서, 가족관계증명서 |
| 인지무효/<br>친생부인/<br>부(父)의 결정 | • 가족관계증명서(원·피고)<br>• 주민등록등(초)본(원·피고)<br>• 혼인관계증명서(원·피고)<br>• 기본증명서(원·피고) |
| 인지취소 | • 가족관계증명서(원·피고)<br>• 주민등록등(초)본(원·피고) |
| 입양무효/<br>파양무효/<br>재판상 파양 | • 가족관계증명서(원·피고)<br>• 입양관계증명서(원·피고)<br>• 주민등록등(초)본(원·피고) |

---

136) 가족관계증명서는 '상세'로 발급하셔야 합니다(이하 동일).

| 입양취소/<br>파양취소 | • 가족관계증명서(원·피고) (본가, 양가)<br>• 입양관계증명서(원·피고)<br>• 주민등록등(초)본(원·피고) |
|---|---|
| 강제인지/<br>인지이의 | • 기본증명서(원·피고)<br>• 가족관계증명서(원·피고)<br>• 주민등록등(초)본(원·피고) |
| 친생자관계<br>존부확인 | • 가족관계증명서(원·피고)<br>• 주민등록등(초)본(원·피고)<br>• 기본증명서(원·피고) |
| 후견인<br>순위확인 | • 가족관계증명서<br>• 주민등록등(초)본 |
| 사실혼관계<br>존부확인 | • 가족관계증명서(원·피고)<br>• 주민등록등(초)본(원·피고) |

## 가사비송사건

| 사건명 | 구비서류 |
|---|---|
| 성년후견/<br>한정후견/<br>특정후견/<br>임의후견 | • 가족관계증명서<br>• 주민등록등(초)본(청구인, 사건본인)<br>• 진단서 |
| 실종선고 | • 기본증명서(사건본인)<br>• 가족관계증명서(청구인, 사건본인)<br>• 주민등록등(초)본(청구인, 사건본인)<br>• 인우보증서(2인. 주민등록등(초)본 첨부)[137] |

---

137) 가족관계등록비송사건의 소명자료인 인우보증서에 첨부되는 서류가 인감증명서에서 주민등록등(초)본으로 변경되었습니다(대법원 가족관계등록예규 제317호).

| | |
|---|---|
| 부재선고 | • 가족관계증명서<br>• 기본증명서<br>• 주민등록등(초)본<br>• 잔류자확인서 |
| 성본창설<br>(가족관계 등<br>록부가 없는<br>사람) | • 가족관계등록부부존재증명서(구청)<br>• 주민등록신고확인서(행정복지센터(읍·면·동사무소))<br>• 인우보증서(2인. 주민등록등(초)본 첨부) |
| 상속재산<br>관리인선임 | • 제적등본(2007. 12. 31. 이전 사망신고의 경우) 또는 폐쇄가족관계등<br>록부에 따른 기본증명서(2008. 1. 1. 이후 사망신고의 경우)<br>• 가족관계증명서<br>• 기본증명서<br>• 주민등록등(초)본<br>• 재산증명서류<br>• 기타 이해관계서류 |
| 특별대리인<br>(가사비송) | • 제적등본(2007. 12. 31. 이전 사망신고의 경우) 또는 폐쇄가족관계등<br>록부에 따른 기본증명서(2008. 1. 1. 이후 사망신고의 경우)<br>• 가족관계증명서<br>• 기본증명서<br>• 주민등록등(초)본(청구인, 사건본인, 특별대리인)<br>• 기타원인서류 |
| 후견인선임/<br>변경 | • 주민등록등(초)본(청구인, 사건본인)<br>• 제적등본(2007. 12. 31. 이전 사망신고의 경우) 또는 폐쇄가족관계등<br>록부에 따른 기본증명서(2008. 1. 1. 이후 사망신고의 경우)<br>• 가족관계증명서 |

| | |
|---|---|
| 상속포기/<br>한정승인 | • 인감증명서(청구인)<br>• 기본증명서(사건본인)<br>• 주민등록등(초)본(청구인)<br>• 제적등본(2007. 12. 31. 이전 사망신고의 경우) 또는 폐쇄가족관계등록부에 따른 기본증명서(2008. 1. 1. 이후 사망신고의 경우<br>• 가족관계증명서(청구인, 사건본인)<br>• 말소자등(초)본(사망자)<br>• 상속재산목록(한정승인) |
| 유언검인 | • 주민등록등(초)본(청구인, 상속인)<br>• 제적등본(2007. 12. 31. 이전 사망신고의 경우) 또는 폐쇄가족관계등록부에 따른 기본증명서(2008. 1. 1. 이후 사망신고의 경우)<br>• 가족관계증명서<br>• 기본증명서<br>• 말소자등(초)본(사망자)<br>• 유언서사본 |
| 양육비 | • 가족관계증명서<br>• 혼인관계증명서(청구인)<br>• 기본증명서(사건본인)<br>• 주민등록등(초)본(청구인, 사건본인) |
| 면접교섭권 | • 가족관계증명서<br>• 혼인관계증명서(청구인)<br>• 기본증명서(사건본인)<br>• 주민등록등(초)본(청구인, 상대방) |
| 양육비청구/<br>양육비지정 | • 가족관계증명서<br>• 혼인관계증명서(청구인)<br>• 기본증명서(사건본인)<br>• 주민등록등(초)본(청구인, 사건본인) |

| | |
|---|---|
| 친양자입양<br>심판청구 | • 청구관련사항목록 가족관계증명서(사건본인)<br>• 혼인관계증명서(청구인)<br>• 주민등록등(초)본(청구인, 사건본인)<br>• 친양자입양동의서(친생부모)<br>• 법정대리인의 입양승낙서(해당자)<br>• 기본증명서(사건본인)<br>• 제적등본(2007. 12. 31. 이전 친생부모 사망신고) 또는 폐쇄가족관계<br>  등록부에 따른 기본증명서(2008. 1. 1. 이후 친생부모 사망신고) |
| 자의<br>성과본의<br>변경허가<br>심판청구 | • 가족관계증명서(사건본인) 혼인관계증명서(청구인)<br>• 주민등록등(초)본(사건본인)<br>• 기본증명서(사건본인)<br>• 가족관계증명서(청구인)<br>• 주민등록등본(청구인)<br>• 입양관계증명서(사건본인이 입양된 경우)<br>• 제적등본(2007. 12. 31. 이전 친부가 사망신고) 또는 폐쇄가족관계등<br>  록부에 따른 기본증명서(2008. 1. 1. 이후 사망신고) |
| 가족관계<br>등록창설 | • 가족관계등록부부존재증명서<br>• 주민등록등(초)본(주민등록신고필) |
| 개명 | • 기본증명서<br>• 가족관계증명서(사건본인)<br>• 주민등록등(초)본 |
| 가족관계<br>등록정정 | • 기본증명서<br>• 가족관계증명서(사건본인)<br>• 가족관계등록부의등록사항별 증명서(정정할 부분)<br>• 인우보증서(2인. 주민등록등(초)본 첨부) |
| 성본창설<br>(귀화자) | • 기본증명서<br>• 가족관계증명서<br>• 주민등록등본(사건본인) |

# 부록 3. 양육비 산정기준표(2021)[138] 및 설명

## 2021년 양육비 산정기준표

| 부모합산 소득 / 자녀 만 나이 | 0~199만 원 평균양육비(원) 양육비 구간 | 200~299만 원 평균양육비(원) 양육비 구간 | 300~399만 원 평균양육비(원) 양육비 구간 | 400~499만 원 평균양육비(원) 양육비 구간 | 500~599만 원 평균양육비(원) 양육비 구간 | 600~699만 원 평균양육비(원) 양육비 구간 | 700~799만 원 평균양육비(원) 양육비 구간 | 800~899만 원 평균양육비(원) 양육비 구간 | 900~999만 원 평균양육비(원) 양육비 구간 | 1,000~1,199만 원 평균양육비(원) 양육비 구간 | 1,200만 원 이상 평균양육비(원) 양육비 구간 |
|---|---|---|---|---|---|---|---|---|---|---|---|
| 0~2세 | 621,000 264,000~686,000 | 752,000 687,000~848,000 | 945,000 849,000~1,021,000 | 1,098,000 1,022,000~1,171,000 | 1,245,000 1,172,000~1,323,000 | 1,401,000 1,324,000~1,491,000 | 1,582,000 1,492,000~1,685,000 | 1,789,000 1,686,000~1,893,000 | 1,997,000 1,894,000~2,046,000 | 2,095,000 2,047,000~2,151,000 | 2,207,000 2,152,000 이상 |
| 3~5세 | 631,000 268,000~695,000 | 759,000 696,000~854,000 | 949,000 855,000~1,031,000 | 1,113,000 1,032,000~1,189,000 | 1,266,000 1,190,000~1,344,000 | 1,422,000 1,345,000~1,510,000 | 1,598,000 1,511,000~1,702,000 | 1,807,000 1,703,000~1,912,000 | 2,017,000 1,913,000~2,066,000 | 2,116,000 2,067,000~2,180,000 | 2,245,000 2,181,000 이상 |
| 6~8세 | 648,000 272,000~707,000 | 767,000 708,000~863,000 | 959,000 864,000~1,049,000 | 1,140,000 1,050,000~1,216,000 | 1,292,000 1,217,000~1,385,000 | 1,479,000 1,386,000~1,546,000 | 1,614,000 1,547,000~1,732,000 | 1,850,000 1,733,000~1,957,000 | 2,065,000 1,958,000~2,101,000 | 2,137,000 2,102,000~2,224,000 | 2,312,000 2,225,000 이상 |
| 9~11세 | 667,000 281,000~724,000 | 782,000 725,000~885,000 | 988,000 886,000~1,075,000 | 1,163,000 1,076,000~1,240,000 | 1,318,000 1,241,000~1,408,000 | 1,494,000 1,407,000~1,562,000 | 1,630,000 1,563,000~1,758,000 | 1,887,000 1,759,000~2,012,000 | 2,137,000 2,013,000~2,158,000 | 2,180,000 2,159,000~2,292,000 | 2,405,000 2,293,000 이상 |
| 12~14세 | 679,000 295,000~734,000 | 790,000 735,000~894,000 | 998,000 895,000~1,139,000 | 1,280,000 1,140,000~1,351,000 | 1,423,000 1,352,000~1,510,000 | 1,598,000 1,511,000~1,654,000 | 1,711,000 1,655,000~1,847,000 | 1,984,000 1,848,000~2,071,000 | 2,159,000 2,072,000~2,191,000 | 2,223,000 2,192,000~2,349,000 | 2,476,000 2,350,000 이상 |
| 15~18세 | 703,000 319,000~830,000 | 957,000 831,000~1,092,000 | 1,227,000 1,093,000~1,314,000 | 1,402,000 1,315,000~1,503,000 | 1,604,000 1,504,000~1,699,000 | 1,794,000 1,700,000~1,879,000 | 1,964,000 1,880,000~2,063,000 | 2,163,000 2,064,000~2,204,000 | 2,246,000 2,205,000~2,393,000 | 2,540,000 2,394,000~2,711,000 | 2,883,000 2,712,000 이상 |

🍃 전국의 양육자녀 2인 가구 기준

 **기본원칙**
1. 자녀에게 이혼 전과 동일한 수준의 양육환경을 유지하여 주는 것이 바람직함
2. 부모는 현재 소득이 없더라도 최소한의 자녀 양육비에 대하여 책임을 분담함

 **산정기준표 설명**
1. 산정기준표의 표준양육비는 양육자녀가 2인인 4인 가구 기준 자녀 1인당 평균양육비임
2. 부모합산소득은 세전소득으로 근로소득, 사업소득, 부동산 임대소득, 이자수입, 정부보조금, 연금 등을 모두 합한 순수입의 총액임
3. 표준양육비에 아래 가산, 감산 요소 등을 고려하여 양육비 총액을 확정할 수 있음
   1) 부모의 재산상황(가산 또는 감산)
   2) 자녀의 거주지역(도시 지역은 가산, 농어촌 지역 등은 감산)
   3) 자녀 수(자녀가 1인인 경우 가산, 3인 이상인 경우 감산)
   4) 고액의 치료비
   5) 고액의 교육비(부모가 합의하였거나 사건본인의 복리를 위하여 합리적으로 필요한 범위)
   6) 비양육자의 개인회생(회생절차 진행 중 감산, 종료 후 가산 고려)

---

138) 출처 : 서울가정법원 양육비산정기준

## 표준양육비 결정 예시

- 가족 구성원 : 양육자, 비양육자, 만 15세인 딸 1인, 만 8세인 아들 1인인 4인 가구
- 부모의 월 평균 세전 소득 : 양육자 180만 원, 비양육자 270만 원, 합산소득 450만 원

| 부모합산소득 / 자녀 만 나이 | 0~199만 원 평균양육비(원) 양육비 구간 | 200~299만 원 평균양육비(원) 양육비 구간 | 300~399만 원 평균양육비(원) 양육비 구간 | 400~499만 원 평균양육비(원) 양육비 구간 | 500~599만 원 평균양육비(원) 양육비 구간 | 600~699만 원 평균양육비(원) 양육비 구간 | 700~799만 원 평균양육비(원) 양육비 구간 | 800~899만 원 평균양육비(원) 양육비 구간 | 900~999만 원 평균양육비(원) 양육비 구간 | 1,000~1,199만 원 평균양육비(원) 양육비 구간 | 1,200만 원 이상 평균양육비(원) 양육비 구간 |
|---|---|---|---|---|---|---|---|---|---|---|---|
| 0~2세 | 621,000 / 264,000~686,000 | 752,000 / 687,000~848,000 | 945,000 / 849,000~1,021,000 | 1,?98,000 / 1,?2,0??~?171,000 | 1,245,000 / 1,172,000~1,323,000 | 1,401,000 / 1,324,000~1,491,000 | 1,582,000 / 1,492,000~1,685,000 | 1,789,000 / 1,686,000~1,893,000 | 1,997,000 / 1,894,000~2,046,000 | 2,095,000 / 2,047,000~2,151,000 | 2,207,000 / 2,152,000 이상 |
| 3~5세 | 631,000 / 268,000~695,000 | 759,000 / 696,000~854,000 | 949,000 / 855,000~1,031,000 | 1,?13,000 / 1,?2,0??~?889,000 | 1,266,000 / 1,190,000~1,345,000 | 1,422,000 / 1,345,000~… | 1,598,000 / 1,511,000~1,702,000 | 1,807,000 / 1,703,000~1,912,000 | 2,017,000 / 1,913,000~2,066,000 | 2,116,000 / 2,067,000~2,180,000 | 2,245,000 / 2,181,000 이상 |
| 6~8세 | 272,000~707,000 | 708,000~863,000 | 864,000~1,049,000 | **1,140,000** / 1,050,0??~1,216,… | 1,292,000 / 1,217,000~1,385,000 | 1,479,000 / 1,386,000~1,546,000 | 1,614,000 / 1,547,000~1,732,000 | 1,850,000 / 1,733,000~1,957,000 | 2,065,000 / 1,958,000~2,101,000 | 2,137,000 / 2,102,000~2,224,000 | 2,312,000 / 2,225,000 이상 |
| 9~11세 | 667,000 / 281,000~724,000 | 782,000 / 725,000~885,000 | 988,000 / 886,000~1,075,000 | 1,163,000 / 1,076,0??~1,240,… | 1,318,000 / 1,241,000~1,406,000 | 1,494,000 / 1,407,000~1,562,000 | 1,630,000 / 1,563,000~1,758,000 | 1,887,000 / 1,759,000~2,012,000 | 2,137,000 / 2,013,000~2,158,000 | 2,180,000 / 2,159,000~2,292,000 | 2,405,000 / 2,293,000 이상 |
| 12~14세 | 679,000 / 295,000~734,000 | 790,000 / 735,000~894,000 | 998,000 / 895,000~1,139,000 | 1,280,000 / 1,140,0??~1,35?,… | 1,423,000 / 1,352,000~1,511,000 | 1,598,000 / 1,511,000~… | 1,711,000 / 1,655,000~1,847,000 | 1,984,000 / 1,848,000~2,071,000 | 2,159,000 / 2,072,000~2,191,000 | 2,223,000 / 2,192,000~2,349,000 | 2,476,000 / 2,350,000 이상 |
| 15~18세 | 319,000~830,000 | 831,000~1,092,000 | 1,093,000~1,314,000 | **1,402,000** / 1,315,000~1,503,000 | 1,604,000 / 1,504,000~1,699,000 | 1,794,000 / 1,700,000~1,879,000 | 1,964,000 / 1,880,000~2,063,000 | 2,163,000 / 2,064,000~2,204,000 | 2,246,000 / 2,205,000~2,393,000 | 2,540,000 / 2,394,000~2,711,000 | 2,883,000 / 2,712,000 이상 |

아들의 표준양육비 → 1,140,000
딸의 표준양육비 → 1,402,000

🔖 전국의 양육자녀 2인 가구 기준

**1. 표준양육비 결정**
  가. 딸의 표준양육비 : 1,402,000원
    (자녀 나이 15~18세 및 부모합산소득 400만 원~499만 원의 교차구간)
  나. 아들의 표준양육비 : 1,140,000원
    (자녀 나이 6~8세 및 부모합산소득 400만 원~499만 원의 교차구간)
  다. 딸, 아들의 표준양육비 합계 : 2,542,000원(= 1,402,000원 + 1,140,000원)

**2. 양육비 총액 확정**
  가산, 감산 요소가 있다면 결정된 표준양육비에 이를 고려하여 양육비 총액 확정
  - 가산, 감산 요소가 없다면 2,542,000원

**3. 양육비 분담비율 결정**
  비양육자의 양육비 분담비율 : 60%(= 270만 원 / (180만 원+270만 원))

**4. 비양육자가 지급할 양육비 산정**
  양육비 총액 × 비양육자의 양육비 분담비율의 방식으로 산정
  - 비양육자가 지급할 양육비 : 1,525,200원(= 2,542,000원 × 60%)

# 부록 4. 상속분 계산방법

## 상속분 계산 기준

공동상속인의 상속분은 원칙적으로 동일합니다.[139] 다만 피상속인의 배우자는 1순위 또는 2순위의 공동상속인과 함께 공동상속인이 되며 상속분은 1/2(50%)를 가산하고, 1순위 또는 2순위의 상속인이 없는 경우 단독상속인이 됩니다.

## 상속분 계산 예시

① 피상속인 A가 배우자 B와 아들 X를 남기고 사망한 경우
- 1순위 상속인인 직계비속 X와 피상속인의 배우자인 B는 공동상속인이 됩니다.
- 1순위 상속인인 X의 상속분은 1이고, 피상속인의 배우자인 B의 상속분은 50%가 가산된 1.5입니다.
- 따라서 전체 상속재산에 대해 X는 1/(1+1.5) = 2/5, B는 1.5/(1+1.5) = 3/5의 상속분을 가집니다.

---

139) 예컨대, 네 명의 공동상속인이 있을 때, 각 상속인들의 상속분은 동일하게 1:1:1:1입니다.

② 피상속인 A가 배우자 B와 아들 X, 딸 Y를 남기고 사망한 경우

- 1순위 상속인인 직계비속 X와 Y는 공동상속인이 되고 피상속인의 배우자인 B도 함께 공동상속인이 됩니다.
- 1순위 상속인인 X는 1, Y도 상속분이 1이고, 피상속인의 배우자인 B의 상속분은 50%가 가산된 1.5입니다.
- 따라서 전체 상속재산에 대해 X는 $1/(1+1+1.5) = 2/7$, Y는 $1/(1+1+1.5) = 2/7$, B는 $1.5/(1+1+1.5) = 3/7$의 상속분을 가집니다.

③ 피상속인 A가 직계비속인 (손)자녀가 없는 상황에서 배우자 B와 직계존속인 자신의 부·모인 갑·을을 남기고 사망한 경우

- 1순위 상속인인 직계비속이 없는 경우로서 2순위 상속인인 갑과 을이 직계존속으로서 공동상속인이 되고, 피상속인의 배우자인 B도 함께 공동상속인이 됩니다.
- 2순위 상속인인 갑은 1, 을도 상속분이 1이고, 피상속인의 배우자인 B의 상속분은 50%가 가산된 1.5입니다.
- 따라서 전체 상속재산에 대해 갑은 $1/(1+1+1.5) \fallingdotseq 2/7$, 을은 $1/(1+1+1.5) = 2/7$, B는 $1.5/(1+1+1.5) = 3/7$의 상속분을 가집니다.

④ 피상속인 A가 직계비속인 (손)자녀와 직계존속이 모두 없는 상황에서 배우자 B와 자신의 형제자매인 병·정을 남기고 사망한 경우

- 1순위 상속인인 직계비속과 2순위 상속인이 모두 없는 경우인데, 3순위 상속인인 피상속인의 형제자매가 있다고 하더라도, 피상속인의 배우자인 B가 단독상속인이 되어 상속재산의 전부를 상속받게 됩니다.

# 소송, 그것이 알고싶다

## 이혼 · 가사소송 편

ⓒ 이강민, 2022

초판 1쇄 발행 2022년 4월 20일

| | |
|---|---|
| 지은이 | 이강민 |
| 펴낸이 | 이기봉 |
| 편집 | 좋은땅 편집팀 |
| 펴낸곳 | 도서출판 좋은땅 |
| 주소 | 서울특별시 마포구 양화로12길 26 지월드빌딩 (서교동 395-7) |
| 전화 | 02)374-8616~7 |
| 팩스 | 02)374-8614 |
| 이메일 | gworldbook@naver.com |
| 홈페이지 | www.g-world.co.kr |

ISBN   979-11-388-0871-2 (03360)